A JAPANESE READER

This volume presents a selection of carefully graded lessons in modern written Japanese at the introductory, elementary, intermediate, and advanced levels. The seventy-five explanatory lessons of Book One include vocabulary, notes, appendices, and an index in English; the thirty lessons of Book Two (starting from the back of the book) contain the corresponding Japanese texts. *A Japanese Reader* provides a realistic approach to the study of the modern written language by using only authentic materials—examples of Japanese as it is actually written and read in Japan today.

Author of *The Japanese Language,* Roy Andrew Miller has taught at Tokyo's International Christian University, Yale University, and the University of Washington. For his work in Japanese language education, Professor Miller was decorated in 1988 with the Order of the Rising Sun (Third Class, with Neck Ribbon) by Emperor Showa.

現代日本文読本

A JAPANESE READER

Graded Lessons in the Modern Language

Edited, with an introduction, vocabulary, and notes

by ROY ANDREW MILLER

Professor of Far Eastern Languages
University of Washington

TUTTLE PUBLISHING
Tokyo • Rutland, Vermont • Singapore

THE TUTTLE STORY
"Books to Span the East and West"

Our core mission at Tuttle Publishing is to create books which bring people together one page at a time. Tuttle was founded in 1832 in the small New England town of Rutland, Vermont (USA). Our fundamental values remain as strong today as they were then—to publish best-in-class books informing the English-speaking world about the countries and peoples of Asia. The world has become a smaller place today and Asia's economic, cultural and political infl uence has expanded, yet the need for meaningful dialogue and information about this diverse region has never been greater. Since 1948, Tuttle has been a leader in publishing books on the cultures, arts, cuisines, languages and literatures of Asia. Our authors and photographers have won numerous awards and Tuttle has published thousands of books on subjects ranging from martial arts to paper crafts. We welcome you to explore the wealth of information available on Asia at www.tuttlepublishing.com.

Published by Tuttle Publishing, an imprint of Periplus Editions (HK) Ltd.

www.tuttlepublishing.com

Library of Congress Control Number: 62009359
ISBN 978-0-8048-1647-2

First edition. 1962

Cover design by Hide Doki, incorporating the hiragana syllabary and the Chinese characters from which the kana are derived.

Distributed by:

North America, Latin America & Europe
Tuttle Publishing
364 Innovation Drive
North Clarendon, VT 05759-9436, USA
Tel: 1 (802) 773 8930; Fax: 1 (802) 773 6993
info@tuttlepublishing.com; www.tuttlepublishing.com

Japan
Tuttle Publishing
Yaekari Building 3F
5-4-12 Osaki, Shinagawa-ku
Tokyo 141-0032, Japan
Tel: (81) 3 5437 0171; Fax: (81) 3 5437 0755
sales@tuttle.co.jp; www.tuttle.co.jp

Asia Pacific
Berkeley Books Pte Ltd
3 Kallang Sector #04-01
Singapore 349278
Tel: (65) 6741-2178; Fax: (65) 6741-2179
inquiries@periplus.com.sg; www.periplus.com

23 22 21 20 20 19 18 17 1912MP
Printed in Singapore

TABLE OF CONTENTS

PART ONE : INTRODUCTORY

NOTE: *The following table covers both the Lessons, Vocabularies, and Reading Notes of Book One (beginning on page 21) and the Japanese Texts of Book Two (beginning on page 155, at the end of this volume, and continuing in the opposite direction).*

PART TWO : ELEMENTARY

PART THREE : INTERMEDIATE

PART FOUR : ADVANCED : FICTION

PART FIVE : ADVANCED : NON-FICTION

INTRODUCTION

1. About This Book in General. This book is a selection of graded readings in modern written Japanese, designed for the foreign student of the language who is interested in attaining and developing proficiency in reading the kind of modern Japanese that is in current use in books, magazines, and newspapers in Japan. It is not a grammar, and it supposes some acquaintance (which however may be fairly slight) with the spoken language, as will be explained in more detail below. It does not assume, however, any knowledge of the Japanese system of writing, with which it begins from the very beginning, and advances in graded readings up through quite difficult materials.

Learning to read the modern Japanese written language is by no means as difficult a task for the foreigner as it is often made to appear. The most important thing in such a study is to get yourself started in the correct direction—after that the progress you make and the eventual proficiency you will gain in reading (and writing) the language are limited only by the amount of time and effort you are able or willing to devote to the task.

To get started in learning to read modern Japanese along the correct lines, it is essential that first of all you have some knowledge of the modern spoken language. This is so important that it is well to emphasize it strongly from the beginning—contrary to what you may think, you undoubtedly will *not* make the best progress in learning to read Japanese by starting in your study of the language directly with reading and writing in the Japanese script. Some previous work with spoken Japanese is essential, and the better your grasp of the patterns and forms of the spoken language is, the faster and surer will be your progress with the reading materials in this book.

2. Contents. Lessons 1 through 17 in this book deal with the essentials of the Japanese writing system, as it is used in Japan today. Students already familiar with Japanese writing may wish to omit some or all of these lessons, but the beginner will find them essential. They presuppose no previous knowledge of Japanese writing, and are designed to present, in the most efficient fashion possible, the necessary information about how Japanese is written and read, always, however, allowing sufficient time and materials for practice and mastery.

Lessons 1 through 6 in particular present the hiragana, and Lessons 7 through 12 the katakana; Lesson 13 is an introduction to learning kanji, Lesson 14 to using kana in conjunction with kanji to write inflected forms, Lesson 15 to writing particles, and Lesson 16 to writing the numbers. Lesson 17 provides a thorough review of the hiragana symbols and their combinations.

Since no one should begin the study of written Japanese apart from either a previous knowledge or simultaneous study of spoken Japanese, the next group of lessons in this book (Lessons 18–30) consists of a partial revision and a rewriting in Japanese characters of the "Basic Sentences" from Samuel E. Martin's *Essential Japanese* (Tōkyō, 3rd rev. ed., 1962),* referred to throughout this book simply as "Martin." The selections in Lessons 18 through 30 of this book which are based on Martin's materials present most of the grammar necessary for reading the later selections; the student should consult Martin for any points of grammar in these lessons with which he is unfamiliar, since the explanations in this book for Lessons 18 through 30 are especially concerned with introducing the Japanese system of writing, and do not particularly concern themselves with grammar as such.

Though these materials are drawn from Martin they are by no means a verbatim reprint of Martin's sentences, and the student should not be surprised to find differences between the lessons here and those in Martin. In essentials, however, and particularly in grammar and structures covered, the explanatory materials in Martin will serve as a complete guide to reading and understanding Lessons 18 through 30 in this book.

Lesson 31 through to the end of the book continues with a series of graded reading selections in modern Japanese. An attempt has been made to cover most important areas of subject matter and to present examples of the chief types and styles of modern written Japanese which the student is likely to encounter or wish to learn to read.

Lessons 31 through 38 are selections of intermediary difficulty, largely dealing with Japanese life and customs. From Lesson 39 on the reading selections are of gradually increasing difficulty, and deal with Japanese culture in the broad sense, including literature (39), archeology (40), ceramic art (41), painting (42), Buddhism (43, 47), the theater (44), and political science and philosophy (45, 46).

Lessons 48 through 59 are especially concerned with belles-lettres; Lessons 48, 49, and 50 present criticism, résumés, and a short text from Meiji and Taishō literature. Lessons 51 through 59 present selections of considerable length from the work of three important contemporary Japanese novelists, Mishima Yukio, Kawabata Yasunari, and Tanizaki Jun'ichirō, providing the student not only with experience in handling the style of the contemporary Japanese novel, but also, it is hoped, insight into some of the interests and problems of contemporary Japanese society.

From Lesson 60 on to the end of the book an attempt has been made to provide further advanced reading selections with a considerable variety of content, including Sinology (60), Zen Buddhism (61, 62), Shintō (63), Christianity (64), and a number of newspaper selections, the latter found from Lessons 65 through 68. Economics and finance are the subjects of Lessons 69 through 72, and also to some extent of Lessons 73 and 74, which specifically deal with government economic controls and planning.

Lesson 75 provides review and testing materials of two varieties. The first half of the lesson is a reading selection of intermediate difficulty, which may be used for testing or review purposes anytime after completing Lesson 50; it provides only a few essential reading notes and no Vocabulary. The second half of Lesson 75 is a reading selection of a somewhat more advanced nature, again with only a minimum of helps provided. In the same way, Lessons 49 and 50 have been provided with little more than essential Vocabulary and other reading helps, so that they too may provide an opportunity to test and review progress up to that point before advancing into the literary selections and more advanced materials following them.

Attention has been given throughout the volume to grading materials in the order of progressive difficulty, though in many cases familiarity on the part of a student with the subject matter involved may well make a particular selection somewhat easier for him than others further on in the book. Partly to assist in the understanding of the reading selections and partly because it is felt that few

* References to Martin are by section and page numbers in his 1962 revised edition, but the references may also be used with his 2nd edition of 1956.

students will wish to become proficient in reading Japanese and still remain uninterested in Japanese culture and cultural history, an attempt has also been made to indicate where possible significant collateral readings available in English, especially for some of the selections which deal with distinctive aspects of Japanese life and culture.

Though few of the reading selections are printed here precisely as they first appeared in print, and a few were especially written for the purposes of this volume, by and large they represent examples of modern Japanese as it really is written and read today. Above all, it is felt that these readings have not been robbed of their vitality and authenticity by being "whittled down" to textbook scale or limitations. The editor has long felt that in teaching any language, and particularly one like written Japanese, there is no point in spoon-feeding the student on selections so simplified and "pasteurized" of all natural expression and idiom as to bear but little resemblance to the real thing.

This approach demands, of course, more from the student in the way of application and attention, but it pays off in the end, for when the student has successfully read the greater portion of the selections in this volume he may turn to other modern Japanese texts in the full expectation that he will be able to read them, and he should not be disappointed. It is from the same approach that an attempt has been made here to limit the reading selections to "real" materials, things that people in modern Japan have really written and would really read, rather than to give space to "easy" artificial texts that might flatter the reader's ego but would actually give him little experience in dealing with current Japanese. The readings have all been selected with the interests of the adult, mature student in mind.

3. Kana Orthography. Since the end of World War II the Japanese educational authorities have enforced several measures designed to simplify the task of the Japanese in reading and writing their own language. This has meant in effect that modern written Japanese employs a somewhat modified orthography if we compare it with the written language of, let us say, twenty years ago. With one important exception (noted below) the reading selections in this volume are given in the current, post-World War II kana (phonetic writing) orthography now almost universally used in Japan.

The exception to this statement is provided by Lessons 51 through 59; these reading selections are here printed in the (now) old-fashioned kana orthography of pre-war days. It is necessary for the modern student to have some familiarity with this older system, which these lessons are designed to provide, while the major portion of the reading selections here will accustom him to the more usual current practices. These current practices are also the content of Lessons 1 through 16; otherwise (in the notes to Lessons 46, 61, and 62, for example, which have a little sporadic old orthography) the older kana orthography is treated in terms of the exceptions it presents to these modern practices.

4. Kanji. There has been a tendency in post-World War II Japan to limit the number of kanji (Chinese characters) used in writing Japanese.

After the conclusion of World War II there was a considerable body of public opinion in Japan favoring some limitation on the number of kanji in common use, so as to reduce the burden of remembering them and the nuisance of printing and typing. These views have had their most concrete expression in the development of a list of 1,850 characters known as the Tōyō Kanji 当用漢字* "Kanji for Practical Use," which was given government approval in 1946 and comprises the kanji stocked for printing in daily newspapers and popular magazines. Technical works and

* Here and in the explanatory materials for the first group of lessons in this book the Japanese equivalents for technical terms are given when it is thought they are useful, and in such cases the kanji with which these terms are written are also introduced. Don't be concerned with learning these kanji at this point; they are for your later reference.

belles-lettres continue to reach out beyond this basic list in their kanji usage, and many kanji which are essential for writing extremely common place and personal names are not to be found among these basic 1,850, but in spite of these limitations this list today provides a good starting place for becoming acquainted with the Chinese characters employed in writing Japanese.

Of these 1,850 kanji the most commonly used 881, which are now the basic requirement for the 6 years of elementary school in Japan, comprise the first portion of Florence Sakade *et al.*, ed., *A Guide to Reading and Writing Japanese* (Tōkyō, 1959; cf. under 5 below), i.e. the numbered kanji, referred to in this book by their numbers; the remainder from the 1,850 list are referred to here by their page numbers in Sakade. Appendix 1 introduces a few additional kanji needed in reading the first 40 lessons of this book but not included among the 1,850 list.*

In the reading selections of this book as many as possible of the essential 881 characters are introduced through Lesson 30; after the student continues through to the end of the readings he will have become acquainted with virtually all of the kanji commonly used in writing Japanese today. At the same time he will get training in what is also necessary, namely being able to locate in reference works words written with kanji not included in this minimal list, since little if any writing today except in daily newspapers strictly limits itself to the 1,850. This is especially true of the materials that are likely to be of most interest to the foreign student, namely those in the fields of culture, history, and the like.

In addition to limiting the number of kanji in common use, the Japanese educational authorities have also, in post-war years, instituted certain changes in the actual forms of many kanji, with a view to making them simpler to write, print, and recognize. These changes are still something of the fairly recent past, however, with the result that most Japanese today still recognize (and often even write) the older forms just as readily as they do the newer ones, though printers now seldom stock anything but the new-form type faces in their fonts. Again, to give the student necessary experience in recognizing the older kanji forms the reading selections of Lessons 51 through 59 have here been printed using the older kanji-form printing types; but otherwise all the lessons of this book use the new kanji forms exclusively. (The vocabularies and reading notes to Lessons 51 through 59 also use the equivalent new kanji forms, as well as the modern kana orthography.) In addition an appendix is provided (Appendix 2) which will identify any of the older kanji forms one is likely to meet or to be puzzled by in terms of their new equivalents.

5. Vocabularies. The first twelve lessons of this book do not contain Vocabularies, as they use only simple words with which the student should already be familiar; at any rate their purpose is to get the student to master the kana symbols and their combinations, not to add to his knowledge of vocabulary. From Lesson 13 on, each lesson provides a Vocabulary, however, to prevent the student from wasting needless time in dictionary work at this stage in his study.

The Vocabularies for Lessons 18 through 30, since these lessons are adapted from Martin, include only those words written in kanji, plus a few necessary new items not already introduced in Martin. This means that the student may read through to the end of Lesson 30 in this book without finding it necessary to consult a dictionary at all, with the consequent important saving in time and increased efficiency in his study. This is an important feature, because in the early

* One is often asked how many characters there are, or how many the average Japanese knows; both are difficult questions. Today any Japanese who is literate is familiar with roughly this basic list of 1,850, with additions depending upon which particular fields he reads in or writes in. Certainly before the war educated Japanese were expected to be familiar with more characters; in 1927 the major Tōkyō daily newspapers stocked between 7,500 and 8,000 different kanji, and a well-educated person might consider himself familiar with about 5,000. Rose-Innes' small kanji dictionary lists somewhat less than 5,000; a Japanese-Japanese kanji dictionary popular before the war listed 14,924, and what is perhaps the most exhaustive such work yet completed, just published in Japan, lists a grand total of 48,902 different kanji! But of course many in this enormous total are graphic variants of others, or otherwise quite useless.

stages of learning to read Japanese virtually nothing can prove to be as time-consuming and as unproductive as extensive dictionary-searching.

Meanwhile, the Vocabularies down through Lesson 30 take care to indicate for each new kanji and for each new reading of each kanji the number or page where that kanji may be found in another handy aid to study with which the student should provide himself, Florence Sakade *et al.*, ed., *A Guide to Reading and Writing Japanese* (Tōkyō, 1959), hereafter in this book referred to simply as "Sakade." By consulting Sakade for the kanji as he goes along, the student will gradually learn from experience (the only way possible) how to locate new kanji by total strokes here or in other similarly arranged sources and dictionary-like reference works.

From Lesson 31 through Lesson 39 this book continues in its Vocabularies to give the numbers in Sakade for all "new" kanji and all new readings for "old" kanji already introduced in the reading selections. By the time the student has completed Lesson 39 he will have mastered a considerable basic reading "vocabulary" of kanji; at the same time he will have learned how to find his way around Sakade or some other dictionary. Hence from Lesson 40 on to the end of the book the vocabularies become *selective,* listing only important new words or those for which it is felt the student may find particular difficulty in determining either the meaning or the readings. This "tapering-off" of the vocabulary assistance provided will ensure that the student, as he continues through the reading selections, will master the Vocabularies as he goes along, and not become totally dependent upon these admittedly artificial aids to his reading; at the same time it has made it possible to keep the bulk of this volume within reasonable proportions. To save space, and to keep things as simple as possible, all unnecessary English words such as "to . . ." with verbs, or articles with nouns, have been dispensed with in the Vocabularies whenever possible.

In general the Vocabularies provide the necessary lexical data about the Japanese items in the same order in which these items appear in the text being read; exceptions are found when it is more instructive to treat together two or more words appearing in a text, or when some other lesson introduces a particular word or expression in an even more meaningful context; in such cases the major part of the lexical information is often provided in that latter Vocabulary, to which the student is referred. Again, the selective Vocabularies from Lesson 40 on insure that the student will not be so well provided for that his vocabulary skills atrophy.

In giving the numbers for newly introduced kanji, the student will wish to note that combining forms such as **ama-** for **ame** have not been considered as "new" readings, nor have voicings of forms in composition (**-bashi** from **hashi, -zei** from **sei,** etc.).

The English equivalents given in the Vocabularies are not complete dictionary entries; especially they do not attempt to give all possible English equivalents for the Japanese word or expression, but concentrate by and large on the meaning in the particular passage being explained. When this meaning is very special or limited, or otherwise not such as will give the reader a good grasp of the word, synonyms, other meanings, and at times even longer explanations have been added. But above all the aim has been to keep the English equivalents in the Vocabularies as concise and as succinct as possible.

Experience has shown that the foreign student of a Japanese text is usually not helped at all by a vast, prolix dictionary entry listing all possible (and often a few impossible) equivalents; even if that is what is wanted, he can always find the same in virtually any dictionary, notably the Kenkyūsha (see 7 below). What he needs, rather, is a clear indication of meaning in a particular context, which these Vocabularies, taken together with their texts, will provide; on the basis of this information the student can then proceed to make the generalizations and semantic associations that will gradually provide him with the insight into meaning necessary to read any foreign language. But these come only with experience and more and more reading, and long-winded, exhaustive dictionary "meanings" hardly contribute at all to the process.

6. Reading Notes. From Lesson 16 on, each reading selection is provided with what are called "Reading Notes," keyed to the reading selections by small numbers in the Japanese texts. These attempt to anticipate the student's difficulties in working through the reading selections, by pointing out grammatical constructions, correct readings, or at times giving hints as to the cultural or other background which may make the selection more meaningful. In particular an attempt has been made to provide assistance for points of grammar and structure which go beyond the conversational limits of Martin's materials. When it has been necessary to use grammatical terms those of Martin's book have been preferred, but this should not cause readers familiar with other systems of talking about Japanese grammar any particular difficulty. Many of the Reading Notes are simply short English equivalents of or keys to the meaning of certain passages or difficult points, since this is often the most helpful way to assist the reader in understanding the text involved. It is hoped that the Reading Notes will meet most if not all the student's difficulties, but they do not aim to be exhaustive, since that would defeat their own purpose by leaving nothing for the student to do, and hence nothing to learn.

The Index brings together all the information from the Reading Notes which may be of reference value, especially concerning points of grammar and difficult expressions and idioms. The student should form the habit of checking it frequently, since often it will direct him to another lesson where the word or form in which he is interested is discussed.

7. Dictionaries. Dictionaries are, as a general rule, quite unsatisfactory but virtually indispensable sources for the kind of lexical information one needs in reading foreign language texts. This much should be kept in mind: too much dictionary work too soon will always do more harm than good. Through to the end of Lesson 30 there should be no need for dictionary work of any kind, since as already explained these lessons are self-contained, and words not remembered by the student can most quickly be located in Martin.

From Lesson 31 a few words in kana will probably have to be located in any Japanese-English dictionary, and from Lesson 40 on, the student will find it necessary to use not only his Japanese-English dictionary but some kanji dictionary where he may locate kanji he does not know or has forgotten.

The only Japanese-English dictionary that can be recommended at all is Kenkyūsha's *New Japanese-English Dictionary* (Tōkyō, 1954); the same firm publishes several condensations of this at correspondingly lower prices, but since the student will eventually want the large one he will be money ahead to buy it at once.

For locating new kanji, Sakade will be helpful throughout the reading selections of this book. The student will also be well served by Dr. A. N. Nelson's newly published *The Modern Reader's Japanese-English Character Dictionary* (Tōkyō, 1962).

From about Lesson 48 on, the student may with profit accustom himself to using Japanese-Japanese dictionaries (the occasional definitions in Japanese in the Vocabularies from Lesson 50 on are designed to encourage him in this direction). The best Japanese-Japanese dictionary for the student is by all means the *Jikai* 辞海, edited by Kindaichi Kyōsuke 金田一京助, first published Tōkyō, 1952, by the Sansei-dō 三省堂, but available since 1954 in a handy small-size version which reproduces all the contents of the original somewhat more bulky edition. Actually as much of an encyclopedia as a dictionary, this work includes grammatical tables, illustrations of objects of material culture, citations of earlier literature, and virtually every other kind of information imaginable. The student of written Japanese should early form the habit of consulting this, or some similar work, along with his Japanese-English dictionary, as nothing else will assist as much in getting an idea of the full range of a new word and its meanings.

8. Romanization. This book uses the Hepburn* system of spelling Japanese in roman letters as found for example in Martin, with only one minor departure;† this is the most frequently used system of romanizing Japanese, and the student who is familiar with other systems will find no difficulty in adjusting to it. Since this book is concerned with reading, not speaking, the Japanese language, the pitch patterns (accents) of the words have not been indicated, except in a few instances where they are important to distinguish between words that otherwise appear to be pronounced alike.

* * *

Most users of this book will probably be reading through its selections in organized classwork of some kind or other. The solitary student has not, however, been forgotten, and it is hoped that even the reader brave enough to tackle written Japanese on his own will find enough here to guide him in his task, which of course will be far more difficult than that of the student who has a teacher available. Persons residing in the Far East, or elsewhere where they may come into contact with native Japanese speakers, will find that any Japanese can help them with the materials in this book, explaining their difficulties in Japanese if not in English. (Again, some background in spoken Japanese on the part of the student is strongly recommended.)

Japan is, and for centuries has been, a nation, a culture, and a tradition in which the written word bears a great and sometimes surprising value. To learn to read modern written Japanese is, for the foreign student of the language, never an easy task and often a tiring and discouraging one; but there is no other way in which he can make his way into the center of this amazing, complex, and militantly literate culture. Many of us have found the rewards of this study quite out of proportion even to the considerable effort involved. It is my hope that the students of these reading selections will have the same rewarding experience. Good Luck!

ROY ANDREW MILLER

* Named after the pioneer American missionary and doctor in Japan, the Rev. James Curtis Hepburn (1815–1911); the Japanese refer to it as the **Hebon-shiki** (ヘボン式 or 平文式), following the Scots pronunciation of his name that he himself favored.

† The symbol ' is used in this book to mark the voiced laryngeal in a sequence of like vowels (**a'a, i'i**), contrasting with the long vowels (**ā, ii**); thus, **aka'aka** "brightly," **yasu'uri** "bargain sale," **ko'oni** "imp," but **hōnō** "religious offering" in contrast with **hono'o** "flame." The phoneme ' is found in standard Tōkyō speech initially and in all vowel sequences (**ka'o** "face," **ka'u** "buy"), but in this book it has been marked only in sequences of like vowels. It is the Hepburn romanization, which uses **ii** for both long **ī** and for the sequence **i'i,** which makes it necessary to employ any overt mark at all for this feature; otherwise it could be predicted in all cases. On this laryngeal see Hattori Shirō 服部四郎, *Sekai Gengo Gaisetsu* 世界言語概説 (Tōkyō, 1955), 2. 153–160, or his "Prosodeme, Syllable Structure and Laryngeal Phonemes" in *Studies in Descriptive and Applied Linguistics* (Tōkyō, 1961), 1. 1–27.

ABBREVIATIONS

ca.	*circa,* about
cf.	*confer,* compare, see also
fl.	*floruit,* active
Jap.	Japanese
Martin	Samuel E. Martin, *Essential Japanese* (Tōkyō, 3rd revised edition), 1962
PrN	Proper name, name of a person
PlN	Place name
r.	*regit,* reigned, ruled
Rd.	Read (especially in notes pointing out the correct reading of a word or portion of a text for which several possibilities might occur)
RN	Reading Note(s)
Sakade	Florence Sakade *et al.*, ed., *A Guide to Reading and Writing Japanese* (Tōkyō, 1959)
Skt.	Sanskrit
SJ	Sino-Japanese (cf. Lesson 19)
=	equals
[ ]	phonetic transcription

ACKNOWLEDGMENTS

So many people have contributed to this book in one way or another that any listing is almost bound to be invidious; still, I must express my sincere appreciation to Samuel E. Martin of Yale University for his permission to adapt his *Essential Japanese* materials for my Lessons 18 through 30, and for his encouragement and help throughout the work of preparing this volume; and also to my colleagues at the International Christian University, especially to Mrs. Mioko Yoshizawa, Osamu Mizutani (now of Chiba University), and Mrs. Nobuko Mizutani (now of the Stanford Center for Japanese Studies), as well as to Tsuneo Kobayashi, my research assistant and principal informant. Their patient and understanding assistance has saved me from many errors, though I cannot hope from all.

I am also under a heavy debt of gratitude to all the authors who have generously allowed their texts to be reprinted here, and to the editorial staff of the Tuttle Company, especially Miss Florence Sakade and Ralph Friedrich, for their patience with a tiresome and often perplexing manuscript.

Above all, I am in debt to my students, at the International Christian University, where much of these materials has been used in mimeographed form, in the Far Eastern Division of the University of Maryland, and for shorter periods at the University of California (Berkeley) and at Leland Stanford Jr. University; they have taught me more about this language than they will probably ever guess, and I can only hope that they will continue to do so.

R. A. M.

Kichijōji, Tōkyō

上巻 BOOK ONE

- LESSONS
- VOCABULARIES
- READING NOTES

◆ PART 1 ◆ INTRODUCTORY

LESSON 1 : Hiragana : *a—no*

To learn to read Japanese it is first necessary thoroughly to master the hiragana phonetic symbols, which are here introduced in easy steps in Lesson 1 through Lesson 6.

The first five of the hiragana symbols are for the five short vowels of Japanese, **a, i, u, e,** and **o;** the remainder are for combinations of the various consonants with these vowels, and finally there is one symbol for the syllabic nasal. This lesson first of all presents the hiragana symbols in order from **a** through **no:** あ **a,** い **i,** う **u,** え **e,** お **o,** か **ka,** き **ki,** く **ku,** け **ke,** こ **ko,** さ **sa,** し **shi,** す **su,** せ **se,** そ **so,** た **ta,** ち **chi,** つ **tsu,** て **te,** と **to,** な **na,** に **ni,** ぬ **nu,** ね **ne,** の **no,** in other words, the hiragana symbols for the five short vowels and for the combinations of these five vowels with the consonants **k, s, t, n.** Then the lesson goes on presenting a few simple words and phrases that can be written with these hiragana symbols. Practice reading these regardless of their meanings, though you should be able to understand all of them, since most of them are from the early lessons of Martin, especially from the pronunciation exercises of his Lesson 1. But at this point, and until you thoroughly master the hiragana, meanings are less important to you than the values of the symbols.

Be sure to compare the hand-written hiragana in Sakade, pp. 283–87 with the hiragana printing types used in this and the other lessons of this book, and accustom yourself to the small differences between the two styles. Since a pointed brush dipped in India ink was the original writing tool in Japan, the hiragana symbols are still printed and to some extent written as if they were being formed by continuous, flowing brush strokes, even though today the ordinary fountain pen has almost replaced the brush. Different styles of printing types have slightly different forms for some of the hiragana symbols, consisting of longer or shorter connections between the different portions of the symbol, again from this idea of their origin in flowing brush strokes, but a little experience will soon show what may be expected here.

Note also in working through this lesson that what Martin calls "vowels in sequence" (1.6, p. 11), in other words combinations like **ai, ue, ie,** are written in hiragana simply by writing down the necessary symbols one after another; for example **aoi** is written あおい, and so on.

Finally, in studying this lesson and all the introductory ones following, keep in mind that practice in writing as well as reading the hiragana symbols will most likely be necessary if you are really going to master them. If you learn only to recognize the symbols you may find yourself forgetting them almost as soon as you go on to something else; but if you combine your reading practice with writing, the combination of your manual memory with your visual one will help to ensure that you retain what you have learned.

LESSON 2 : Hiragana : *ha—n*

This lesson introduces the remaining hiragana symbols:

は **ha,** ひ **hi,** ふ **fu,** へ **he,** ほ **ho,** ま **ma,** み **mi,** む **mu,** め **me,** も **mo,** や **ya,** ゆ **yu,** よ **yo,** ら **ra,** り **ri,** る **ru,** れ **re,** ろ **ro,** わ **wa,** を **o,** ん **n.**

With these you have now mastered all the hiragana symbols in common use in writing Japanese today, and you can draw up the complete hiragana table in order, which you should practice until you are able to do it rapidly in any direction. The order of arrangement in this table is that of all Japanese writing: one begins in the upper right corner, and reads down and to the left:

	わ	ら	や	ま	は	な	た	さ	か	あ
		り		み	ひ	に	ち	し	き	い
		る	ゆ	む	ふ	ぬ	つ	す	く	う
		れ		め	へ	ね	て	せ	け	え
ん	を	ろ	よ	も	ほ	の	と	そ	こ	お

This is a good point at which to note carefully the place relative to the other hiragana symbols in this table of the following symbols, as well as their pronunciation: し **shi,** ち **chi,** つ **tsu,** ふ **fu.** (This is the way these sounds are written in the Hepburn system of romanization used in this book; in the Japanese-style romanization they are written し **si,** ち **ti,** つ **tu,** ふ **hu,** and if you are already familiar with this system of spelling Japanese you will understand the relation of this spelling to the hiragana table above; if not, don't be concerned about it.)

As you go through the table above you will note the absence of the combinations of sounds **yi** and **ye,** and hence the absence of any symbols for these. The combination of sounds **wi** is also unknown in modern Japanese, and today no hiragana symbol is in use for it. In the old-fashioned orthography in use before the conclusion of World War II a symbol ゐ, pronounced exactly the same as い, was used in writing some words and considered to follow わ in the hiragana table. All these words are now written with い. This was also true of the symbol ゑ, never used today; it was pronounced as え, which is used in its place today; it was considered to precede を in the table.* (On the difference between お and を, pronounced alike, see Lesson 15.)

Each of the vertical columns in the hiragana table is named with the first symbol plus the word **gyō** (行)† meaning "line"; thus **a gyō** means the symbols あ, い, う, え, お, **ka gyō** means か, き, く, け, こ, **sa gyō** means さ, し, す, せ, そ, etc.

The symbol ん always spells the syllabic nasal (**hatsuon** 撥音) no matter whether it is romanized (and pronounced) as **n'** (before **a, e, i, o, u, y-**), **m** (before **p, b, m**) or **n** (in other cases; cf. Martin 1.9, p. 23).

This lesson, after presenting the new hiragana symbols, continues with a few simple words using all the hiragana symbols learned so far. As with Lesson 1, *how* the words here are read is more important for you than what they mean, though they are all out of the early sections of Martin and you will most likely recognize them at once. In the use of the symbol ん for the syllabic nasal you will wish to be especially careful of words like the following: にほん **Nihon,** けんちく **kenchiku,** さんまい **sammai,** こんやく **kon'yaku.**

* Lesson 51 through 59 in this book give examples of Japanese writing using this old-fashioned orthography, since it is still sometimes seen and the student must be able to recognize and understand it.

† Some of the technical terms by which the Japanese themselves refer to the various parts of the Japanese writing system are introduced in the explanations of the early lessons of this book, partly for your later reference and partly to help you identify what you are talking about should you be using this book together with a Japanese teacher or friend who may be more familiar with the Japanese terms for these items than with any English equivalents. For this reason the Chinese characters (kanji; see Lesson 13) for some of these terms are given, but don't be concerned with learning them at this early stage.

LESSON 3 : Hiragana : Nigori

You will have noticed by this time that the hiragana symbols as they stand alone can be used to write only the five short vowels and the voiceless consonants **t, k, s, h, ch, ts, f** plus **m, n, y, r,** and **w.** Since there are several other sounds in modern Japanese it is necessary to modify the hiragana symbols already learned to provide symbols for these other sounds; this is done by adding the small marks explained in this lesson.

To write the voiced consonants **b, d, z, j,** and **g** (in Japanese **dakuon** 濁音)* and also to write **p,** small marks called **nigori** (濁) or **dakuten** (濁点) are added to the upper right-hand corner of the hiragana symbols. To write **b, d, z, j,** and **g** one adds ゛ (**dakuten**); to write **p** one adds ゜ (**handaku** 半濁), according to the following scheme:

1. **k+゛=g:**	か **ka**	が **ga**†
	き **ki**	ぎ **gi**
	く **ku**	ぐ **gu**
	け **ke**	げ **ge**
	こ **ko**	ご **go**
2. **s+゛=z:**	さ **sa**	ざ **za**
	し **shi**	じ **ji** (see below)
	す **su**	ず **zu**
	せ **se**	ぜ **ze**
	そ **so**	ぞ **zo**
3. **t+゛=d:**	た **ta**	だ **da**
	ち **chi**	ぢ **ji** (see below)
	つ **tsu**	づ **zu** (" ")
	て **te**	で **de**
	と **to**	ど **do**
4. **h+゛=b:**	は **ha**	ば **ba**
	ひ **hi**	び **bi**
	ふ **fu**	ぶ **bu**
	へ **he**	べ **be**
	ほ **ho**	ぼ **bo**
5. **h+゜=p:**	は **ha**	ぱ **pa**
	ひ **hi**	ぴ **pi**
	ふ **fu**	ぷ **pu**
	へ **he**	ぺ **pe**
	ほ **ho**	ぽ **po**

Here the only points to watch with especial care are what happens to some of the hiragana symbols from the **s-** and **t-** columns when they are written together with the ゛ nigori:

(1) し **shi**	(3) じ **ji**	(5) ち **chi**	(7) ぢ **ji**
(2) す **su**	(4) ず **zu**	(6) つ **tsu**	(8) づ **zu**

Here (3) and (7) are pronounced exactly alike: they are both **ji,** and (4) and (8) are also pronounced exactly alike: **zu.** In the old-fashioned orthography some words with the sounds **ji**

* As explained in the note to Lesson 2 these Japanese terms are for reference, not for learning at this particular point in your study; but since the Japanese term nigori is so convenient for refering to the marks ゛ it is used from this point on in this book.

† Both of the two pronunciations of Japanese **g** explained in Martin 1. 7, p. 17 are written in hiragana in the same way, with the **k**-column symbols plus ゛, so the difference in *g* and *ng* pronunciation will cause no difficulty in reading (or writing) Japanese texts.

were arbitrarily spelled with the combination (3), some with (7); in the same way some words pronounced with **zu** used (4) and some used (8). Today (3) じ is always used for all instances of the sounds **ji,** and (4) ず is always used for all instances of **zu.**

(There are two not very important exceptions to this statement: (7) ぢ and (8) づ are still written today when (a) **ji** or **zu** is the result of the secondary voicing, in a compound, of the first sound of a form that otherwise has **chi** or **tsu: hana** "nose" + **chi** "blood" giving **hanaji** "nose-bleed" written はなぢ; **tsune** "always" + **tsune** "(same)" giving **tsunezune** "constantly" written つねづね; (b) **ji** or **zu** is found immediately following **chi** or **tsu: chijimu** "shrink" ちぢむ; **tsuzuku** "continue" つづく. These exceptions will probably not cause any particular trouble when and if you come across them in your reading, and need not especially concern you at this point.)

If you are familiar with the Japanese style of romanization, as distinguished from the Hepburn system used in this book, the special combinations of hiragana symbols with nigori numbered (1) through (8) above will seem quite regular to you, for in the Japanese style of romanization they become:

(1) **si** し	(3) **zi** じ	(5) **ti** ち	(7) **di** ぢ
(2) **su** す	(4) **zu** ず	(6) **tu** つ	(8) **du** づ

One should also notice that sometimes in writing the Hepburn romanization people still spell as **dzu** combinations of sounds that were formerly spelled づ, especially in some proper names: **Shimizu** しみず, old しみづ, sometimes seen written **Shimidzu; Azuchi** あずち, old あづち, sometimes written **Adzuchi.** These **dzu** spellings correspond to provincial dialect pronunciations of these words, but not to anything in the modern standard language.

Lesson 3 presents first the hiragana symbols with the nigori, and then a group of words using nigori in their spelling.

LESSON 4 : Hiragana : Combinations with *-y-*

With the hiragana symbols learned in Lessons 1 through 3 it is possible to write all the simple consonants of the Japanese language in combinations with the five short vowels, but there are in addition important combinations of sounds in the language for which special combinations of the hiragana symbols are required.

This lesson deals with the method by which the combinations **ky-, gy,- py-, by-, my-, ny-, hy-, ry-** are written in hiragana; on the pronunciation of these combinations refer to Martin 1.7, p. 20 and 1.8, p. 22. These combinations (which the Japanese call **yō'on** 拗音) are written in hiragana by a combination of (a) the second hiragana symbol (i.e. that ending in **-i**) in each consonant column (with nigori as necessary) followed by (b) the hiragana symbol from the **y-** column ending with the desired vowel, (b) being today written a little smaller and somewhat to the right (though this last was not usually true in the old-fashioned orthography).

This description no doubt sounds a good deal more difficult than the fairly simple thing it is describing; it simply means that to write **kya** we use き plus (followed by) a somewhat smaller ゃ; for **kyo** we use き plus ょ, **kyu** き plus ゅ, **gyo** ぎ plus ょ, **byo** び plus ょ, **rya** り plus ゃ, **ryo** り plus ょ, **ryu** り plus ゅ, etc.

The same principle is used to write the combinations **sha, shu, sho, cha, chu, cho,** and (the voiced or nigori versions of the last three) **ja, ju,** and **jo,** even though these combinations have no **-y-** in their usual romanization:

sha written し plus ゃ, **sho** し plus ょ, **shu** し plus ゅ
cha ち plus ゃ, **cho** ち plus ょ, **chu** ち plus ゅ
ja じ plus ゃ, **jo** じ plus ょ, and **ju** じ plus ゅ

(Note that these last three combinations follow the statements about using じ rather than ぢ in the current orthography, as presented above in Lesson 3.)

Again the student familiar with the Japanese style of romanization will find these hiragana combinations more regular than will the reader who is familiar only with the Hepburn spelling; in the Japanese-style system Hepburn **sha** is **sya, cha** is **tya, ja** is **dya,** etc., showing the **-y-.**

Lesson 4 presents first the combinations of hiragana symbols used to write the combinations of **k, g, p, b, m, n, h,** and **r** with **-y-,** and then a group of words using these sounds; most of them you should recognize, but again the meanings of those you happen not to know are not important for you at this stage, for the object of the lesson is solely to give practice in recognizing and reading these special combinations of hiragana symbols.

LESSON 5 : Hiragana : Long Vowels

Since the distinction between short vowels (**tan'on** 短音) and long vowels (**chō'on** 長音) is a vital one in the Japanese language (cf. Martin 1.6, p. 13) the hiragana writing of course has provisions for indicating it. The symbols for the five short vowels **a, i, u, e, o** have already been learned; this lesson shows how the long vowels corresponding to them are written in hiragana.

Before the reform of the Japanese writing system following World War II a truly bewildering assortment of different hiragana combinations was used to write the various long vowels, but in the orthography now in use these unnecessary complications have happily been removed, leaving the student of written Japanese today with only four rules to master:

1. **ā, ii, ū,** and **ē** are written just as one would naturally expect: ああ, いい, うう, and ええ. This is really no different from the writing of vowels in sequence (Martin 1.6, p. 11) mentioned already in the explanation to Lesson 1.

2. These same long vowels **ā, ii, ū,** and **ē** are written when they occur following consonants with the hiragana symbol for the desired consonant plus the short vowel equivalent of the desired vowel followed by the individual symbol for the same short vowel equivalent: **kā** かあ, **nē** ねえ, **kii** きい, **fū** ふう, **yū** ゆう, etc.*

3. **ō** is written with お followed by う, and following a consonant by the hiragana symbol for the desired consonant plus short **o** followed by う: **kō** こう, **sō** そう, **tō** とう, **nō** のう, **hō** ほう **mō** もう, **yō** よう, **rō** ろう, etc., with however the following exceptions:

4. **ō** in a certain few adjectives and verbs and in parts of compound words containing these adjectives and verbs is written おお; important words here include **ōi** "many" written おおい, **ōkii** "big" おおきい, **tōru** "pass by" とおる, **tōi** "distant" とおい, entering for example into such compounds as **Ōsaka** (PlN, "big slope") おおさか, **ōdōri** "main street" from "big"+"pass by" おおどおり, **Tōyama** (PlN, "distant mountain") とおやま.

Once again the statement of the orthographic rules presented above is likely to seem more trouble to remember than the fairly simple process it describes, and it is given in full here largely for reference later on in your reading. The student of the hiragana writing at this stage need only remember that the long vowels **ā, ii, ū, ē** are always written in hiragana as what is in effect double vowels, ああ, etc., and that long **ō** is written as **o+u,** おう except in a few cases where it too is written as "double **o**", おお.

For writing the long vowels following the combinations of the various consonants with **-y-,** presented in Lesson 4, exactly the same set of principles applies: **kyō** きょう, **shō** しょう, **jū**

* But the verb **yū** "say, call" which Martin romanizes **iu** (Martin 7.2, p. 216) is written いう; cf. in this book Lesson 24, RN 1, below, or for the same word written partly in kanji, see the Vocabulary for Lesson 35.

じゅう, **nyū** にゅう, **byō** びょう, **ryō** りょう, etc.; note that in these combinations the ょ or ゅ indicating the **-y-** is written a little smaller than the other two hiragana symbols before and after (or above and below) it.

Lesson 5 gives examples of these various long vowel hiragana writings, and illustrates them with a selection of words.

LESSON 6 : Hiragana : Double Consonants

The double consonants (**sokuon** 促音) of Japanese (**pp, tt, kk, tch, ss, ssh;** Martin 1.7, p. 15) are just as important as any other feature of the language, and they too have a simple and unambiguous representation in the hiragana writing.

To write them, a small **tsu** っ is written *before* the symbol representing the consonant to be doubled: **kako** かこ "past" but **kakko** かっこ "parenthesis"; **ito** いと "thread" but **itto** いっと "way, course"; **ippen** いっぺん "one time," **kassai** かっさい "applause," **itchi** いっち "accord" (note that the romanization as **tchi** here really is spelling a "double" **ch**!), **issho** いっしょ "together" (here the small っ doubles the **sh** of the し, which since it is followed by a small ょ is itself writing the combination **sho**).*

This is probably the simplest feature of the whole Japanese writing system, and it has no exceptions. All the student need do is accustom himself to reacting to the small っ by doubling the consonant *following* it, and note that this small っ is itself not "pronounced," except as a doubling of the consonant following.

With the completion of this lesson all the elements of the hiragana necessary to write any Japanese word have been introduced. Lesson 6 gives examples of various words using this system of representing double consonants, and also the other elements of the hiragana system already presented.

When you have really mastered the contents of Lessons 1 through 6 you are ready to begin reading (or writing) Japanese. Lessons 7 through 10 may be left for study later, or gone on to next as you prefer. If you wish to delay learning and practicing katakana, or if you are already familiar with katakana, you may now continue with Lesson 13, but you should note that some katakana is used in the reading selections from Lesson 23 on, so that you should not delay learning it too long.

LESSON 7 : Katakana : *a—no*

Side by side with the hiragana, modern Japanese writing makes use of another complete set of similar symbols called the katakana. (The **hiragana** 平仮名 and **katakana** 片仮名 together are collectively referred to simply as **kana** 仮名.)

The katakana symbols, rather simpler, more angular and abrupt in their line than the hiragana, are today chiefly used for writing non-Japanese words in Japanese texts (see Lesson 12, below), for writing purely Japanese words that are being singled out for emphasis or that are properly written with difficult or obsolete kanji, in texts otherwise in hiragana and kanji (see Lesson 13,

* Very occasionally one finds a っ used for the same purpose, i.e. to indicate a double consonant following, written in a word otherwise entirely in kanji; for an example see **nappafuku,** Lesson 51, Vocabulary. This type of orthography is by and large a matter of the author's whim or taste, and tends to be found only in cases where he fears the reader might otherwise not immediately recognize (from the kanji alone) that the word in question has a double consonant.

below), and for writing the entire texts of telegrams, teletype messages, and certain other forms of modern telecommunications.

Basically, everything thus far presented in Lessons 1 through 6 for the hiragana holds true for the katakana also. Lessons 7 through 11 for this reason simply present in katakana the materials already given for hiragana, and in studying this and the following four lessons the explanations for Lessons 1 through 6 may be applied simply by substituting the equivalent katakana symbols for the hiragana throughout.

Lesson 7 in katakana corresponds to Lesson 1 above, and presents the following first 25 katakana symbols; begin in the upper right corner, read down and to the left:

ナ	タ	サ	カ	ア
ニ	チ	シ	キ	イ
ヌ	ツ	ス	ク	ウ
ネ	テ	セ	ケ	エ
ノ	ト	ソ	コ	オ

LESSON 8 : Katakana : *ha—n*

This lesson in katakana corresponds to Lesson 2 above, and presents the remaining following 21 katakana symbols; begin in the upper right corner, read down and to the left:

	ワ	ラ	ヤ	マ	ハ
		リ		ミ	ヒ
		ル	ユ	ム	フ
		レ		メ	ヘ
ン	ヲ	ロ	ヨ	モ	ホ

With this you can now write the complete katakana table:

	ワ	ラ	ヤ	マ	ハ	ナ	タ	サ	カ	ア
		リ		ミ	ヒ	ニ	チ	シ	キ	イ
		ル	ユ	ム	フ	ヌ	ツ	ス	ク	ウ
		レ		メ	ヘ	ネ	テ	セ	ケ	エ
ン	ヲ	ロ	ヨ	モ	ホ	ノ	ト	ソ	コ	オ

(The katakana equivalent of the obsolete hiragana ゐ is ヰ, and the equivalent of the obsolete ゑ is ヱ.)

LESSON 9 : Katakana : Nigori

This lesson corresponds to Lesson 3 above, and presents nigori. The statements concerning nigori and the writing of these combinations in hiragana also hold true in all details for katakana.

LESSON 10 : Katakana : Combinations with *-y-*

This lesson corresponds to Lesson 5 above, and presents combinations of consonants followed by **-y-**. The statements concerning the writing of these combinations in hiragana also hold true in all details for katakana.

LESSON 11 : Katakana : Long Vowels; Double Consonants

This lesson corresponds to both Lessons 5 and 6 above, and presents first of all the writings of the long vowels and then those for the double consonants in katakana. The statements concerning the writing of these combinations in hiragana also hold true in all details for katakana.

LESSON 12 : Katakana : Foreign Words

As already mentioned in Lesson 7, the chief use of the katakana symbols in modern Japanese is for writing foreign words and non-Japanese personal and place names. In this the same principles that have been presented above for the hiragana still hold true for the katakana in general, but with certain modifications and additions which this lesson presents.

By and large the reader will get the best results in dealing with non-Japanese words written in katakana not by paying undue attention to the statements below, much less by trying to memorize them, but simply by *saying what he sees* as he reads his Japanese texts. With all its limitations in representing non-Japanese words the katakana is still after all a phonetic writing system, and in almost every instance a foreign word written in katakana can be identified if one simply reads and pronounces the symbols aloud in order (always supposing of course that one already knows the word in the original language from which it is drawn). The following statements summarize some of the conventions that are observed in writing foreign words in katakana:*

The foreign word in Japanese is first as far as possible adapted to the Japanese sound system; once this has been done most of the conventions of katakana writing become largely a matter of course. The summary of orthographic practices presented here is chiefly concerned with English words except for noted exceptions, since the major portion of the foreign words common in Japanese today is taken from English.

1. The ラ -column is used for foreign *l* sounds as well as for foreign *r* sounds, when initial in a word or before a vowel: ルール rule,† レンズ lens, ロイアル royal.

2. The サ -column is used for English voiceless *th* sounds, and with nigori (ザ, etc.) for the English voiced *th* sounds: サラブレッド thoroughbred, クロース cloth, ギャザー gather (dressmaking), サウスポー southpaw, カソリック Catholic (but カトリック is also common).

3. The バ -column (i.e. ハ etc. with nigori) is most commonly used for foreign *v* sounds, especially in modern newspapers and magazines: バイオリン violin, ヌーベル・バーグ (French) nouvelle vague. It is also now fashionable to use instead the combination ヴ for foreign *v* sounds (ヴァイオリン, ヌーヴェル・ヴァーグ), though few Japanese in such cases distinguish *b* from *v*

* All the foreign words presented in this lesson, both here and in the practice reading selection, are actually in use in modern Japanese, and were selected from popular magazine articles published in the summer of 1960.

† In this lesson the Japanese pronunciation is indicated by the katakana only; the English (or other foreign word) which follows is both the meaning and the source of the word, unless otherwise explained.

in their own pronunciation of these words. Hence the two writings tend to be completely interchangeable, except in a few older words like サービス service, meaning "a discount, a special bargain" where ビ is usually the only writing seen.

4. The フ symbol is used for foreign *f* sounds (cf. 16 below) as well as for foreign *h* sounds: フラフープ hula-hoop, フルシチョフ Khrushchev, but note コーヒー coffee.

5. Foreign combinations of consonants like *bl* or *sp* that do not exist in Japanese are rendered by introducing a **-u-** (which we may call "epenthetic" or unnecessary) between them: スピード speed, ラグビー rugby, ブラウス blouse.

6. An epenthetic **-u, -i,** or **-o** is added to the end of foreign words ending in consonants other than *-n:* ハーフ half, システム system, パイナップル pineapple, シャツ shirt, サイジング sizing, フレッシュ fresh, ストライキ strike, コンテスト contest.

7. Foreign *-mb-* and *-mp-* are rendered by the syllabic nasal followed by the appropriate katakana symbol: ケンブリッジ Cambridge, オリンピック Olympic.

8. Foreign long vowels, or what may strike the Japanese ear as long vowels, are rendered by the appropriate short vowel symbol (or consonant plus short vowel symbol) followed by a bar — (vertical in vertical writing, horizontal in horizontal writing): ブーム boom, セール sale, クルー crew. It should be noted here that since most Tōkyō speakers do not distinguish the combinations **ei** and **ee** (=**ē**) in Japanese (cf. Martin 1.6, pp. 13–14), foreign *ei* is usually rendered by エ followed by —: サンデー Sunday, メーンマスト mainmast, メー・デー May Day. Cf. Lesson 35, RN 1.

9. English language words and names are rendered on the standard of British pronunciation, which means that English vowel followed by *-r* is always rendered as if it were a long vowel ("*-r* less"): バード bird, カード card, スマート smart, カー car, Carr. But in non-English European languages vowel plus *-r* is rendered with the symbols of the ラ -column; thus English (or American) Carl カール, but German (or at least non-English) Karl カルル (cf. RN 3 to Lesson 71); ビール is for Dutch bier, but ビヤ in ビヤ・ホール beer-hall from the English. So also distinguish ビル buil(ding) and ビール beer.

10. A small ッ is used for writing a double consonant in foreign words exactly as in writing Japanese words, but one should note that in many if not most of the cases in which double consonants appear in Japanese versions of non-Japanese words they do not correspond to a real double consonant in the foreign word, but have been used only because the Japanese ear here hears the preceding vowel as especially short; hence the double consonant is used as often as not to imitate foreign short vowels thought to be shorter than Japanese short vowels: ジェット jet, カット cut, オックスフォード Oxford, ミッドナイト midnight, トピックス topics, ピーナッツ peanuts. Sometimes a double consonant rendering is also clearly due in part to preoccupation with the foreign spelling: キッチン kitchen, モットー motto. Knowledge of the spelling also probably explains some instances in which the katakana version renders English *z* sounds as unvoiced, thus ニュース news, but does not explain others, such as ダース doz(en).

11. Foreign [ti] sounds (as in tick, stick) are traditionally rendered by (a) チ, often followed by a double consonant writing, again to indicate that the vowel here is very short, or (b) the combination ティ (the ィ written a little smaller), again often followed by a double consonant. Here (a) is the more usual, but (b) is commonly seen, and is today regarded as the more fashionable of the two: エチケット etiquette, ロマンチック or ロマンティック romantic, プラスチック plastic; ポリエチレン polyethylene is from German rather than English.

12. Foreign [ti:] sounds (as in tea, steel) are today often rendered by the combination ティー, though チー is also still seen: スチール or less commonly スティール steel, パーティ party, スチーム steam.

13. Foreign [di] sounds (as in dip) and [di:] sounds (as in deep) are today generally rendered as ディ and ディー: ディスカッション discussion, メロディー melody.

14. Foreign [zi] is rendered ジ: ジッパ zipper, サイジング sizing.

15. Foreign [dʒ] (as in jest) is sometimes seen as ジェ, sometimes as ゼ: ジェスチャー or ゼスチュアー gesture (cf. RN 9 to Lesson 61).

16. In writing foreign words fairly free use is made of combinations of symbols not found in writing native Japanese words. The pronunciation of such combinations depends upon the degree of linguistic sophistication of the reader; a Japanese who is able to will pronounce ファ as close to English *fa* as possible, while one who is not able to will render it as **fua** with the Japanese bilabial sound. Items (a) through (e) following present some of the more important of these non-Japanese katakana combinations seen in writing foreign words:*

a. フ followed by small ァ, ィ, ェ, and ォ: ファン fan, ファッション fashion, オフィス office, フェルト felt, フォード Ford.

b. ウ followed by small ィ and ェ: ウィスキー whisky;† ウェアー wear.

c. チ and シ followed by small ェ: チェック check, エンジェル angel.

d. ミ and ビ followed by small ュ: ミュージカル musical, ビューティ beauty.

e. キ and ギ followed by small ャ are used for English [æ] sound (as in man, pan, can): ギャーザ gather (dressmaking), キャピトル capitol, スキャンダル scandal, キャンデー candy. (But キャメラ camera, once common, is now almost always simply カメラ.) So also following チ in チャンス chance.

In general the principle in rendering foreign words and names into Japanese is to follow the pronunciation in the original language as far as possible, and the reader for whom English is his first language must be alert for non-English based forms: バッハ (pronounce: **bahha**) Bach, クーデター coup d'état, シャンソン chanson, ゲレーンデ Gelände, as well of course as place names: モスクワ Moscow, パリ Paris, シャンゼリゼー Champs-Élysées. But outside of the better known European languages this principle today perforce breaks down, and words and names from obscure languages are ordinarily rendered according to their English "reading" pronunciations: エンクルマー Nkrumah, ツオンベ Tshombe.

The katakana symbols are also used in conjunction with hiragana for a small number of words that have been created by providing foreign words with Japanese inflections, in which katakana is used for the foreign element and hiragana for the Japanese inflections: サボる ("to sabotage" cf. サボタージュ Fr. sabotage), アジる "to agitate" (アジテーション agitation), デモる "to demonstrate" (デモンストレーション demonstration, often simply デモ). Sometimes also such mixed writings are found for Japanese words using rare kanji, or when it is wished for some reason to emphasize the noun underlying a verb: カビる **kabiru** "become mouldy."

The only important exception to the rule that foreign personal and place names are written in katakana is made for the two countries that together with Japan still make use of Chinese characters (kanji, Lesson 13), China and Korea. In Japan today Chinese and Korean personal and place names are still ordinarily written in Chinese characters. In the past few years a number of newspapers and magazines have tried to popularize writing Korean names in katakana instead of Chinese characters, but the innovation has yet to catch on.

Finally it should be noted that a centrally placed point · is often (but not completely consistently) used to separate elements of foreign words and names written in katakana (for examples see ヌーベル・バーグ in 3 and メー・デー in 8, above).

Lesson 12 gives some further examples for practice in reading non-Japanese names and words written in katakana.

* (a) through (e), like all the statements of this lesson, are by no means exhaustive, but simply present typical illustrations out of many others possible.

† Though one manufacturer of the beverage prefers to use the obsolete katakana symbol ヰ instead of イ, and spells it ウヰスキー. Sometimes on hand-written menus one will in the same way still find サンドヰッチ instead of サンドイッチ sandwich.

LESSON 13 : Kanji

Lessons 1 through 6 (for hiragana) and Lessons 7 through 12 (for katakana) have presented all the student needs to know about the two systems of phonetic writing used by the Japanese today. Unfortunately, however, modern written Japanese does not content itself with these perfectly adequate phonetic symbols, but adds to them a large number* of symbols that do not represent sounds as such (though they too in fact *do* write sounds) so much as they represent forms: these are the same symbols that have been used for centuries in China, from where the Japanese borrowed them, and which we know as Chinese characters, or **kanji** (漢字).†

This lesson introduces the reader to his first ten simple kanji; subsequent lessons will continue to introduce more and more, so that when you have read through all the texts in this volume you should be familiar with all the kanji used in writing Japanese today. With the kanji just as with the kana the best way to learn to recognize and remember the symbols is to write them; for this the stroke-order information and writing directions given in Sakade will be especially helpful. To help you locate the kanji in Sakade as they are introduced their numbers in that book will be presented,‡ and you should form the habit of always referring to it as you learn to recognize and write the kanji.

The kanji introduced in this lesson are as follows:

VOCABULARY

KANJI & SAKADE NO.	PRONUNCIATION	MEANING	KANJI & SAKADE NO.	PRONUNCIATION	MEANING
火 13	**hi**	fire	右 19	**migi**	right
水 14	**mizu**	water	耳 26	**mimi**	ear
木 15	**ki**	tree, wood	森 41	**mori**	forest
土 17	**tsuchi**	earth	花 43	**hana**	flower
左 18	**hidari**	left	石 44	**ishi**	stone

To assist you in familiarizing yourself with reading kanji and kana, this lesson gives these kanji in order, followed by their pronunciation (that is, their Japanese meanings) both in hiragana and katakana in the large type that this book has used up to this point. Then the same kanji are given once again in the somewhat smaller type that will be used from this point on, and for reference all the hiragana and katakana symbols are then repeated in this smaller type, with which you should now become familiar.

LESSON 14 : Okurigana

The previous lesson showed in effect how kanji are used to write nouns (Martin 2. 1, p. 41), and since Japanese nouns are not inflected, which means they always are the same in their forms, there are no further complications here to be concerned with. But kanji are also used to write

* On the number of kanji in use in writing modern Japanese, see the Introduction, 4.

† Meaning "the written characters (**ji** 字) from Han (漢)." The Han dynasties (pronounced **Kan** in Japanese) ruled in China from 202 B.C. to A.D. 9 and from A.D. 25–220. It was during the latter part of Han rule that the Japanese first came into important cultural contact with China, and hence **Kan** came to be used to mean "Chinese" in a general sense. The Japanese usage here also to some extent reflects Chinese usage of the word Han, again to mean "Chinese" without any particular chronological implications.

‡ From this point on down through Lesson 39 the numbers in Sakade are given for each new kanji and for each new pronunciation of a kanji already introduced. By the time he reaches Lesson 39 the reader should be able to find new kanji either in Sakade or in some other dictionary, and numbers are not given from Lesson 40 on.

adjectives and verbs, and since these are inflected (changeable) forms (Martin 2.13, p. 49; 4.1, p. 83) certain conventions must be observed in writing these. This lesson deals with these orthographic practices. (For the uses of kanji in writing proper and place names see Appendix 4.)

The general principle followed in writing adjectives and verbs in modern Japanese is easy to state: the kanji is used for the portion of the adjective or verb that is uninflected (does not change), and kana for the remainder, that is, for the variable portion. The implementation of this principle within the limitations of the syllabic kana writing sometimes calls for some special conventions or complications, but on the whole the student will be best served by keeping the above principle in mind, and watching how it applies to various instances of usage in the reading selections in this book.

Immediately following, this general principle as it works out in actual practice is illustrated in terms of the description of Japanese grammar to be found in Martin; if you are more familiar with some other system of talking about Japanese grammar the facts are still of course the same, no matter what terms you may prefer to apply to them, and you should have no difficulty in following the information given below, replacing terminology with which you are not familiar with that you know best.

Kana used together with kanji in writing adjective and verb forms is called **okurigana** (送り仮名); exactly what and how much okurigana is to be written with a particular verb or adjective is sometimes a matter of personal idiosyncrasy, and okurigana usage is not absolutely uniform among all writers and editors. In recent years the problem has been studied by government education authorities, who have recently formulated rules to unify okurigana,* but as of the present time these have yet to win wide acceptance. Most of the possible differences in okurigana usage arise in writing verbs; the texts in this book follow the okurigana practices found most generally today, but as the reader goes on to other materials he should not be surprised to find divergences from these practices.

1. Adjectives in General (Martin 4.6, p. 94). The great majority of all adjectives, ending in **-ai, -oi, -ui,** and **-ii,** are written with a kanji for the unchanging part of the word, and with the **-i, -katta, -kute,** and **-ku** endings written in kana (for these new kanji, the Sakade numbers are as follows: 青 36, 黒 80, 赤 35, 暗 154):

	IMPERFECT		PERFECT		GERUND		INFINITIVE	
is blue	**aoi**	青い	**aokatta**	青かった	**aokute**	青くて	**aoku**	青く
is black	**kuroi**	黒い	**kurokatta**	黒かった	**kurokute**	黒くて	**kuroku**	黒く
is red	**akai**	赤い	**akakatta**	赤かった	**akakute**	赤くて	**akaku**	赤く
is dark	**kurai**	暗い	**kurakatta**	暗かった	**kurakute**	暗くて	**kuraku**	暗く

2. Exceptions to 1:

a. In adjectives ending in **-shii** this final **-shii** is written in kana; otherwise they follow the above (Sakade nos.: 新 256, 正 46)

is new	**atarashii** 新しい	**atarashikatta** 新しかった	**atarashikute** 新しくて	**atarashiku** 新しく
is correct	**tadashii** 正しい	**tadashikatta** 正しかった	**tadashikute** 正しくて	**tadashiku** 正しく

b. Two important adjectives are irregular in their writing in that their last two syllables (in the imperfect) are written in kana, and analogically throughout:

* These were promulgated in the form of "suggestions" at the Cabinet meeting of July 10, 1959, and reported in detail in the morning editions of most Tōkyo newspapers the following day; they have since been subject to a great deal of criticism in the press and elsewhere, and for the time being do not extend beyond the official recommendation that they be followed in middle school textbooks from April, 1962 on.

is big	**ōkii**	大きい	**ōkikatta**	大きかった	**ōkikute**	大きくて	**ōkiku**	大きく
is small	**chiisai**	小さい	**chiisakatta**	小さかった	**chiisakute**	小さくて	**chiisaku**	小さく

(大 is introduced in Lesson 21, 小 in Lesson 23. Some of the other kanji used in the examples of this lesson are introduced in lessons following shortly in this book, and need not be learned until they appear again; they are included here to make these statements fairly complete.)

c. Other cases of okurigana not covered by the above will be observed in the texts; they are too unsystematic to make it worthwhile summarizing them here. For examples, see, in Lesson 35, **osoroshii** 恐ろしい, **isamashii** 勇ましい, **yawarakai** 柔かい, and in Lesson 39, **azayaka** 鮮やか.

3. VERBS. Applying the general principle stated earlier to verb writing is complicated by the fact that the kana writes consonant plus vowel in a single symbol, and also by convention. It is in verb okurigana that the greatest divergencies in usage are found, and what is presented here is a general, middle-of-the-road system that will generally be a safe guide.

a. Vowel Stems (Martin 4.3, p. 88). The last two syllables of the infinitive are written in kana, except for a two syllable verb like **miru** "see" where only the last syllable is in kana (考 Sakade no. 74; 食 and 見 are introduced in Lesson 19):

eats	**taberu** 食べる	**tabeta** 食べた	**tabete** 食べて	**tabe** 食べ	**tabemasu** 食べます
thinks	**kangaeru** 考える	**kangaeta** 考えた	**kangaete** 考えて	**kangae** 考え	**kangaemasu** 考えます
sees	**miru** 見る	**mita** 見た	**mite** 見て	**mi** 見	**mimasu** 見ます

b. Consonant Stems (Martin 4.3, p. 88).

waits	**matsu** 待つ	**matta** 待った	**matte** 待って	**machi** 待ち	**machimasu** 待ちます
rides	**noru** 乗る	**notta** 乗った	**notte** 乗って	**nori** 乗り	**norimasu** 乗ります
meets	**au** 会う	**atta** 会った	**atte** 会って	**ai** 会い	**aimasu** 会います
speaks	**hanasu** 話す	**hanashita** 話した	**hanashite** 話して	**hanashi** 話し	**hanashimasu** 話します
writes	**kaku** 書く	**kaita** 書いた	**kaite** 書いて	**kaki** 書き	**kakimasu** 書きます
swims	**oyogu** 泳ぐ	**oyoida** 泳いだ	**oyoide** 泳いで	**oyogi** 泳ぎ	**oyogimasu** 泳ぎます
calls	**yobu** 呼ぶ	**yonda** 呼んだ	**yonde** 呼んで	**yobi** 呼び	**yobimasu** 呼びます
reads	**yomu** 読む	**yonda** 読んだ	**yonde** 読んで	**yomi** 読み	**yomimasu** 読みます
dies	**shinu** 死ぬ	**shinda** 死んだ	**shinde** 死んで	**shini** 死に	**shinimasu** 死にます

(待 Lesson 22, 乗 Lesson 19, 会 Lesson 27, 話 Lesson 19, 書 Lesson 22, 泳 Lesson 30, 呼 Lesson 26, 読 Lesson 19, 死 Lesson 29.)

c. Potentials (Martin 10.18, p. 404). Potentials of vowel stems are written by adding in kana られる **-rareru** (and forms derived from this) to the kana syllable (if any) before the imperfect ending **-ru**: 食べられる **taberareru**; 見られる **mirareru**, etc.

Short potentials of consonant stems are written by adding in kana える **-eru** to verbs ending in the imperfect in **-u** (thus, 会える **aeru**) or in the other cases てる, れる, せる, ける, げる, べる, める, and ねる, following the same order as in (b) immediately above, thus:

待てる	**materu**	乗れる	**noreru**	話せる	**hanaseru**	書ける	**kakeru**
泳げる	**oyogeru**	呼べる	**yoberu**	読める	**yomeru**	死ねる	**shineru**

When parts of verbs enter into compound nouns (type: **tatemono**) or are used as nouns (type: **hanashi**) usage is very unsystematic on the point of what if any okurigana should be written, but there is a tendency today to favor more rather than less. The texts in this book follow the more usual practices observed in Japan today, and will serve as the reader's best guide to usage.

As a general rule one finds kana used for the last syllable of the verb stem (Martin, 4.3, pp. 86–90), but sometimes, especially in compound nouns, no kana is written at all (**tatemono** 建物, cf. Lesson 19, **kaimono** 買物, cf. Lesson 27). Here are some examples, for future reference, of kana used in such cases for writing the stem syllables: **nomisugiru** 飲みすぎる (Lesson 30), **surimono** 刷り物 (Lesson 33), **omoidasu** 思い出す (Lesson 34), **yomikaki** 読み書き (Lesson 53). Thus, a word like **kurikaesu** may be written today 繰返す or 繰り返す, and current usage somewhat favors the second writing, while many would prefer くり返す, the simplest and least ambiguous way of all.

VOCABULARY

(in addition to that introduced immediately above)

切る* 99	**kiru**	cut
晴れる 265	**hareru**	clear up (of the weather)
引く 156	**hiku**	pull

LESSON 15 : Particles

In writing Japanese all of the particles (**tenioha** てにおは) are written in kana, and all of them are spelled just as one would expect from their pronunciation with the following three important exceptions:

1. The particle **wa** (Martin 2.7, p. 44) is always written は (or ハ).
2. The particle **e** (Martin 3.3, p. 62) is always written へ (or ヘ).
3. The particle **o** (Martin 3.6, p. 66) is always written を (or ヲ).

This lesson introduces some new vocabulary, and then gives practice in reading nouns together with particles.

VOCABULARY

川 39	**kawa**	river	足 29	**ashi**	foot
先 33	**saki**	ahead	谷 78	**tani**	valley
犬 66	**inu**	dog	糸 83	**ito**	thread

* Below the kanji are the numbers under which the new kanji introduced in this and the following lessons will be found in Sakade; note that in Sakade ( ) are used to enclose the portion of verbs and adjectives that is generally written in kana: **ki(ru), ha(reru), hi(ku).**

字 86	**ji**	written symbol, character
色 94	**iro**	color
心 95	**kokoro**	heart, spirit
男 109	**otoko**	man
女 32	**onna**	woman

LESSON 16 : Numbers

VOCABULARY

一 1	**ichi**	one
二 2	**ni**	two
三 3	**san**	three
四 4	**shi**	four
五 5	**go**	five
六 6	**roku**	six
七 7	**shichi**	seven
八 8	**hachi**	eight
九 9	**ku, kyū**	nine
十 10	**jū**	ten
百 130	**hyaku**	hundred
千 101	**sen**	thousand
第 273	**dai-**	number

READING NOTES

Kanji are used to write both the primary and secondary numerals (Martin 6.4, p. 177). Today modern written Japanese often uses the arabic numerals (1, 2, 3, 4, etc.) as well, and when texts are written horizontally most writers and editors insist upon using arabic numerals. The first part of this lesson gives the numbers from 1 to 9,999 (study Martin p. 179 if you can't read them all correctly); then, in a heavier type face, examples of how the zero (called **zero** ゼロ or **rei** 零) is sometimes used today in conjunction with these kanji, to make them into a decimal system of the type we are all familiar with. The last portion of the lesson shows the way the secondary numerals may be written, using okurigana つ following the kanji: 一つ **hitotsu,** 二つ **futatsu,** etc.

Since all the Japanese texts printed in this book are written vertically the numbers appear in the system that uses 十 rather than ○; this is true both of the numbers of the lessons themselves throughout the book and of the numbers of the individual sentences in Lessons 17 through 30. Of course we must remember that the words involved ("pronunciations") are identical; the Japanese word for seventeen, for example, is **jūnana** or **jūshichi,** regardless of how it is written (十七, 一七, or 17), just as twenty is always **nijū** whether it is written 二十, 二○, or 20.

The headings for the Lessons in this book also show you how the word **dai-** 第 is used together with the numbers to enumerate things; **dai-ichi** 第一 "first," **dai-ni** 第二 "second," **dai-rokujūyon** 第六十四 "64th," etc.

LESSON 17 : Hiragana : Review

This lesson is taken from Basic Sentences Nos. 1 through 40 in Martin, Lesson 1, pp. 1–3. It is written entirely in kana, as a final check on your mastery of reading hiragana. If there are any of the kana symbols that you are still uncertain of, or which you still have difficulty in recognizing quickly, take time off at this point to master them once and for all; this goes too for any features of the kana writing system, such as the combinations for long vowels or the like which still are not completely familiar to you. You cannot really make any progress in the lessons to follow in this book until you are able to read kana quickly and without hesitation. This Lesson 17 is a good place at which to evaluate your own progress to date, and study up on any parts in which you find yourself weak.

READING NOTES

1. This へ is here pronounced **e**; cf. the explanation in Lesson 15 of how the particles are written in kana.

◆ PART 2 ◆ ELEMENTARY

LESSON 18 : Elementary Readings : 1

VOCABULARY*

本 45	**hon**	book	映 P.224 画 167 館†	**eigakan**	movie theater
私 797	**watakushi**	I	日 11 本	**Nihon**	(PlN) Japan
人 30	**hito**	man, person	上 20	**ue**	topside, on top
建 391 物 313	**tatemono**	building	中 23	**naka**	inside, middle
銀 196 行 73	**ginkō**	bank	庭 477	**niwa**	garden
学 57 校 75	**gakkō**	school			

READING NOTES

This lesson is taken from Basic Sentences Nos. 1 through 30 in Martin, Lesson 2, pp. 39–40.

1. The Japanese sometimes use tiny kana placed alongside kanji to indicate the pronunciation ("reading") of the kanji, as here with the word **zasshi;** such kana are called **furigana** (振り仮名) or more often today **rubii** ルビー or **rubi** ルビ (from British English ruby "a size of type, 5 1/2-point,"=American agate; in Japan this refers, however, to the 7-point kana type in which the furigana is often set). In modern Japanese furigana is used to help the reader by giving the pronunciation of kanji with which the author or editor feels he is likely to be unfamiliar, or to indicate in an unmistakable fashion the pronunciation of proper names written in kanji. (In all horizontal writing, and also in newspapers and other closely-set printed matter, regardless of the direction of writing, where even the tiny furigana alongside the kanji would be unusually difficult to print and read, the same information is today given in normally sized kana following the kanji

* Vocabularies for Lessons 18 through 30 include only those words written in kanji that are to be learned in each individual lesson; for the other words in these lessons the reader should refer to the indicated sections of Martin, or use any Japanese-English dictionary. In addition a few terms not introduced in Martin but included in the lessons in this book are given in these Vocabularies. The numbers below the kanji in the Vocabularies indicate *character numbers* in Sakade; numbers such as "P. 236" are *page numbers* in Sakade; for kanji marked x in the Vocabularies, see Appendix 1.

† This and other characters with their pronunciation indicated in small hiragana alongside the kanji (furigana) in the Japanese text need not be learned at this point, as explained in the RN.

and enclosed in ordinary parentheses; for an example see the Japanese explanation for **tori'i** in the Vocabulary for Lesson 51.)

In the lessons of this book the reader is supposed to learn the new kanji introduced in each lesson and their readings as he goes along, and the use of furigana is confined to (a) a few words too seldom seen to make it worthwhile to memorize their kanji (for example, several words in Lessons 31, 36, and 40); (b) a few words in the early lessons, the kanji for which are common and important enough but whose memorization may best be delayed until the reader is a little farther along in the texts of this book; examples in Lesson 18 are **zasshi** and the **-kan** of **eigakan,** and in Lesson 19, **jimusho, kōgai, kōen, sampo,** etc. These kanji are subsequently introduced in this book without furigana, when they are to be memorized.

In the selections from modern Japanese novels in Lessons 51 through 59 the texts have here been printed just as they are found in the originals, including furigana on certain of the kanji; these selections give an opportunity to see what use is made of furigana in facilitating the reading of modern literature. Finally, a few pulp magazines aimed at the only partly-educated public are still published in which virtually all kanji except for the numbers have their pronunciations indicated by furigana, but their number is small and their importance nil; also in women's magazines and illustrated papers one still notices a tendency to provide furigana for kanji that otherwise would surely not be thought necessary of explanation.

LESSON 19 : Elementary Readings : 2

VOCABULARY

今 81	**ima**	now	読む 123	**yomu**	read
日本語 209	**nihongo**	Japanese language	今夜 81 144	**kon'ya**	this evening
話す 151	**hanasu**	speak, say	食べる 253	**taberu**	eat
毎日 318	**mainichi**	every day	見る 67	**miru**	see
町 115	**machi**	town	買う 300	**kau**	buy
行く 73	**iku (yuku)***	go	乗る 251	**noru**	ride on, get on (a vehicle)
住む 244	**sumu**	live	歩く 136	**aruku**	walk
家 53	**uchi (ie)**	home, house	間 58	**aida**	interval
帰える 182	**kaeru**	return	銀座 196	**Ginza**	(P1N)

READING NOTES

This lesson is taken from Basic Sentences Nos. 1 through 24 and No. 27 in Martin, Lesson 3, pp. 57–59.

Though the memorization of large numbers of kanji, their readings and meanings, necessary if one is to learn to read the Japanese language, is never a task to be made light of, the student will find at this point that he is considerably aided in his labors by the fact that in writing modern Japanese the kanji are actually used in a fairly efficient fashion.

Each individual kanji is, in effect, used to write two or more different words, all of which gener-

* Note that the same kanji 行 plus the kana く may serve for the literary **yuku** as well as for the more usual colloquial form **iku.**

ally have some semantic relationship to each other. This means that for each kanji memorized the student will, by learning to associate it with additional words, find further uses for it in writing words other than that with which he first learns to associate the kanji. We have already seen what is really an example of this in Lesson 16, where it was shown how the kanji 一, 二, 三, 四, etc. are used not only to write the primary numerals (**ichi, ni, san, shi,** etc.) but with the addition of okurigana つ (cf. Lesson 14) also to write the secondary numerals (**hitotsu, futatsu, mittsu, yottsu,** written 一つ, 二つ, 三つ, 四つ).

Historically this situation, involving multiple use of the kanji, has arisen because in taking over the kanji from China and using them to write their own language, the Japanese have also over the centuries taken over a great number of borrowings or loanwords from various stages of the Chinese language. The kanji are not only used to write the native Japanese words of the type presented in Lessons 13, 14, and 15, but are naturally also used to write these many loanwords coming from Chinese, and it is from this fact that their multiple employment rises.

To the student of modern written Japanese it matters little whether a word is a native Japanese one or a loan from Chinese, much less what period a loanword may date from, except in so far as these facts affect the writing system. Though these loanwords came from Chinese, their source was of course not modern spoken Chinese but the many ancient Chinese dialects. This, together with the Japanese difficulties, as much a problem then as now, in reproducing the sounds of most foreign languages, plus later sound changes in Japanese itself, all mean that these Chinese loanwords are not, as words, any longer intelligible to the Chinese.

From these reasons from now on in this book these Chinese-style Japanese words (or Japanese-style Chinese, as the reader may prefer to think of them), and the special pronunciations for the kanji involved, will be identified by the abbreviation "SJ" (for "Sino-Japanese").

Lesson 18 has already presented two SJ words: **Nihon** 日本 and **ginkō** 銀行. 日, the first character used in writing **Nihon,** is also used for the Japanese word ("has the Japanese pronunciation," as you may prefer to understand it) of **hi** meaning "the sun." 本, the second character, is used for the Japanese word **moto** meaning "root, origin." **Nihon*** is a SJ word, signifying "the origin of the sun," and is a name given to Japan by the Chinese, for whom of course the islands lay in the eastern ocean from which the sun rose. (The Japanese naturally had names in their own language for their own country, but today they are not in common use and have all been virtually replaced by this SJ term.)

Again, 銀 the first character in **ginkō,** is an example of a kanji for which no common Japanese word is currently in use. But 行, the second one, appears in Lesson 19 in its most common Japanese pronunciation **iku**, written 行 followed by く in okurigana, hence 行く. Now in **ginkō** both historically and actually 行 is being used not in the sense of "go" but in another almost totally different sense of "handle, take care of" (in Japanese **okonau;** Lesson 36); this sense is also common in Chinese, and reminds us that the readings associated with a single kanji in Japanese writing can often be quite extensive, covering a fairly wide semantic range.

The word **shimbun** 新聞 "newspaper" (in Lesson 21, below) is a much neater example of the whole thing. Already (in Lesson 14) the student has met **atarashii** 新しい "new." Here in Lesson 19 he meets **kiku** 聞く "hear." In Lesson 21 below he will find that 新 with its SJ pronunciation of **shin** and 聞 with its SJ pronunciation **bun** are here used to write **shimbun**† "newspaper," and since a "newspaper" is something through which we often "hear of" "new things" all of this will probably not be very difficult either to justify or, more important, to remember.

The student will wish, then, to remember together with the kanji 新 the fact that it is used to write the Japanese word **atarashii** (in conjunction with the okurigana しい, of course), and at the

* Optionally also pronounced **Nippon,** identical in meaning. The English word "Japan" is ultimately from Marco Polo's Zipangu, his version of an old Chinese pronunciation of 日本国, (Jap.) **Nihon-koku,** "the land of Japan," (modern Chinese) Jih-pen-kuo.

† **n** plus **b** becomes **-mb-**.

same time the fact that it is used to write SJ **shin;** in the same way 聞 is to be associated with both **kiku** and **bun.**

In mastering the Japanese writing system one thing at a time is a good rule, and probably the student will not find it profitable to try to memorize both the Japanese and the SJ pronunciations associated with each kanji the first time he meets the kanji; it is better to take the problem gradually as one builds up vocabulary and familiarity with the system. But still it is well to review one's mastery of kanji already learned often, and try at such points to bring together pronunciations for the same kanji that have been introduced or learned at different times. To help you integrate your knowledge of the kanji in this fashion, you will notice that in the Vocabularies of this book the reference numbers identifying the kanji in Sakade are given *once for each reading;* a kanji previously introduced appearing again with the same pronunciation has no Sakade number in the Vocabulary, while a kanji previously introduced but now appearing with a different pronunciation has its Sakade number repeated.

In common with most dictionaries and reference works prepared for the use of foreigners Sakade distinguishes the SJ pronunciations by writing them in CAPITALS; Japanese dictionaries often use katakana for SJ and hiragana for other pronunciations. The vocabularies in this book do not indicate this difference.

Other examples in these first lessons which it may be useful to analyze at this point are: **ima** 今 by itself, but **kon** 今 in **kon'ya** 今夜 "this evening"; 夜 by itself is Japanese **yoru** "evening." The kanji for **aruku** 歩く in this lesson, is found again appearing as the second element in **sampo** 散歩 "a walk" in Lesson 20. Note also **kuru** 来る in this lesson, appearing as the first element in **rainen** 来年 "coming year, next year" in Lesson 20.

Sometimes compounds of native Japanese words are written with two (or more) kanji, for example **tatemono** 建物 "building" in Lesson 18. These may at first confuse the student into mistaking them for SJ combinations, but they are relatively few in number and with a little experience in reading texts the student will find that they cause no serious difficulty. Today, in fact, such words of the **tatemono**-type are often and by many writers written entirely in kana (たてもの, for example) to avoid all possibility of any such confusion. Cf. also the examples of verb stem compounds in Lesson 14, above.

In Japanese the native Japanese words (that is, the Japanese pronunciations associated with particular kanji) are called **kun** 訓 or **kundoku** 訓読; the SJ are called **on** 音, **ondoku** 音読 or **jion** 字音, which three terms are for general purposes synonymous. Each kanji often has more than one SJ pronunciation going with it, though the different SJ pronunciations that are associated with any one kanji usually sound more or less similar; thus, in these first lessons, 日 is **ni-** or **nit-** (becoming **nip-** before **p-**) in **Nihon** or its alternate **Nippon,** and **nichi** in **mainichi.** This multiplicity of SJ for a given character is due to divergencies in the dialects of ancient China, and for the specialist the Japanese dictionaries often distinguish between three historical and dialect levels of SJ, depending on which part of China they came from and their age; these are in Japanese called **Go'on** 呉音, **Kan'on** 漢音, and **Sō'on** 宋音 (this also sometimes **Tō'on** 唐音), which last is rare. For 日, for example, **nit-** and **nichi-** are Go'on, while the Kan'on is a pronunciation **jitsu** seen, for example, in **senjitsu** 先日 "the other day," introduced below in Lesson 34.

Finally, there are a few words written in kanji, one part of the word being, however, native Japanese and the other part SJ; **maiasa** "every morning" in Lesson 20, written 毎朝, is an example of this, since **mai** 毎 is SJ, and 朝 **asa** is native Japanese. Writings of this type are called **yutō-yomi** 湯桶読 or **jūbako-yomi** 重箱読; **yomi** here means "reading(s)," and **yutō** "hot water pail" and **jūbako** "nested (lacquer) boxes" are themselves examples of this type of hybrid writing.

LESSON 20 : Elementary Readings : 3

VOCABULARY

毎 朝	118	**maiasa**	every morning
散 歩	407 136	**sampo**	a walk
雨	42	**ame**	rain
降 る	P.237	**furu**	(rain, snow) falls, comes down
聞 く	314	**kiku**	hear
春	91	**haru**	spring
冬	120	**fuyu**	winter
寒 い	175	**samui**	cold
風	132	**kaze**	wind
吹 く	P.208	**fuku**	blow
夏	52	**natsu**	summer
旅 行	335	**ryokō**	travel, a trip
海	55	**umi**	sea
遊 ぶ	326	**asobu**	play
来 年	147 126	**rainen**	next year
秋	89	**aki**	autumn
山	38	**yama**	mountain
昨	404	**saku-**	last (of time)
晩	P.248	**ban**	evening
疲 れ る	P.234	**tsukareru**	get tired
休 む	61	**yasumu**	rest, take a vacation
遅 い	P.253	**osoi**	late
病 気	310 59	**byōki**	illness
面 白 い	322 37	**omoshiroi**	interesting
持 つ	231	**motsu**	have, hold
取 る	238	**toru**	take
手 紙	28 85	**tegami**	letter

READING NOTES

1. 洗濯物 **sentakumono** is an example of a hybrid writing (**yutōyomi,** cf. Lesson 19).

LESSON 21 : Elementary Readings : 4

VOCABULARY

新 聞	256 314	**shimbun**	newspaper
窓	P.242	**mado**	window
立 つ	149	**tatsu**	stand up
会 社	54 234	**kaisha**	company, corporation
社 長	234 116	**shachō**	president (of a company)
財 界	793 170	**zaikai**	financial circles
海 外	55 56	**kaigai**	abroad
品 物	311 313	**shinamono**	goods
輸 出 す る	727 90	**yushutsu suru**	export
輸 入 す る	727 125	**yunyū suru**	import
相 場	452 252	**sōba**	market, market-price
高 い	76	**takai**	high
一 緒	P.263	**issho**	together
大 阪*	22 x	**Ōsaka**	(PlN)
工 場	71 252	**kōjō**	factory†
人	30	**-nin, -jin**	person (in compounds)

* For kanji identified as "x" see Appendix 1 in this book.

† This word is also pronounced **kōba,** written with the same kanji.

外国 (56, 79)	**gaikoku**	foreign country
資本 (800)	**shihon**	capital (money)
使う (224)	**tsukau**	use
作る (82)	**tsukuru**	make
株 (749)	**kabu**	share, stock (in a company)
調べる (471)	**shiraberu**	investigate
東京 (121, 63)	**Tōkyō**	(PlN)
館 (366)	**-kan**	hall, large building (as in **eigakan** 映画館 movie theater)

READING NOTES

This lesson is taken from Basic Sentences Nos. 1 through 9, in Martin, Lesson 5, pp. 122–23, as well as item 5.1 in Martin, p. 127, and Exercise 5 in Martin, p. 164; cf. the key on Martin, p. 437. This lesson introduces some simple Japanese surnames which can be written with kanji already learned and which involve no particular problems in reading: **Yamamoto** 山本, **Akimoto** 秋本, **Akiyama** 秋山, **Niwamoto** 庭本, **Nakayama** 中山, **Yamaniwa** 山庭. At this point the student should begin to consult Appendix 4 on problems involved in writing and reading proper and place names, and as further examples of names are introduced in the reading selections following he should verify them with this Appendix.

1. The word **genkan** 玄関 (introduced in Martin, p. 206) means the "entrance hall of a (Japanese) house or other building."

2. Note that **shinamono** 品物 is a native Japanese compound written with two kanji, like **tatemono** as explained in Lesson 19.

3. Often the kanji 来 is not used today in writing the forms of the verb **kuru,** which are simply written in kana; but note that if it is used, then in a negative form such as 来ない **konai** the kanji is in effect pronounced **ko-**. Thus, if the kanji is to be used, one has **kuru** 来る, **kimasu** 来ます, **konai** 来ない, with native Japanese **ku-, ki-,** and **ko-** for 来.

LESSON 22 : Elementary Readings : 5

VOCABULARY

売る (301)	**uru**	sell
前 (102)	**mae**	before
勤める (762)	**tsutomeru**	work
社員 (349)	**shain**	company employee
属する (835)	**zoku suru**	belong to
戦争 (448, 451)	**sensō**	war
本 (45)	**moto**	originally; basis of
職工 (819)	**shokkō**	worker
大ぜい	**ōzei**	many, a crowd
働く (488)	**hataraku**	work
給料 (585, 531)	**kyūryō**	wages
安い (153)	**yasui**	cheap, low
朝日 (11)	**Asahi**	(PrN) (of a newspaper)
記者 (180, 235)	**kisha**	reporter
経済 (596, 792)	**keizai**	economics
財政 (646)	**zaisei**	finance
記事 (230)	**kiji**	article
書く (92)	**kaku**	write
政治 (646, 468)	**seiji**	politics
家内 (53, 489)	**kanai**	wife (term used of one's own wife)
料理 (531, 333)	**ryōri**	cooking; food

用意する 146 155	**yōi suru**	get ready, prepare
待つ 271	**matsu**	wait
飛行場 493	**hikōjō**	airport
見送る 67 268	**miokuru**	see off (someone going somewhere . . .)
時間 87 58	**jikan**	hour, time
間に合う 58 77	**ma ni au**	be on time
国電 286	**kokuden**	National Electric (commuters' train)
自動車 229 296 88	**jidōsha**	automobile
古い 70	**furui**	old
走る 105	**hashiru**	run
英語 353	**eigo**	English language
食事する 253 230	**shokuji suru**	dine, eat a meal
電車	**densha**	electric train

READING NOTES

This lesson is taken from Basic Sentences Nos. 10 through 28 in Martin, Lesson 5, pp. 123–26. On the proper names **Ōyama** 大山 and **Motoyama** 本山, see Appendix 4, and consult it also for proper and place names in the following lessons.

1. **kawari ni** かわりに means "in (his) place, for (him)."
2. Here **koro** ころ (with no nigori on こ) is correct.
3. The word **sutoraiki** ストライキ "a (labor) strike" is very often abbreviated simply to **suto** スト, in the same sense.

LESSON 23 : Elementary Readings : 6

VOCABULARY

二人 2 30	**futari**	two (persons)
子供 31 760	**kodomo**	child
分 133	**-fun**	minute
着く 276	**tsuku**	arrive
早い 104	**hayai**	quick, early
店 284	**mise**	store
困る P.208	**komaru**	be in difficulties, have problems
本屋 161	**hon'ya**	book-store
冊 P.198	**-satsu**	(counter for volumes)
和英辞書 338 626 92	**waei jisho**	Japanese-English dictionary
英和	**eiwa**	English-Japanese
一人 1 30	**hitori**	one (person)
友達 145 465	**tomodachi**	friend
下 21	**shita**	below, underside
足 29	**-soku**	(counter for pairs of shoes, stockings)
時計 87 201	**tokei**	clock, watch
出る 90	**deru**	leave
金 16	**kin**	gold
万 320	**man**	10,000
円 48	**en**	yen, ¥
途中 P.236 23	**tochū**	along the way
大すきな 22	**daisuki na**	favorite, (of which one is) very fond
万年筆 701	**mannenhitsu**	fountain pen
大きい 22	**ōkii**	large
小さい 24	**chiisai**	small
通り 281	**-dōri**	avenue, street
歩道 122	**hodō**	sidewalks

READING NOTES

This lesson is taken from Basic Sentences Nos. 1 through 16 and Nos. 20, 22, 23, and 26 in Martin, Lesson 6, pp. 169–72.

1. The word **mikan** is here written in katakana since the kanji proper to it are not often seen today (they appear in Lesson 74 of this book). Katakana is often used for this purpose in modern newspapers and magazines.
2. On **dāsu** ダース "doz(en)" cf. Lesson 12, section 10.

LESSON 24 : Elementary Readings : 7

VOCABULARY

国 (79)	**kuni**	country
違う (P.260)	**chigau**	be different
多い (108)	**ōi**	are many
次 (227)	**tsugi**	next
上がる (20)	**agaru**	ascend
部屋 (504)	**heya**	room
敷く (P.267)	**shiku**	spread
板戸 (305, 69)	**itado**	wooden sliding doors
雨戸	**amado***	"rain doors" (heavy wooden sliding shutters for the outside of the house)
別々 (508)	**betsubetsu**	separate (々 is a repeat sign for kanji)
座敷	**zashiki**	drawing-room, parlor (in a Japanese-style building)
台所 (272, 246)	**daidokoro**	kitchen
夜 (144)	**yoru**	evening
西洋間 (96, 526)	**seiyōma**	Western-(style) room
入口 (125, 27)	**iriguchi**	entrance
便所 (510, 246)	**benjo**	toilet
掛物 (P.240)	**kakemono**	vertical hanging scroll (painting or calligraphy)
茶の間 (275)	**cha-no-ma**	(the family's) living room (in a Japanese-style house)
居間 (586)	**ima**	living room
ふろ場	**furoba**	bathroom
洗面所 (P.225, 322)	**semmenjo**	lavatory
同じ (295)	**onaji**	same
御飯 (P.239, 696)	**gohan**	cooked rice; a meal
知っている (112)	**shitte iru**	know

READING NOTES

This lesson is taken from Basic Sentences Nos. 1 through 20 in Martin, Lesson 7, pp. 206–9.

1. Note the kana いう for the word which Martin writes **iu** (cf. Martin 7.2, p. 216), pronounced **yū,** as in **Nihon to iu kuni** 日本という国 "the country of Japan." For an example of the same word written partly in kanji, see Vocabulary for Lesson 35.
2. The little marks ヽ alongside words such as **geta, tatami, yuka, fusuma,** etc., here written in kana, serve something of the pupose of italics when writing English; they call attention to the word and identify it as a unit. These words all have kanji which might have been used, but which are in general seldom seen today.
3. Note that **ima** 居間 "living room" and **ima** 今 "now" are not pronounced alike: "living room" is **ima** (level pitch), "now" is **íma.**

* Though **ame** "rain" here appears in its combining form **ama-,** this is not counted as a "new" reading for the purposes of these Vocabularies; cf. Introduction under 4. Vocabularies.

LESSON 25 : Elementary Readings : 8

VOCABULARY

Kanji	Ref.	Reading	Meaning
寝る	P.255	**neru**	sleep
夜具	144 383	**yagu**	bedding*
出す	90	**dasu**	take out
床	P.209	**toko**	(explained in the text)
昔	P.217	**mukashi**	long ago
生まれる	34	**umareru**	be born
月	12	**tsuki**	moon, month
習慣	426 574	**shūkan**	custom
一番	306	**ichiban**	first, most
驚く	P.278	**odoroku**	be surprised
思う	84	**omou**	think
歳	P.257	**-sai**	(counter for a person's age)
新年	126	**shinnen**	New Year
後	208	**-go**	post-, after
慣れる	574	**nareru**	be accustomed to
カ月	12	**-kagetsu**	(counter for months)†
勉強する	317 192	**benkyō suru**	study
船	266	**fune**	boat, ship
降りる	P.237	**oriru**	get off (a vehicle, vessel)
村	107	**mura**	village
終戦	241	**shūsen**	end of war (particularly of World War II in the Pacific)
直後	472 208	**chokugo**	immediately following, after
進駐軍	259 P.270 593	**shinchūgun**	army of occupation
兵隊	712 462	**heitai**	soldier, armed forces
習う	426	**narau**	learn

READING NOTES

This lesson is taken from Basic Sentences Nos. 21 through 30 in Martin, Lesson 7, pp. 209–10, as well as Martin p. 265.

LESSON 26 : Elementary Readings : 9

VOCABULARY

Kanji	Ref.	Reading	Meaning
事務所	722	**jimusho**	office
電話	151	**denwa**	telephone
公衆	210 806	**kōshū**	public
お金	16	**o-kane**	money
入れる	125	**ireru**	insert
長距離	P.253 P.276	**chōkyori**	long distance
少し	93	**sukoshi**	a little
ダイヤル式	417	**daiyaru-shiki**	dial system, dial style
便利	528	**benri**	convenient
番号	215	**bangō**	number
回す	168	**mawasu**	revolve

* The word **yagu** means "bedding" in the most general sense, including **futon** ふとん "coverlets," **makura** まくら "pillow," **mōfu** 毛布 "blankets," etc. The lower padded quilt on which one sleeps is called **shikibuton** 敷ぶとん, the one used as a cover is a **kakebuton** 掛ぶとん.

† Today it is common to use a small katakana カ to write the **-ka-** in this term; the older orthography used ケ with the same pronunciation, treating it as an abbreviation of the kanji 箇 (Sakade p. 263) which formerly was proper for writing this word. Cf. also under **iku** in the Vocabulary for Lesson 40, and Lesson 57, RN 9.

間違う		**machigau**	be in error, make a mistake
受話器	240 151 372	**juwaki**	(telephone) receiver
交換手	212 P.248 28	**kōkanshu**	(telephone) operator
声	97	**koe**	voice
程	846	**hodo**	so much that, extent that
例える	737	**tatoeru**	give an example; **tatoeba** 例えば for example
何	51	**nan, nani**	what?
呼ぶ	P.214	**yobu**	call
意味	516	**imi**	meaning
橋	193	**hashi**	bridge; **Nihombashi** 日本橋 (PlN) (in Tōkyō)*
掛ける	P.240	**kakeru**	hang up
一度	288	**ichido**	once
女中	32	**jochū**	maid
長い	116	**nagai**	long
電報	717	**dempō**	telegram
打つ	460	**utsu**	strike; **dempō o utsu** 電報を打つ send a telegram
神戸	257 69	**Kōbe**	(PlN)

READING NOTES

This lesson is taken from Basic Sentences Nos. 1 through 8, 10 through 15, and 21, 23, and 24 in Martin, Lesson 8, pp. 268–71.

1. Modern orthographic usage, in which kanji are avoided for Japanese words when they are felt to be used in meanings not especially related to the meaning of the kanji in Chinese, here permits the use of the kanji 掛 (already seen in **kakemono** 掛物, Lesson 24) to write the verb **kakeru** 掛ける in this sentence, where it means literally to "hang up, i.e. replace" the telephone receiver. But in the many other cases in this Lesson where **kakeru** means "make a telephone call" (**denwa o kakeru** 電話をかける) it is today considered more correct to write it in kana.

LESSON 27 : Elementary Readings : 10

VOCABULARY

佐藤	P.207 X	**Satō**	(PrN)
牧師	720 624	**bokushi**	pastor, Rev.
会う	54	**au**	meet
致す	P.235	**itasu**	(=humble equivalent of **suru;** cf. Martin 9. 7, p. 336)
教会	191	**kyōkai**	church
参る	616	**mairu**	(=humble equivalent of **iku**)
下さる	21	**kudasaru**	(=exalted equivalent of **kureru**)
誘う	P.264	**sasou**	invite, suggest
忙しい	P.204	**isogashii**	busy
来週	242	**raishū**	next week
月曜日	329	**getsuyōbi**	Monday
暇	P.256	**hima**	leisure, free time
方	138	**-kata**	(plural suffix)
願う	368	**negau**	ask
残念	409 689	**zannen**	regret, too bad; **zannen desu** 残念です I'm very sorry
恐れる	P.231	**osoreru**	be frightened; **osoreirimasu** 恐れ入ります I beg your pardon, I'm sorry
母	137	**haha**	mother
共	376	**-domo**	(plural suffix)

* In the lesson **Nihombashi** is the name of a telephone exchange.

両親	336 260	**ryōshin**	(both one's) parents
芝居	P.206	**shibai**	(theatrical) play
宮の下	374	**Miyanoshita**	(PlN)
軽井沢	387 P.194 P.211	**Karuizawa**	(PlN)
去年	189	**kyonen**	last year
存じる	836	**zonjiru**	(=humble equivalent of **omou**)

READING NOTES

This lesson is taken from Basic Sentences Nos. 1 through 15 in Martin, Lesson 9, pp. 324–25, and his Exercise C. 1, p. 367 and p. 447.

1. The word **kaimono** 買物 is a compound of the **tatemono**-type; cf. RN to Lesson 19.
2. Note that **omoshirō**, the form that **omoshiroi** takes before forms of **gozaimasu** (Martin 9.13, p. 346) is written 面白う.

LESSON 28 : Elementary Readings : 11

VOCABULARY

鎌倉	X 659	**Kamakura**	(PlN)
海岸	177	**kaigan**	beach, coast
伊豆	X P.212	**Izu**	(PlN)
半島	129 292	**hantō**	peninsula
方面	138	**hōmen**	area
案内書	340	**annaisho**	guidebook
さし上げる	20	**sashiageru**	(=humble equivalent of **yaru**)
地図	111 261	**chizu**	map
拝見する	858 67	**haiken suru**	(=humble equivalent of **miru**)
御覧になる	P.274	**goran ni naru**	(=exalted equivalent of **miru**)
少々	93	**shōshō**	a little
目	25	**me**	eye
伊東		**Itō**	(PlN)
居る	586	**oru**	(=humble equivalent of **iru**)
薬	521	**kusuri**	medicine
頂く	P.245	**itadaku**	receive; (here =humble equivalent of **nomu**)
拝借する	858 420	**haishaku suru**	(=humble equivalent of **kariru**)
遠慮	160 P.266	**enryo**	reserve, hesitation
兄	199	**ani**	elder brother
兄さん	199	**niisan**	(=exalted equivalent of **ani**)
姉	413	**ane**	older sister
姉さん	413	**nēsan**	(=exalted equivalent of **ane**)
妹	319	**imōto**	younger sister
弟	282	**otōto**	younger brother
兄弟	199 282	**kyōdai**	brothers and sisters; siblings
父	131	**chichi**	father
お父さん	131	**otōsan**	(=exalted equivalent of **chichi**)
お母さん	137	**okāsan**	(=exalted equivalent of **haha**)
家田	53 40	**Ieda**	(PrN)
お宅	P.203	**o-taku**	(someone else's) house
様	328	**-sama**	(=exalted equivalent of **-san**)
申す	254	**mōsu**	(=humble equivalent of **yū** [**iu**])
宣教師	829	**senkyōshi**	missionary

READING NOTES

This lesson is taken from Basic Sentences Nos. 16 through 30 in Martin, Lesson 9, pp. 326–27, and also his section D, on p. 370; the kinship terms are from Martin, 9.2, pp. 329–30.

1. スミス is " Smith"; on ス for the English *th* sound, see Lesson 12, section 2.

LESSON 29 : Elementary Readings : 12

VOCABULARY

正雄 (46, P.254)	**Masao**	(PrN)	
大学 (22)	**daigaku**	university	
生活 (34, 174)	**seikatsu**	life	
予備隊 (525, 700)	**yobitai**	reserve forces	
兵舎 (629)	**heisha**	(army) barracks	
仕事 (221, 230)	**shigoto**	work	
掃除 (P.240, 813)	**sōji**	cleaning	
洗う (P.225)	**arau**	wash	
洗濯 (X)	**sentaku**	laundry	
息子 (454)	**musuko**	son	
本当に (290)	**hontō ni**	surely, really	
皆 (P.225)	**mina***	all	
航空隊 (396, 65)	**kōkūtai**	air corps	
海軍	**kaigun**	navy	
陸軍	**rikugun**	army	
歩兵	**hohei**	infantry	
閉口する (P.245, 27)	**heikō suru**	(it) stumps me, (that's) hard	
軍艦 (P.278)	**gunkan**	warship, naval vessel	
沈む (P.210)	**shizumu**	sink	
死ぬ (223)	**shinu**	die	
仕方 (221)	**shikata**	something to do (about something); **shikata ga nai** 仕方がない it can't be helped	

READING NOTES

This lesson is taken from Basic Sentences Nos. 1, 3 through 13, 16, and 18 through 21 in Martin, Lesson 10, pp. 373–75.

LESSON 30 : Elementary Readings : 13

VOCABULARY

陸戦隊	**rikusentai**	marines
軍曹	**gunsō**	sergeant
戦前 (102)	**senzen**	before the war, pre-war
将校 (P.230)	**shōkō**	(military) officer
或る (X)	**aru**	a certain
南洋 (124)	**nan'yō**	the Southwest Pacific
爆撃する (P.276, P.267)	**bakugeki suru**	bomb, carry out an aerial bombing attack
沈没する (P.210, P.210)	**chimbotsu suru**	sink, go to the bottom
小舟 (24, P.205)	**kobune**	small boat

* Variant pronunciation: **minna.**

泳ぐ (352)	**oyogu**	swim
悪い (152)	**warui**	bad
大変 (22 509)	**taihen**	terrible; very
助ける (248)	**tasukeru**	help
中国	**Chūgoku**	China*
普通 (P.248 281)	**futsū**	ordinarily, usually
殺す (614)	**korosu**	kill
叱る (X)	**shikaru**	scold
上海 (20 55)	**Shanhai**†	(PlN) (Shanghai)
酒 (422)	**sake**	saké (an alcoholic drink distilled from rice)
飲む (351)	**nomu**	drink
騒ぐ (P.276)	**sawagu**	make a disturbance, raise a fuss
過ぎる (562)	**-sugiru**	do . . . to excess; **nomisugiru** 飲み過ぎる drink too much
起きる (181)	**okiru**	get up (out of bed)
置く (469)	**oku**	place
盗む (P.242)	**nusumu**	steal
泥棒 (X P.249)	**dorobō**	thief

READING NOTES

This lesson is taken from section D, "Comprehension," in Martin, Lesson 10, pp. 416–17.

1. The word **oyogō** is written 泳ごう.

* The word **Shina** (支那) for "China" is not now in common use in Japan, though it was the only word for the country down to the end of World War II.

† In pronouncing modern Chinese place names the Japanese sometimes imitate the current Chinese pronunciation, resulting in forms like that here.

◆ PART 3 ◆ INTERMEDIATE

LESSON 31 : Irises and Blue Flags

VOCABULARY

しょうぶ	**shōbu**	iris, sweet flag
あやめ	**ayame**	blue flag
まぶしい	**mabushii**	dazzling
新 緑 532	**shinryoku**	new green (foliage of spring)
青 空 65	**aozora**	blue sky
背 景 P.227 386	**haikei**	background
鯉のぼり	**koinobori**	carp-shaped streamers
瑞 午 207	**tango**	the boys' festival
節 句 446 592	**sekku**	a festival observance, especially the boys' and girls' festivals
最 初 402 428	**saisho**	the very beginning
深 い 258	**fukai**	deep
行 事 73	**gyōji**	function, event
災 難 789 853	**sainan**	calamity, disaster
目 的 25 478	**mokuteki**	object
非 常 に 698 642	**hijō ni**	greatly, extremely
強 い 192	**tsuyoi**	strong
香 P.228	**kaori**	fragrance
しょうぶ酒	**shōbuzake**	saké in which finely-cut iris roots have been steeped
しょうぶ湯 482	**shōbuyu**	bath water on which iris leaves have been floated
剣 P.229	**tsurugi**	sword
葉 327	**ha**	leaf
門 143	**mon**	gate
軒 P.236	**noki**	eaves
邪 気 P.212	**jaki**	devils, evil spirits
病 魔 P.278	**byōma**	illness-causing demons
追 う 280	**ou**	drive away, chase after
力 148	**chikara**	power
信 じ る 437	**shinjiru**	believe
枕 X	**makura**	pillow
頭 294	**atama**	head
錦 X	**nishiki**	brocade
袋 P.243	**fukuro**	bag
美しい 308	**utsukushii**	beautiful
香 料 P.228	**kōryō**	perfume, spices
薬 玉 521 64	**kusudama**	a ball of various spices and medicines in a brocade bag tied with decorative threads, hung on posts and bamboo curtains at the time of the boys' festival to rid the house of evil spirits and promote longevity
よもぎ	**yomogi**	mugwort, wormwood

関係 (365 385)	**kankei**	connection
はなしょうぶ	**hanashōbu**	blue flag (Iris laevigata)
さといも科 (164)	**satoimoka**	Araceae
あやめ科 (164)	**ayameka**	Iridaceae
植物 (435 313)	**shokubutsu**	plant
対する (461)	**taisuru**	in contrast to
種類 (423 534)	**shurui**	variety
かきつばた	**kakitsubata**	iris, Iridaceae
いちはつ	**ichihatsu**	wall iris, fleur-de-lis
きしょうぶ	**kishōbu**	yellow iris, sword flag
最も (402)	**mottomo**	most
豪華 (P.264 P.235)	**gōka**	gorgeous
横 (355)	**yoko**	side
江戸時代 (P.205 463)	**Edo jidai**	Edo period (see Appendix 3)
画家	**gaka**	artist
尾形光琳 (P.209 200 72 X)	**Ogata Kōrin**	(PrN) (1658–1716)
金びょうぶ	**kimbyōbu**	folding screen with gilt decoration
群青色 (594 36 94)	**gunjōiro**	indigo color
緑色 (532 94)	**midori'iro**	green color
装飾 (P.252 P.260)	**sōshoku**	decoration
的 (478)	**-teki**	(see RN 13)
効果 (782 560)	**kōka**	effect

READING NOTES

1. Verbless sentences such as this one are common in modern written Japanese, especially in journalistic writing.
2. **dare shimo**=**dare demo.**
3. **yoritsukanai yō ni to yū mokuteki** "the end (aim) that . . . do not come near."
4. **. . . tari . . . tari . . . tari** is a frequentative suffix, indicating the repeated or habitual performance of an action or actions; here the implication is the annual repetition of these observances.
5. **yu ni hairu** "to take a bath."
6. **oiharau** "exorcise, drive away."
7. **jitsu wa** "actually, really."
8. In writing botanical terms it is common today to use kana for all except the indicators of the botanical groupings, such as here **-ka** 科, "family," equivalent for animals to the ending -idae, and for plants to the ending -aceae. Terms like **shōbu** and others mentioned in this lesson all have kanji once in common use, but it is not considered proper to use them today in any except specialized writing.
9. **hana o tsukeru** "(they) put out flowers."
10. Rd. **taihen** "very," which is often written with kanji 大 **tai** and kana へん **hen** as here; the proper second character 変 was introduced in Lesson 30 above.
11. **to ieba** "if one speaks of=in connection with . . . , by the way."
12. See Plate 33, "Irises," in *Masterworks of Japanese Art* (Tōkyō, 1956), for Ogata Kōrin's painting mentioned here.
13. 的 **-teki** (cf. 目的 **mokuteki** in this same lesson) is an extremely common suffix forming adjectives from SJ nouns, as here.

LESSON 32 : The Kamishibai-Man's Story : 1

VOCABULARY

Japanese	Kanji no.	Reading	Meaning
紙芝居		**kamishibai**	a children's entertainment (see the introduction to the Reading Notes for this lesson); **kamishibaiya-san** 紙芝居屋さん the operator of a **kamishibai**
貯金	674	**chokin**	savings
不幸	500 395	**fukō**	unfortunate
積善	445 831	**sekizen**	accumulation of good deeds; **sekizen gurūpu** 積善グループ a group engaged in the accumulation of good deeds, doing good
板橋		**Itabashi**	(PlN)
武井勇作	708 524 82	**Takei Yūsaku**	(PrN)
中川三郎	3 P.228	**Nakagawa Saburō**	(PrN)
近藤正勝	195 46 250	**Kondō Masakatsu**	(PrN)
仮名	559 140	**kamei**	fictitious name
小春日和	91 338	**koharubiyori**	Indian-summer day
訪ねる	P.244	**tazuneru**	visit
年寄	576	**toshiyori**	aged person
道	122	**michi**	way; occupation
孫	458	**mago**	grandchild
陽ざし		**hizashi**	sunlight
縁側	P.268 667	**engawa**	porch, veranda
商売	431 301	**shōbai**	business
お天気	119	**o-tenki**	weather
稼業	X 380	**kagyō**	business, trade
一合	77	**ichigō**	(liquid measure, =0.318 pt., 0.18 l.) **ichigōkai** 一合会 "The One-Pint Club"
チビリチビリ		**chibirichibiri**	little by little
ながめる		**nagameru**	look, gaze at
通例	737	**tsūrei**	usual practice
世の中	263	**yononaka**	the world
気の毒な	686	**kinodoku na**	unfortunate, worthy of sympathy
意気投合	291	**iki tōgō**	like-minded, agree with each other
早速	104 453	**sassoku**	at once
収入	631 125	**shūnyū**	income
減る	775	**heru**	diminish
転業	479 380	**tengyō**	change one's trade, shift jobs
残る	409	**nokoru**	remain, stay
一回目	168	**ikkaime**	first time
近い	195	**chikai**	near
保育	716 347	**hoiku**	child-care, nursery
施設	P.224 653	**shisetsu**	institution, establishment
余	728	**. . . yo**	plus, and more
婦人	707 30	**fujin**	woman
更生	P.210	**kōsei**	rehabilitation
伊勢	441	**Ise**	(PlN)
湾	P.250	**wan**	bay
台風	272 132	**taifū**	typhoon
被害	P.236 362	**higai**	damage
寄付	576 502	**kifu**	contribution
先		**saki**	destination
喜ぶ	370	**yorokobu**	rejoice
語気		**goki**	tone of voice
熱	490	**netsu**	fever, warmth

READING NOTES

The **kamishibai** is a children's amusement; itinerant candy peddlers call together small groups of youngsters by beating in a characteristic fashion (the sound is ドンドコ, see Lesson 33) on a small drum (タイコ, also mentioned in Lesson 33). When the children come and stand around the man he first sells each a small piece of candy, which is the price of admission to the show which follows, a dramatic monologue which he illustrates with a series of drawings (hence **kami**

紙 "paper"). These he shows in turn in a small box-like frame which serves as the proscenium for his "theater" (**shibai** 芝居). In the past few years television has virtually killed the **kamishibai** in cities like Tōkyō. The selection presented in this lesson is a typical example of the journalistic genre known as **bidan** 美談 or **kawa** 佳話 (see Lesson 33), "an anecdote of laudable actions"; traditional Confucian emphasis on the value of examples of good conduct helps to explain the amount of space such accounts continue to occupy in modern Japan's newspapers.

1. **sekizen** 積善, an example of a SJ compound, following Chinese (not Japanese) word order, i.e. verb 積 followed by object 善.
2. These figures are their ages, commonly given in newspaper accounts, even when, as here, the names are fictitious.
3. See RN 1 to Lesson 31 on these verbless sentences.
4. **-chan** a variant of **-san** used in addressing children or others younger than the speaker.
5. **yattemashite ne,** conversational equivalent of written **yatte imashita;** cf. below **yorokonde kuremashite ne** and **iki tōgō shimashite ne. yaru** here may be understood as "hold a meeting," but is really the same as **yarinagara** below.
6. **yarinagara** "drinking." Cf. **o-sake o yaru** "to drink."
7. **nan no hanashi kara deta no ka, hyokkuri, dare yū to mo naku** "I don't remember how it came up, but all of a sudden (by) no one in particular (it was suggested, **iidasu**)."
8. **washira,** old man's equivalent of **watakushitachi. -ra** is a plural suffix.
9. **shiyō ja nai ka** "why don't we . . . ?"
10. On the **kamishibai** and television, see the remark at the beginning of these Reading Notes.
11. **chikaku no** "nearby, in the neighborhood." Cf. **chikai** (when the object being compared with something is itself mentioned) as in **Tōkyō ni chikai tokoro** 東京に近い所 "a place near Tokyo."
12. This was the destructive "Typhoon Vera" of September 26, 1959, known in Japan as the **Isewan taifū** 伊勢湾台風 after the site of its major disaster area.

LESSON 33 : The Kamishibai-Man's Story : 2

VOCABULARY

箱 P.268	**hako**	box
貯金箱	**chokimbako**	piggy bank, box for saving small change
みかん箱	**mikambako**	orange crate
手あか	**teaka**	dirt from handling, hand-stains
荒木 P.227	**araki**	rough wood
表 309	**omote**	outside
余慶 728 P.266	**yokei**	reward of virtue, recompense (RN 2)
集い 243	**tsudoi**	meeting
街 P.252	**machi**	town
佳話 P.213	**kawa**	edifying story
全国 267	**zenkoku**	nation-wide
報道する	**hōdō suru**	report
きっかけ	**kikkake**	beginning, start, chance
自分	**jibun**	one's self
行為 P.225	**kōi**	act, deed
玉 64	**-dama**	coin
勧め 752	**susume**	urging, plea for
刷り物 405	**surimono**	printed matter
下関 21 365	**Shimonoseki**	(PlN)
添える P.241	**soeru**	attach to
送る 268	**okuru**	send
仲良く P.201 580	**nakayoku**	in a friendly fashion
理想 333 660	**risō**	ideal

客 (184)	**kyaku**	customer, guest
胸 (P.235)	**mune**	heart, breast
売名	**baimei**	selling one's name
貧乏人 (705, P.194)	**bimbōnin**	poor person
苦痛 (197, P.250)	**kutsū**	painful
玉子	**tamago**	egg
倹約する (P.229, 726)	**kenyaku suru**	economize, cut down
少額 (748)	**shōgaku**	petty sum
実行する (233)	**jikkō suru**	put into practice
気持	**kimochi**	feeling, spirit
明るい (141)	**akarui**	bright, pleasant
語る (209)	**kataru**	relate, tell
老いる (541)	**oiru**	grow old
ひとみ	**hitomi**	(pupil) of the eye, one's eye
誇り (P.259)	**hokori**	pride
希望 (575, 514)	**kibō**	hope
輝く (P.269)	**kagayaku**	shine, sparkle
片隅 (P.197, X)	**katasumi**	corner, nook
タイコ	**taiko**	drum (see remark at the beginning of the RN to Lesson 32)
各地 (568)	**kakuchi**	everywhere
元気 (68)	**genki**	health, vigor

READING NOTES

1. From **kurozumu** "blacken, become black."
2. The inscription on the box implies "Those who (**ie**) perform acts that accumulate merit (**sekizen**) will reap rewards for these virtuous acts"; or one might put it more neatly "Virtue brings (*sic! not* is) its own reward." This cause and effect relationship of the act and its recompense is essentially Buddhist, though the phrase on the box is from the Confucian text known as the "Book of Changes" (I-ching, Jap. **Ekikyō,** 易経). **ari** is the literary equivalent of **ga aru.**
3. **ippai** "brimful." Katakana パイ has been used here partly to avoid a not too familiar kanji (杯), and also partly because it is not a case of liquids. Cf. the remarks on 掛ける as against かける in Lesson 26, RN 1.
4. In **Shimonoseki** note that the **-no-** is not written, a fairly common practice in place names. Cf. Lesson 38, RN 3.
5. This refers to the practice in Japan of grading eggs on sale in the market by size; even tiny shops usually have on sale three or four grades of eggs, generally at ¥1 differentials.
6. **Takeisan-tachi** "Mr. Takei and his friends."
7. On the **taiko** and its sound **dondoko** see the beginning of the RN to Lesson 32.

LESSON 34: "Please Hang Up a Moment!"

VOCABULARY

切る (99)	**kiru**	cut; hang up a telephone
長電話	**nagadenwa**	lengthy, protracted telephone call
話題 (464)	**wadai**	topic, subject
先日 (33, 11)	**senjitsu**	the other day
入院する (350)	**nyūin suru**	enter a hospital (as a patient)
病院 (350)	**byōin**	hospital
急用 (186, 146)	**kyūyō**	emergency, urgent business
思い出す	**omoidasu**	recall

待合室 (232)	**machiaishitsu**	waiting room
電話機 (373)	**denwaki**	telephone instrument
下げる (21)	**sageru**	lower
終り (241)	**owari**	end
側 (667)	**soba**	side, alongside
延々と (743)	**en'en to**	on and on
又 (P.192)	**mata**	also, again
お見舞い (P.268)	**o-mimai**	a visit to an invalid, to someone in trouble
お返し (316)	**o-kaeshi**	something (given) in return; **o-mimai no o-kaeshi no shina** お見舞いのお返しの品 a present (**shina**) given in return for a visit when ill or in trouble
世話になる (263)	**sewa ni naru**	be taken (good) care of by . . .
看護婦 (P.226 604)	**kangofu**	(hospital) nurse
お礼 (337)	**o-rei**	courtesy; **o-rei no shina** お礼の品 thank-you present
済む (792)	**sumu**	complete, end
相談する (452 467)	**sōdan suru**	discuss
用事	**yōji**	business
階 (361)	**-kai**	storey
階段 (361 P.224)	**kaidan**	stairs
廊下 (P.247)	**rōka**	corridor
息 (454)	**iki**	breath
飛ぶ (493)	**tobu**	fly, run along
深刻な (258 P.214)	**shinkoku na**	deep, grave
果す (560)	**hatasu**	accomplish
限ぎる (601)	**kagiru**	limit
自宅	**jitaku**	(one's) private residence
親切な (99)	**shinsetsu na**	polite, thoughtful
発達する (303 465)	**hattatsu suru**	advance, develop
配る (299)	**kubaru**	distribute, spread out (see RN 19)

READING NOTES

If the reader finds it difficult to understand the title of this selection, it will be clear by the time he has finished reading the text itself.

1. **nagadenwa** is a compound, in contrast to **nagai denwa** 長い電話, an adjective-noun structure. Cf. **akahata** アカハタ "Red Flag (name of the CP organ)" and **akai hata** 赤い旗 "a red flag, any red flag."
2. **ikudo ka**=**nankai ka** "any number of times."
3. **atama o sageru** "to bow (as an act of politeness or deference to a superior)." The Japanese often (as in this selection) make fun of themselves for their seemingly ineradicable habit of bowing to the unseen opposite party on a telephone just as they would bow were he present; that is what the long-winded woman here is busy doing.
4. **kono bun nara**=**kono bun de wa** "at this rate."
5. Rd. **tatte ita no da ga nakanaka sō de wa nai** "I waited there (**tatte ita . . .**) (thinking) that (**to**) . . . , but it was not so (=over that soon) by any means (**nakanaka**)."
6. This passage is a faithful rendering of a woman on the telephone; **anō** is **ano** with the final **ō** lengthened by her hesitation over what to say next. ○○さん rd. **maru maru san** "Mr. So-and-so"; **demo ammari** "but still, it's just too . . ."; **ē sono hō** (方) **ga** "yes, that way . . . ."
7. **kiri mo naku** "endlessly."
8. Rd. **denwa de monogoto o** "(discuss) things (matters) over the telephone."
9. **kangaete moraenai no darō ka** "can't (we have) people keep in mind (that it's a public phone)?"="isn't it possible for people to . . . ."

10. **iki o kirasu** "get out of breath, be panting." Cf. below **shibire o kirasu** "get a cramp, pins and needles in the limbs." **rōka o tobu** "fly (rush) along a corridor."

11. **sore ga ammari hidoi ja nai no** "that's just too mean (of him), isn't it?"

12. **ano hito ttara=ano hito to ittara.**

13. **mono** at the end of a sentence in woman's speech very nearly means "because," or sometimes (as here) is simply for emphasis or strong feeling on the part of the speaker.

14. **kedo** is often a woman's equivalent of **keredomo,** though it is not restricted to women's speech, especially when as here it ends the utterance.

15. **ammari kuyashii kara** "because it just makes me *so* mad!"

16. **to ka nan to ka** "and so on and so on."

17. **nan to . . . de wa nai ka** "what should I find but that . . . ."

18. **jitaku dōshi** (=同志) "(talking) from one private house to another." Cf. **Nihonjin dōshi** 日本人同志 "from one Japanese to another, between (among) persons both (all) of whom are Japanese."

19. **kokoro o kubaru** "be careful, on one's guard," a native Japanese equivalent, more or less, of **shimpai suru** 心配する "be worried, concerned," though the meaning is slightly different. **Kubaranakereba narumai** "(the user too) should probably use care." **-nakereba narumai** is slightly weaker and a bit more polite than **-nakereba naranai,** with which it is otherwise virtually identical in meaning in most instances.

LESSON 35 : Rokubei's Sheep

VOCABULARY

岩山	178	**iwayama**	rocky mountain
六兵衛	551	**Rokubei**	(PrN) (cf. RN 1 below)
可愛い	744 339	**kawaii**	cute, lovable
匹	P.195	**hiki**	(counter for animals); **jippiki** 十匹 ten (animals)
羊	P.205	**hitsuji**	sheep
草	106	**kusa**	grass
恐ろしい	P.231	**osoroshii**	dreadful, fearful
狼	X	**ōkami**	wolf
白		**Shiro**	(PrN) (of an animal)
朝方		**asagata**	morning
勇敢に	P.248	**yūkan ni**	valiantly, gallantly
闘う	P.276	**tatakau**	fight, struggle
太陽	269 527	**taiyō**	sun
東	121	**higashi**	east
昇る	P.217	**noboru**	climb
体	270	**karada**	body
真赤	438	**makka**	bright (bloody) red
言う	392	**yū**	say
チビ		**Chibi**	(pet name for small animal, child, or person)
子羊		**kohitsuji**	lamb
勇ましい	524	**isamashii**	brave
若い	P.220	**wakai**	young
血	389	**chi**	blood
自由	325	**jiyū**	free
広々とする	211	**hirobiro to suru**	broad, wide
小屋		**koya**	hut
高窓		**takamado**	high window (cf. RN 1, Lesson 34)
忘れる	P.209	**wasureru**	forget
思い切る		**omoikiru**	resolve, summon up one's courage
飛び越える	P.253	**tobikoeru**	jump over, jump out of
柔かい	P.231	**yawarakai**	soft

西 96	**nishi**	west
傾く P.255	**katamuku**	incline toward
冷たい 535	**tsumetai**	chill, cool
登る 483	**noboru**	climb up
暮れる P.262	**kureru**	(sun) sinks, sets, (day, year) ends
灯 x	**tomoshibi**	(artificial) light
光る 72	**hikaru**	shine
寂しい P.238	**sabishii**	lonesome, forlorn
鳴く 321	**naku**	cry, utter (an animal's) characteristic sound
悲しい 494	**kanashii**	sad
決心する 202 95	**kesshin suru**	resolve, determine upon
運ぶ 157	**hakobu**	carry
現れる 602	**arawareru**	appear
低い 677	**hikui**	low
角 173	**tsuno**	(animal's) horn
星 264	**hoshi**	star
消える 429	**kieru**	go out (of a light)
去る 189	**saru**	leave
毛 142	**ke**	hair, fur
向う 213	**mukau**	face towards

READING NOTES

1. **Rokubei jiisan** "the old man Rokubei, Grandpa Rokubei." Given names with 兵衛 **-bei,** 衛門 **-emon** and similar suffixed elements were extremely common in pre-modern Japan, but now are considered very old-fashioned and are rarely seen. Note also that in these elements of proper names, as elsewhere in modern Tōkyō pronunciation the sequence **-ei** is generally pronounced **-ē;** it has, however, become the accepted practice to romanize such names with **-ei,** and this convention is followed in the Vocabularies of this book. Cf. Lesson 12, section 8, above.
2. Rd. **itte wa; wa** here gives a frequentative sense to the entire passage; ". . . he used to . . . ."
3. **to yū no mo . . . ka mo shirenai** (cf. Martin 10.19, p. 407) **kara desu** "which (= **to yū no mo**) was no doubt because . . . ."
4. **wakuwaku saseru** "came to throb, tremble (with joy)."
5. **hirobiro to shite iru** (from **suru**) "expansive, extensive," is just about the same as **hiroi** 広い, from which it is formed.
6. **sabishikute tamaranaku narimashita** "he became so lonesome he couldn't stand it, he became unbearably lonesome." **tamaru** "endure, stand," gives **tamaranai,** "not to endure," which becomes **tamaranaku** before forms of **naru** "become," thus literally "(he) became not to endure." Cf. Martin 5.12, p. 149, and also the last line in this text **koe o tatenaku natte imashita** "he could no longer make a sound (**koe o tateru**)."
7. メエエ is the sound of the lamb's bleating; ウォーン below is the wailing of the wind.
8. **yoppite** "all night long"=**yodōshi** 夜通し.
9. **chiisaku kasunde iru . . . uchi** "the house which (had grown) small and dim (in the distance)." **kasunde** is from **kasumu** "be dim, blurred (at a distance)."

LESSON 36 : Annual Observances : 1

VOCABULARY

年中行事	**nenjū gyōji**	annual observances, festivals
古来 70	**korai**	from of old, since antiquity

生ずる	34	**shōzuru**	arise, come about
季節	369	**kisetsu**	season
農業	491	**nōgyō**	agriculture
影響する	P.266 P.278	**eikyō suru**	influence, effect
国民	518	**kokumin**	people (of a nation)
種々		**shuju**	various, different, several
五穀	786	**gokoku**	"the five cereals" (cf. RN 4)
実り	233	**minori**	fruit (of any crop)
祈る	P.219	**inoru**	pray
祭り	400	**matsuri**	festival
行う	73	**okonau**	carry out, perform
花祭り		**hanamatsuri**	"the flower festival," celebrating the anniversary of the birth of the Buddha, April 8
雪祭り	100	**yukimatsuri**	"the snow festival"
豊熟	870 P.267	**hōjuku**	ripening
庶民	P.239 518	**shomin**	plebs, common people
貴族	756 455	**kizoku**	nobility
及ぶ	P.193	**oyobu**	reach to, touch upon
更に	P.210	**sara ni**	furthermore
宮廷	374 P.209	**kyūtei**	court
儀式	P.265	**gishiki**	ceremonial
反対	492	**hantai**	opposite
場合		**ba'ai**	instance
上代	20	**jōdai**	(cf. RN 9)
多少	108	**tashō**	some, a few
存する	836	**sonsuru**	be, exist
定まる	474	**sadamaru**	be determined
平安	815 153	**Heian**	(cf. Appendix 3 and RN 9)
起原	181 205	**kigen**	origin, source
信仰	P.201	**shinkō**	(religious) faith
関する		**kansuru**	relate to
次第に	227	**shidai ni**	gradually
遊楽	326 331	**yūraku**	amusement, recreation
性質	645 628	**seishitsu**	nature, qualities
有する	523	**yūsuru**	have
結ぶ	390	**musubu**	link, tie together
絵巻	172 P.221	**emaki**	illustrated scroll
感ずる	176	**kanzuru**	feel, sense
近世	195 263	**kinsei**	(cf. RN 9)
近代		**kindai**	(cf. RN 9)
大体	270	**daitai**	for the most part, on the whole
変遷	509 P.269	**hensen**	changes, vicissitudes
廃する	P.247	**haisuru**	abolish, abandon
始	225	**hajime**	beginning
雛の節句		**hina no sekku**=**o-hinamatsuri** お雛祭り	"the dolls' festival, the girls' festival," March 3; cf. **hina ningyō** 雛人形, miniature dolls representing figures in Heian court dress and used in this festival
七夕の節句	98	**tanabata no sekku**	the festival of the weaver star, July 7 (or in rural areas August 7), celebrating the annual "meeting" of the Herdsman (**kengyū** 牽牛=Altair) star and the Weaving Maiden (**shokujo** 織女=Vega) star
盂蘭盆	P.225	**urabon**	the Bon festival, the Buddhist All Souls' day, July 15 (or in rural areas August 15), from Skt. ullambana
月見		**tsukimi**	moon-viewing
菊見	P.243	**kikumi**	chrysanthemum-viewing
除夜	813	**joya**	New Year's Eve
鐘	P.278	**kane**	bell; cf. **joya no kane** 除夜の鐘, tolling the bell of a Buddhist temple for a total of 108 times beginning at midnight on New Year's eve, to welcome in the New Year and to drive out the 108 evil passions (**bonnō** 煩悩) that infest man
頃	X	**koro**	about the time
失う	418	**ushinau**	lose
門松	143 P.217	**kadomatsu**	decorations of pine and bamboo used at the gate of a house during the New Year's season

運命 157 519	**ummei**	fate	
本来	**honrai**	originally	
異る 738	**kotonaru**	differ	
随分 P.254	**zuibun**	very much	
盛んに P.242	**sakan ni**	flourishing	

READING NOTES

1. Note that this **aru** with an expression of time like **korai** (cf. Vocabulary) means "(there) have been."

2. **shōzuru** and **yūsuru** 有する below are good examples of a favorite device of modern written Japanese, in which a literary equivalent for a common native Japanese vocabulary item is manufactured from the SJ pronunciation of the kanji associated with the Japanese word, construed with **suru** or **zuru.** In other words, they then become verbal nouns, see Martin 3.14, p. 75. Here **shōzuru** "arise, come about" is more or less equivalent to **umareru** 生れる "be produced, be born," and below **yūsuru** is equivalent to **aru** 有る "have" (though the kanji 有 is seldom used today to write **aru**). **shōzuru** is somewhat more literary than **shōjiru** 生じる, to which it is otherwise exactly equivalent, and under which it will be found in many dictionaries. On the **no** immediately before this **shōzuru** see RN 3 immediately below.

3. This **ga** is equivalent and parallel to the non-emphatic (Martin, 5.1, p. 130) **no** before the first **shōzuru** above; it reminds us again that **shōzuru** here is to be understood as intransitive: "the annual observances spring up, come into being." The whole sentence is a good one for showing the syntactic roles of **wa** and **ga** and the **ga**-equivalent non-emphatic **no.**

4. The usual list of the "five cereals" in traditional Chinese and Japanese culture is as follows: rice (**kome** 米), barley (**mugi** 麦, cf. RN 1 to Lesson 74), millet (**kibi** きび, i.e. Panicum miliaceum), millet (**awa** あわ, i.e. other millets), and pulse (**mame** 豆). But here this phrase, as is commonly true of such expressions containing a number with the implication of a list, is to be understood as simply "all agricultural products and crops." So also in the sentence below.

5. **sore**=the explanation in the previous lines of the text dealing with how annual observances have arisen.

6. **sonsuru** 存する, lit. equivalent of **aru** "be, exist"; cf. RN 2 above.

7. **ni natte kara** "after it had become (the Heian)=from (the Heian) on."

8. **sorezore** "respectively, severally," but usually most easily translated as "each, one's own," or frequently omitted. Thus here **kyūtei to kizoku to shomin no sorezore no seikatsu** "the life of the court, of the nobility, and of the common people . . . ."

9. The terms used to describe different divisions in Japanese history (**rekishi no jidai kukaku** 歴史の時代区画) are at first glance rather deceptive, and the usual Japanese-English dictionaries do little to warn the reader of the special meanings of these terms (one such work renders **kinsei** as "modern times," though it begins in 1600!). The historical designations introduced in this text and the other common ones are generally understood to cover the span of Japanese history as follows:

HISTORICAL DESIGNATION	PERIOD(S) COVERED
jōko 上古 or **jōdai** 上代	The **Asuka** 飛鳥 and **Nara** 奈良 periods; also called the **Yamato** 大和 period
chūko 中古	The **Heian** 平安 period
kinko 近古	The **Kamakura** 鎌倉 and **Muromachi** 室町 periods
kinsei 近世	The **Edo** 江戸 period
kindai 近代	The **Meiji** 明治 period and after

(For these period designations, see Appendix 3.) Note also that **gendai** 現代 "present" is not generally considered to be a historian's term. The only practical way to furnish translation equivalents for these terms of the type of **jōko** and **jōdai** is either to give in a general fashion the actual years involved, or to transpose them to the more commonly understood (in the West) period designations (Edo, Heian, etc.).

10. From **uketsugu** "inherit, succeed to."
11. Rd. **toshi no hajime.**

LESSON 37 : Annual Observances : 2

VOCABULARY

様式 (328)	**yōshiki**	form, mode
今日	**konnichi**	today
無理 (723)	**muri**	unreasonable, impossible
必要 (497, 729)	**hitsuyō**	necessity
即する (P.207)	**sokusuru**	conform to, agree with, be adapted to
変る (509)	**kawaru**	change
意義 (580)	**igi**	significance
感情 (643)	**kanjō**	emotion, feelings
点 (285)	**ten**	point
伝統 (681, 682)	**dentō**	tradition
機縁	**kien**	chance, opportunity
歴史 (536, 411)	**rekishi**	history
風土 (17)	**fūdo**	natural features (of a region)
密着する (P.239, 276)	**mitchaku suru**	be closely connected with
認める (855)	**mitomeru**	recognize
職業	**shokugyō**	occupation, profession
一層 (P.261)	**issō**	all the more
自身 (255)	**jishin**	(my, him) self
主とする (237)	**shu to suru**	emphasize, stress
中心とする	**chūshin to suru**	make . . . the chief aim, prime object
落ちつく (330)	**ochitsuku**	relax
卒業生 (457)	**sotsugyōsei**	graduates
新入学生	**shinnyū gakusei**	newly matriculated students
迎える (P.212)	**mukaeru**	welcome
学年	**gakunen**	academic year
試験 (416, 600)	**shiken**	examination
入学	**nyūgaku**	matriculation
論文 (881, 134)	**rombun**	thesis, research study
学期 (183)	**gakki**	semester, term
最後	**saigo**	last
講義 (609)	**kōgi**	lecture
瞬間 (P.275)	**shunkan**	instant
繰返す (P.276)	**kurikaesu**	repeat
経験	**keiken**	experience
清少納言 (440, 856, 392)	**Sei Shōnagon**	(PrN) (Heian period authoress and diarist; fl. c. 1000 A.D.)
言葉 (392)	**kotoba**	word
表す (309)	**arawasu**	express

READING NOTES

1. The antecedent of **kore** is **furui gyōji no subete.**
2. **tada** beginning a sentence may be understood as "however," but it actually implies something like "I should just like to point out that," "the difference, importance, significance of this fact is just that . . . ."

3. Rd. **ni wa naru** "becomes."

4. In **sore to shite no imi** "it has significance as . . ." the antecedent of **sore** is **dentō no yoi mono o omoidasu kien.**

5. An excellent example of the pleonastic use of **na** following **teki** (cf. RN 13, Lesson 31). In the text here note **shokugyōteki na gyōji,** in the sentence immediately following **shokugyōteki gyōji,** and later on in this sentence once again **shokugyōteki na gyōji;** all mean exactly the same thing.

6. Suffix **-gachi** "prone to, tending easily to." Cf. below **narigachi** "tends easily to become." Here **hikizurareru** is from **hikizuru** "drag, drag along."

7. . . . **kara** . . . **ni kakete** "(time) from . . . to . . . ."

8. Rd. **nan jū nen ka** "for several decades."

LESSON 38 : The Love of O-Kichi, the Foreigner

VOCABULARY

恋 (P.231)	**koi**	love, cf. **koibito** 恋人 lover
唐人 (P.230)	**tōjin**	foreigner (cf. RN 1)
お吉 (P.202)	**O-Kichi**	(PrN)
実説 (654)	**jissetsu**	authentic account, real facts
伝える (681)	**tsutaeru**	hand down
天保	**Tempō**	(name of period 1830–43)
伊豆国下田町	**Izu no kuni, Shimoda-machi**	(PlN)
船大工 (71)	**funadaiku**	shipwright
市兵衛 (222)	**Ichibei**	(PrN)
人手	**hitode**	another's hands
育てる (347)	**sodateru**	rear, bring up
芸妓 (388 X)	**geigi**	a geisha (cf. RN 4)
米国 (135)	**Beikoku**	America (cf. RN 5)
使節 (224)	**shisetsu**	envoy, delegate
求め (583)	**motome**	request, demand
幕吏 (P.255 P.208)	**bakuri**	a **bakufu** 幕府 official. Cf. **bakufu** "the **shōgun's** 将軍 government, especially that of Tokugawa Japan"
謀らい	**hakarai**	plot
鶴松 (X)	**Tsurumatsu**	(PrN)
侍妾 (P.213 X)	**jishō**	concubine-in-waiting
仕える (221)	**tsukaeru**	serve
嘲笑する (X P.234)	**chōshō suru**	deride, jeer
有様 (523)	**arisama**	condition, state
憂さ (P.266)	**usa**	grief, sorrow (from **ureu** 憂う grieve)
自ら (229)	**mizukara**	self (=**jibun** 自分)
狂う (P.211)	**kuru'u**	be mad
罵る (X)	**nonoshiru**	abuse, revile
明治 (141)	**Meiji**	the Meiji period (cf. Appendix 3)
元年 (68)	**gannen**	the first year of a year period
旧情 (759)	**kyūjō**	old love, old acquaintance
温める (162)	**atatameru**	warm up, heat up
同居する (295 586)	**dōkyo suru**	cohabit with, live together with
酒乱 (P.206)	**shuran**	vicious drinking
癖 (P.275)	**kuse**	habit, vice
別居する (586)	**bekkyo suru**	separate from (someone), take up separate residence
貸座敷 (670)	**kashizashiki**	"Parlor for Rent" (euphemism for brothel)
営む (741)	**itonamu**	operate, run
家計	**kakei**	household economy, family budget
整える (443)	**totonoeru**	put in order, adjust
乱酔 (P.206 P.245)	**ransui**	dead drunkenness, drunken stupor

貧困 (705, P.208) **hinkon** poverty

晩年 **bannen** last (late) years

稲生沢川 (P.263) **Inōzawagawa** (PlN) (Inōzawa River)

投じる **tōjiru** cast, throw

妾 (x) **mekake** concubine

白羽の矢 (P.205, P.200) **shiraha no ya** white-feathered arrow; **shiraha no ya o taterareru** 白羽の矢を立てられる be selected as a sacrificial victim (anciently, by having a white-feathered arrow shot into one's roof-post)

たまたま **tamatama** accidentally, by chance

黒船来船 (266) **kurofune raisen** the coming of the black ships (of the Americans)

下田港 (397) **Shimoda minato** the port of Shimoda (alternative reading: **Shimodakō**)

開港 (171, 397) **kaikō** opening the port (to trade with foreign countries)

攘夷閉港 (x, x) **jōi heikō** expulsion of the (foreign) barbarians and closing of the ports (to foreign trade)

輿論 (x) **yoron** public opinion (on the writing 世論 see RN 9)

渦 (x) **uzu** whirlpool, eddy

風潮 (P.267) **fūchō** the trend of the times, the drift of the age

花椿 (x) **hanatsubaki** camellia

咲く (P.222) **saku** to bloom

輪 (533) **rin** (counter for stalks of blossoms)

美女 (308) **bijo** a (female) beauty

哀れ (P.222) **aware** pity, grief (cf. Lesson 54, RN 20)

物語 **monogatari** tale

READING NOTES

For some historical background to the events mentioned in this selection the reader may find it interesting to consult *The Complete Journal of Townsend Harris (1806–78), First American Consul and Minister to Japan,* edited by M. E. Cosenza, 1st ed. New York, 1930, reprinted Tōkyō, 1959. Though the unfortunate O-Kichi is nowhere mentioned by Harris, her story seems well enough authenticated, at least in its broad outlines.

1. **tōjin** is literally "a Chinese of the T'ang dynasty," which it means in certain contexts (see Lesson 60 below), but here it is rather an uncomplimentary epithet of the time meaning "foreigner." Since O-Kichi associated with the foreigners, or at least with the foreigner, she was herself castigated by the other Japanese of Shimoda as "that Chinaman," i.e. "foreigner," on the logic that since no Japanese of the time would or should associate with foreigners, and she did associate with them, she was no longer really a Japanese at all.
2. As opposed, that is, to the many purely fictional details of O-Kichi's career which modern stage and motion picture versions of her life have invented.
3. Note the **no** pronounced but not written in **Izu no kuni** "the land of Izu." Cf. Lesson 33, RN 4.
4. **geigi** is a literary equivalent of spoken **geisha** 芸者.
5. **Beikoku** "America" is the result of an abbreviation of an early transcription of "America" as **Amerika** 亜米利加, made in a dialect in which 米 was pronounced **mē.** Perhaps needless to add, **Beikoku** has no implications concerning "rice," or in no way means "rice country." Today **Beikoku** is obsolescent, and has largely been replaced both in written and spoken Japanese by **Amerika** アメリカ, which is also the official (legal) equivalent for "U.S.A."
6. I.e. her business failed.
7. **mi o tōjiru** "commit suicide by leaping (from something into something)."
8. **jōi** was one of the slogans of the anti-foreign forces in Japan at the time of its reopening to foreign trade in the nineteenth century.

9. **yoron** "public opinion" is properly written 輿論; the kanji 輿 which means "masses, common people" is a rare one, not included in the Tōyō Kanji, so according to the rules the word should be written よ論. But in the last few years newspapers and magazines especially have taken to writing it 世論, as in this text, even though **yo** for 世 is native Japanese and **ron** 論 is of course SJ. A further development is that many people today have forgotten (if they ever knew) that 世 is simply an orthographical equivalent for 輿, and have begun to use a reading pronunciation of 世論 as **seron** to mean "public opinion." But **seron** in this sense is still by many regarded as a solecism.

10. The several varieties of white and red camellias of Izu around Shimoda are still a characteristic flower of the area; Harris often mentions them in his diary ("Camellia Japonica forms the jungle here and is cut for fuel . . . ." [*op. cit.*, p. 244]), especially in the entry for March 21, 1857: "I have a camellia tree in my yard which is some twenty feet high. It is now in full flower, and has perhaps thousands of flowers out—the finest sight of the kind I ever saw. It commenced blooming about the 5th of January, and is now in full flower" (*op. cit.*, pp. 335–36).

LESSON 39 : *The Red Poppy* by Natsume Sōseki

VOCABULARY

文豪 (P.264)	**bungō**	master writer, great man of letters
夏目漱石 (X, 44)	**Natsume Sōseki**	(PrN) (1867–1912)
虞美人草 (P.258, 106)	**gubijinsō**	red (field) poppy
作風	**sakufū**	literary style
当時	**tōji**	that time, the time in question
新浪漫派 (P.233, P.262, 857)	**shinrōmanha**	New Romanticists
主義	**-shugi**	-ism, belief, school
森鷗外 (X)	**Mori Ōgai**	(PrN) (1862–1922)
文壇 (P.270)	**bundan**	literary stage (in the sense of literary circles, literary world)
双鷲的 (P.197, X)	**sōshūteki**	two towering figures', a pre-eminent pair's
存在 (613)	**sonzai**	existence, being
彼 (P.216)	**kare**	he
得意 (850)	**tokui**	strongest, best, favorite
対人関係	**taijin kankei**	human relationships
描写 (P.240, 419)	**byōsha**	delineation, depiction
心	**kokoro**	heart (here: name of a novel)
道草	**michikusa**	wasting time along the way (name of a novel)
明暗 (154)	**meian**	light and darkness (name of a novel)
人間 (58)	**ningen**	human beings
利己心 (777)	**rikoshin**	egoism, self-interest
微妙 (P.255, P.208)	**bimyō**	delicacy, subtlety
小説 (24)	**shōsetsu**	novel
特長 (685)	**tokuchō**	special feature, distinguishing mark
説明的	**setsumeiteki**	expository
手法 (513)	**shuhō**	style, technique
心憎い (P.262)	**kokoronikui**	annoying, hateful (cf. RN 1)
作品 (311)	**sakuhin**	work, composition
駆使する (P.265, 224)	**kushi suru**	command, enjoy free use of
連載 (538, P.260)	**rensai**	continued
掲載する (P.240, P.260)	**keisai suru**	publish
発表 (309)	**happyō**	publication
機会	**kikai**	chance, opportunity
高校 (76)	**kōkō**	high-school (cf. RN 2)

教鞭 x	**kyōben**	teaching position, instructional duties; **kyōben o toru** 教鞭を執る "hold a teaching position"
投げすてる 291	**nagesuteru**	throw away, fling away
入社する	**nyūsha suru**	enter a company as an employee
相当	**sōtō**	considerable
事件 598	**jiken**	incident
三越 P.253	**Mitsukoshi**	(PrN)
呉服店 P.208 505 284	**gofukuten**	draper's store (stocking Japanese-style goods)
浴衣 732 341	**yukata**	unlined cotton garment worn as a dressing gown or in summer; dishabille
宝石 P.215	**hōseki**	gem
指輪 226 533	**yubiwa**	(finger) ring
鉄道 283	**tetsudō**	railway
駅 158	**eki**	station
売子	**uriko**	hawker, peddler
名	**mei-**	famous; as in **meishōsetsu** 名小説 famous novel
叫ぶ P.202	**sakebu**	shout, cry
大衆	**taishū**	the general public
想像 664	**sōzō**	imagination
難い 853	**katai**	hard, difficult
主人公	**shujinkō**	hero
藤尾	**Fujio**	(PrN)
自尊心 838	**jisonshin**	pride, self-esteem
女性	**josei**	woman
射る P.230	**iru**	shoot (an arrow)
止める 220	**tomeru**	stop; **itomeru** 射止める win (a girl)
競う 379	**kisou**	contend, strive
男性 109	**dansei**	man
帝大 P.223	**teidai**	Imperial University
恩賜 558 P.269	**onshi**	Imperial gift
組 103	**kumi**	group, set
小野 24 323	**Ono**	(PrN)
文学者	**bungakusha**	littérateur
目下	**mokka**	at the present, at the moment
博士 695 410	**hakase**	doctorate
研究 204 185	**kenkyū**	research, study
精 647	**sei**	energy
秀才 P.211 217	**shūsai**	genius
眼鏡 754 378	**megane**	(eye) glasses
短靴 466 x	**tangutsu**	low shoes
他 459	**hoka**	the other
甲野 P.200 323	**Kōno**	(PrN)
無二	**muni**	unrivalled, unique
親友 145	**shin'yū**	intimate friend
宗近 805	**Munechika**	(PrN)
らい落な 330	**rairaku na**	frank, unaffected
性格 569	**seikaku**	nature, character
青年	**seinen**	young man
外交官 364	**gaikōkan**	diplomat
身なり 255	**minari**	personal appearance, dress
読者 123	**dokusha**	reader
興味 589	**kyōmi**	interest
射落す P.230 330	**iotosu**	shoot down, bring down
集中する 243	**shūchū suru**	concentrate, intensify

READING NOTES

On Meiji literature in general the reader will find background material in Okazaki Yoshie, *Japanese Literature in the Meiji Era,* translated by V. H. Viglielmo (Tōkyō, 1955); on Sōseki's *Gubijinsō* see especially pp. 271 ff. Lesson 48 below presents an account of the plot of this novel, and a short selection from its closing pages.

1. **kokoro nikui made ni** "(so good that) one hates him for it, to an enviable degree of (skill)."

2. **kōkō** abbreviates **kōtō gakkō** 高等学校.

3. Literally, "to wield the instructional whip"; 鞭 is **muchi** "a whip." The sensation referred to in the next line was due to the relative social status involved, a school teacher of any kind at the time ranking much higher than a newspaperman, which Sōseki thus became. It was also somewhat of a financial gamble for him, for while the *Asahi* salary (¥200 per month, in buying power equivalent to modern ¥125,000!) was ¥50 more than his teaching salary, it was widely regarded as nowhere near such a "sure thing" and could be expected to last only as long as Sōseki could continue to hold the popular interest with his pen.

4. **ya=to;** cf. **hajimeru to** shortly following.

5. **da'āi,** a lengthened (because here shouted) version of **dai**, a vulgar conversational equivalent of **desu. uriko** could be either a boy or girl, but this verb form shows that a boy is meant.

6. **ika ni . . . sōzō ni kataku nai deshō** "it is not difficult at all to imagine just how (this work appealed . . .)."

7. Cf. the beginning of the introductory description of Fujio from Chapter II of the novel, a famous piece of Meiji purple-passage: "紅を弥生に包む昼酣なるに, 春を抽んずる紫の濃き一点を, 天地の眠れるなかに, 鮮やかに滴たらしたるが如き女である" (**kurenai o yayoi ni tsutsumu hiru takenawa naru ni, haru o nukinzuru murasaki no koki itten o, ametsuchi no nemureru naka ni, azayaka ni shitatarashitaru ga gotoki onna de aru**): "she was a woman like a spot of deep purple, vividly splashed between slumbering heaven and earth, putting the season itself to shame even at the height of a day with its spring-enveloped blooms." **koki** is the literary adjective equivalent (in noun-modifying position) of **koi; shitatarashitaru ga gotoki=shitatarashita yō na.** Fujio's fondness for purple (**murasaki**) clothing emphasizes her strong self-will; later on in the same Chapter II from which this is taken Fujio and Ono discuss the color in connection with Shakespeare's *Antony and Cleopatra.* At the same time, these references to **murasaki** remind the reader of Fujio's jet-black hair.

8. **itomen**=literary equivalent of **itomeyō** "hoping to . . . ."

9. **Teidai** is abbreviated from **Teikoku Daigaku** 帝国大学 "Imperial University." Following World War II the state-supported institutions that in Japan had been known as Imperial Universities became simply **Daigaku** 大学.

10. Honors graduates of the Imperial Universities were awarded silver watches by the Emperor; Ono was one of this group (組). The epithet implies the studious, literary type that the text following goes on to describe.

11. A Meiji era term for someone who dressed as Ono did.

12. Rd. **itatte rairaku. itatte=kiwamete, hijō ni; rai** is written in kana since the kanji which should be properly used (磊) is rare.

LESSON 40 : An Introduction to Haniwa

VOCABULARY

埴輪 **haniwa** Haniwa, unglazed clay sculpture from protohistoric Japan

古墳 **kofun** a protohistoric Japanese burial tumulus; **kofun jidai** 古墳時代, the Tumulus period, from the 3rd and 4th century up into the **Asuka** 飛鳥 period

素焼 **suyaki** unglazed

高塚 **takatsuka** a highly piled up burial mound

表土 **hyōdo** top soil, regolith

墳丘 **funkyū** a burial tumulus hill

円筒 **entō** cylinder

形象埴輪 **keishō haniwa** representational Haniwa

前期 **zenki** early part (of a period) (cf. RN 3)

傾斜面 **keishamen** incline, slope

上縁 **uwabuchi** upper portion, opening, lip

土崩れ **tsuchikuzure** landslide

玉垣 **tamagaki** ornamental shrine fence or railing; **tamagakifū** 玉垣風, in the style of a **tamagaki**

幾 **iku** some, how (many); **iku hyakko** 幾百箇, some hundred items (箇 is interchangeable with 個 below)

仁徳天皇 **Nintoku Tennō** (PrN) the Emperor Nintoku (traditional dates of his reign are 313–99, but more probably correct are ca. 395–427)

陵 **ryō** imperial burial tumulus, imperial grave

葬祭 **sōsai** funeral celebrations, ceremonies

所用 **shoyō** purposes, uses, needs

人物像 **jimbutsuzō** representations of human beings

靫 **yuki** (archer's) quiver

盾 **tate** shield

大刀 **daitō** long sword

甲冑 **katchū** armor and helmets

さしば **sashiba** long-handled ceremonial fan

きぬがさ **kinugasa** ceremonial sunshade

器財埴輪 **kizai haniwa** Haniwa representations of articles of material culture

漢 **Kan** the Han dynasties (of China) (202 B.C.–A.D. 9; A.D. 25–220)

六朝 **Rikuchō** the Six Dynasties (of China) (220–589); the six are the Wu (Jap.: **Go**) 呉 (220–80), Eastern Tsin (Jap.: **Shin**) 晉 (317–420), Sung (Jap.: **Sō**) 宋 (420–79), Ch'i (Jap.: **Sei**) 齊 (479–502), Liang (Jap.: **Ryō**) 梁 (502–57), and Ch'en (Jap.: **Chin**) 陳 (557–89).

明器 **meiki** Chinese mortuary objects

泥像 **deizō** clay image

石獣 **sekijū** stone figures of animals

幾内 **Kinai** (PlN) the "Five Home Provinces" of ancient Japan; the five ancient provinces surrounding Kyōto (=**Yamashiro** 山城, **Yamato** 大和, **Kawachi** 河内, **Izumi** 和泉, and **Settsu** 摂津)

鞆 **tomo** archer's leather wrist protector

巫女 **miko** shamaness

関東 **Kantō** (PlN); a general term for Japan east of the **Hakone** 箱根 mountains; cf. **Kansai** 関西, a general term for west Japan, especially the area around Kyōto and Ōsaka.

子守 **komori** nursemaids

取材する **shuzai suru** gather materials, report

技倆 **giryō** skill, talent

九州 **Kyūshū** (PlN); 北九州, Rd. **kita-Kyūshū**

山陰 **San'in** (PlN)=modern **Tottori** 鳥取, **Shimane** 島根 and **Yamaguchi** 山口 Prefectures

希 **mare** rare

払暁 **futsugyō** daybreak

黎明 **reimei** dawn

仏教美術 **bukkyō bijutsu** Buddhist art

糧 **kate** food, nurture

READING NOTES

This reading selection is freely adapted from the original Japanese text by Miki Fumio 三木文雄 on which was based *Haniwa: The Clay Sculpture of Protohistoric Japan* (Tōkyō, 1960). The reader will find in this book background material to go along with the present selection, as well as illustrations of many of the objects mentioned.

1. **. . . to wa** may here be translated "by . . . are meant . . . ."
2. **to . . . to ga aru** "there are two kinds, the . . . and the . . . ."
3. Japanese archeology in general and when applicable makes use of a five-stage chronological terminology: **sōki** 早期, **zenki** 前期, **chūki** 中期, **kōki** 後期, and **banki** 晩期; these may be translated and understood as, in order, Earliest (Initial, Proto-), Early, Middle, Late, and Latest (Final, Epi-); other suggested translations are Early, Early-middle, Middle, Late-middle, Late. Cf. J. Edward Kidder, Jr., *The Jōmon Pottery of Japan* (Ascona, 1957), 4.
4. **no gotoki**=**no yō na.** Cf. RN 7, Lesson 39. Nintoku's tumulus was probably the most costly in the whole period, which does not bear out the claim made for him in traditional Japanese history of frugality and consideration for the masses. Still these virtues were behind the choice of the name **Naruhito** 徳仁 for the present Imperial Grandson (born Feb. 23, 1960), and a passage from the *Nihon Shoki* 日本書紀 praising Nintoku's frugality was read at the Washing Ceremony (**yokutō no gi** 浴湯の儀) on Feb. 29, 1960, immediately preceding the Naming Ceremony (**meimei no gi** 命名の儀) held the same day.
5. "with special significance, with special meaning (implied)."
6. This rather long sentence is typical of the prolix style favored in much writing on subjects such as that of this lesson. Break it first at **mono de**; then note that the remaining sentence from **hito no katachi** has in effect a list of three, some of which have in turn subordinate members: **(1) haniwa dōbutsuzō to . . . ,** (2) **kizai haniwa to yobareru mono to . . . ,** **(3) kaoku, fune no gotoki mono . . . .**
7. "it has been held that . . . , but one may (safely conclude) that they are, rather, ..."
8. **itatte**=**kiwamete, hijō ni**; cf. RN 12, Lesson 39.
9. "genre themes."
10. "which are in no way inferior to the workmanship of those from the Home Provinces."
11. "at the same time, however . . . ."
12. I.e. Japan.
13. **unda** from **umu** 産む, "produce, give birth to."

LESSON 41 : The Porcelain Known as "Old Imari"

VOCABULARY

磁器	**jiki**	porcelain
土器	**doki**	earthenware
陶器	**tōki**	pottery
磁鉱	**jikō**	kaolin
上釉	**uwagusuri**	glaze
青磁	**seiji**	celadon
瑠璃	**ruri**	lapis (glaze)
鉄褐釉	**tekkatsugusuri**	iron-grey glaze
鉄砂	**tessa**	"iron sand," a variety of decorated ceramic ware (=**satetsu** 砂鉄)
呉須鉱	**gosukō**	cobalt, manganese and other ores used to decorate blue-and-white ceramic ware
染付	**sometsuke**	blue-and-white (ceramic ware)
被せる	**kabuseru**	cover with, put on over
辰砂	**shinsha**	"dragon sand" (a variety of decorated ceramic ware)
色絵	**iroe**	overglaze enamels (=**akae** 赤絵)
駆使する	**kushi suru**	use freely
窺う	**ukagau**	learn, discern
朝鮮半島	**Chōsen hantō**	(PlN) Korean Peninsula
佐賀県有田	**Sagaken Arita**	(PlN) Arita, in Saga Prefecture
鍋島藩	**Nabeshima-han**	the Nabeshima clan

伊万里 **Imari** (PlN); name of a ceramic ware

焼 **-yaki** -ware

古 **ko-** "old . . ." (as prefixed to ware designations; see the explanation in this reading selection)

李朝 **Richō** the Yi dynasty (Korea) (1392–1910)

明清 **Min Shin** the Ming dynasty (1368–1644) and Ch'ing dynasty (1644–1912) (China)

藍古九谷 **aikokutani** "indigo old Kutani (ware)" (see the explanation in this reading selection)

古窯趾 **koyōshi** old kiln sites, old kiln ruins

元禄 **Genroku** (period 1688–1703)

絢爛 **kenran** gorgeous, brilliant

賞美する **shōbi suru** admire, esteem

欧米人 **Ōbeijin** Europeans and Americans

熱愛する **netsuai suru** love devotedly, passionately

READING NOTES

For background on the subject matter of this reading selection and additional vocabulary the editor's *Japanese Ceramics* (Tōkyō, 1960) is available; on Imari ware pp. 81 ff. are relevant to this selection, as is the portion on the Nabeshima clan wares (pp. 83–86).

1. On **kinsei** cf. RN 9 to Lesson 36 above; in this present selection the set of period designations is a less precise one: **kodai** 古代=**jōko** 上古 plus **chūko** 中古; **chūsei** 中世=**kinko** 近古, and **kinsei** 近世, i.e. the Edo period.

2. These next few definitions of different types of ceramic ware designations are good examples of one way of definition often used in written Japanese. While often easy enough to understand they nevertheless tend to tax the ingenuity of the translator, since as in the second of the group in this text, that dealing with celadon, and in others, the word being defined is used for the chief part of the definition. Thus, **seijigusuri o kuwaeta "seiji"** appears literally to be "celadon, which is that (ceramic ware) glazed with celadon glaze," which is true enough but not especially informative. It is better to understand and translate such a passage as "celadon, which is that using a blue-green porcelaneous glaze . . . ."

3. **iroe** and **akae** are for all practical purposes synonyms.

4. **yakimono**=**tōjiki** 陶磁器, "ceramics (in the general sense)."

5. **kika** 帰化 today means "(legal) naturalization (of citizenship in a state)," but it is an old word used especially of Koreans and Chinese long resident or permanently domiciled in Japan. This last is its sense here, not the modern legal one.

6. 地 **chi** "site."

7. "One may imagine how (rapidly) the industry expanded from the fact that as early as (**hayaku mo**) 1637 (the situation) had come to the point where (**kurai**) the Nabeshima clan issued an order (令 **rei**) attempting (**shiyō to shita**) to limit . . . ."

8. No particular significance is to be attached to the humble **itasu** 致す for **suru;** it simply imparts a slightly more genteel tone to the passage, **atta to itashitemo** "even though there have been . . . ."

9. **kono chi** "this region" (=**kono chihō** 地方).

10. **enkaku no chi** "far-distant places."

11. "There are two cases (**ba'ai** 場合) in which it is used, one chiefly to refer to . . . , the other to refer to . . . ."

12. This is an excellent description of the way in which **ko-** 古 is used in Japanese art terminology to mean the oldest known specimen of a type or class, largely regardless of how re-

cent in time it may have been, and not in what might be supposed to be its literal sense of "ancient, antique."

13. **yakamashii** "controversial."
14. "enjoying the favor of connoisseurs."
15. **katamono** 型物 "pattern (or stencil) pieces," i.e. pieces whose decoration is redolent of stencil-dyed textile designs.

LESSON 42 : Genre Painting of the 16th and 17th Centuries

VOCABULARY

風俗画 **fūzokuga** genre painting

抬頭 **taitō** emergence

室町 **Muromachi** (cf. Appendix 3)

幕府 **bakufu** military (non-imperial) government or regime

城下町 **jōkamachi** "castle town," a town growing up about, surrounding and dependent upon a castle (see explanation in reading selection)

雰囲気 **fun'iki** atmosphere

封建制度 **hōken seido** feudalism

解放 **kaihō** liberation

野外遊楽 **yagai yūraku** outdoor entertainment, amusement, fêtes-champêtres

競馬 **keiba** (ritual) horse-racing

豊国神社 **Toyokuni Jinja** the Toyokuni Shrine (in Kyōto)

臨時祭礼 **rinji sairei** special religious observance (i.e. not annual or regularly fixed in date)

秀吉 **Hideyoshi** (PrN) = **Toyotomi Hideyoshi** 豊臣秀吉 (1536–98)

七回忌 **shichikaiki** religious observance on the 7th anniversary of a person's death

克明に **kokumei ni** faithfully, in detail

双 **-sō** (counter for **byōbu** 屏風, folding screens. Cf. **-ten** 点 in the same sense below in this selection)

狩野内膳 **Kanō Naizen** (PrN) (fl. ca. 1662–1715)

享楽 **kyōraku** amusement, pleasure

四条河原 **Shijōgawara** (dry) river bed (of the **Kamogawa** [River] at its crossing with the avenue called **Shijō** [in Kyōto])

田楽 **dengaku** an ancient theatrical genre derived from ritual dances performed at the time of the paddy-field planting (**taue** 田植)

猿楽 **sarugaku** an ancient comic theatrical genre stressing mimicry and juggling

出雲神社 **Izumo Jinja** the Izumo Shrine (a celebrated Shintō shrine in modern Shimane Prefecture; cf. Lesson 63)

歌舞伎 **kabuki** Kabuki (from an obsolete verb **kabuku** "carry on in an outlandish or wild fashion"; the kanji used in modern times do not reflect this etymology)

見世物小屋 **misemono goya** a side show

頽廃的 **taihaiteki** sophisticated, decadent

犬追物 **inuo'omono** dog-baiting (by archers mounted on horses, popular sport of the warrior class in Kamakura times)

洛中洛外 **Rakuchū Rakugai** "In and About Kyōto" (**Raku** 洛 or **Kyōraku** 京洛, literary terms for Kyōto, after **Rakuyō** 洛陽, Lo-yang [Honan, China], capital of several important Chinese dynasties)

画房 **gabō** atelier (= **kōbō** 工房 below)

曲 **-kyoku** (counter for panels of folding screens)

READING NOTES

This reading selection is adapted from the Japanese text in Kondō Ichitarō 近藤市太郎, *Kinsei Shoki Fūzokuga* 近世初期風俗画 (Tōkyō, 1957), a somewhat expanded and amplified version of which serves as the basis for the editor's translation *Japanese Genre Painting: The Lively Art of Renaissance Japan* (Tōkyō, 1961); in this last volume the reader will find valuable background reading for following the present reading selection, as well as illustrations of the paintings discussed here.

1. With this explanation of **kinsei** cf. RN 8 to Lesson 36 and RN 1 to Lesson 41 above.
2. **tōku** "as far back as."
3. The frequent repetition of **omowareru, suitei sareru,** and similar expressions throughout this selection is explained by the fact that there is virtually no literary documentation for the development of the art being described, the study of which hence rests almost entirely upon deduction and conjecture.
4. "caught the attention of painters."
5. **fude ni naru** "painted by."
6. **hon** 本 "specimen, exemplar," i.e. "the one in the . . . Shrine (collection), the . . . Shrine exemplar."
7. "what might well be called, a genuine."
8. **Keichōki o mukaeru ni oyonde** "with the coming of the first decade of the 17th century"; **Keichō** 慶長, period 1596–1614.
9. **onna kabuki** "women's Kabuki," Kabuki using women (rather than men).
10. **zu** 図 "view(s) of . . ." is a common addition to the titles of paintings and drawings, but more often than not best omitted in a translation.
11. **utsubotsu to shite okotta** "(which) sprung into being with irresistible vigor . . . ."
12. **chikarazuyosa** "strength." Note that **tsuyosa** here becomes **-zuyosa.**

LESSON 43 : The Tōshōdaiji

VOCABULARY

唐招提寺 **Tōshōdaiji** (name of a temple, =) the T'ang (i.e. Chinese) Square (**shōdai**) Temple (**ji**); **shōdai** 招提, from Skt. catur-diśa "four-square" hence a rectangular monastic compound or complex of buildings

金堂 **kondō** main building of a Buddhist temple, the building where the principal image or images are enshrined

僧房 **sōbō** monks' cells, residences in a Buddhist temple compound

経楼 **kyōrō** sūtra (sacred texts) repository in a Buddhist temple compound

庫院 **kuin** kitchens in a Buddhist temple compound

僧厠 **sōshi** monks' latrines in a Buddhist temple compound

小子房 **shōsubō** small temple or residence building located within the compound of a larger temple or monastery; =**tatchū** 塔頭 (see the reading selection)

戒壇 **kaidan** ordination platform, ordination altar

平城 **Heijō** (PlN); an ancient name for **Nara** 奈良; **ukyō gojō nibō** 右京五条二坊 the second ward (**bō**) on the fifth traverse avenue (**jō**) in the right-hand (west)

section (Cf. Lesson 50, Vocabulary and introduction to the Reading Notes of that Lesson.)

天武天皇 **Temmu Tennō** (PrN) the Emperor Temmu (r. 673–86; 40th in the Imperial line)

戒律 **kairitsu** (Buddhist) holy orders (**kai**) and monastic rule (**ritsu**); =Skt. śīla and vinaya; cf. **kaidan** 戒壇 and **ritsuji** 律寺 in this selection

聖武 **Shōmu** (PrN) (emperor; r. 724–49; 45th in the Imperial line)

孝謙 **Kōken** (PrN) (empress; r. 749–58; 46th in the Imperial line)

淳仁 **Junnin** (PrN) (emperor; r. 758–64; 47th in the Imperial line)

唐僧 **tōsō** Chinese (i.e. foreign) priest

天平宝字 **Tempyō hōji** (period 757–64)

律宗 **risshū** the Vinaya (monastic rule) School of Buddhism

四分律宗 **shibun risshū** the Four-Division Vinaya Schools (of China)

南山宗 **Nanzanshū** the Nan-shan School (of Chinese Buddhism)

南都 **Nanto** the southern capital, i.e. **Nara; Nanto shichi daiji** 南都七大寺, the seven great temples of Nara (cf. RN 7)

開祖 **kaiso** founder (of a temple, of a religious sect or school)

大和上 **daioshō** "Great Monk," cf. RN 8.

天平勝宝 **Tempyō shōhō** (period 749–56)

過海大師 **Kakai Daishi** (Ganjin's canonical title, literally=) "The Great Teacher Who Crossed The Sea (coming to Japan from China)"

唐揚洲大明寺 **Tōyōshū Daimyōji** the Ta-ming-ssu (temple) in Yang-chou, of T'ang dynasty China

東大寺 **Tōdaiji** (name of one of the great temples of Nara; cf. RN 7)

思託 **Shitaku** (PrN)

法載 **Hossai** (PrN)

如宝 **Nyohō** (PrN)

豊安 **Buan** (PrN)

大悲 **daihi** "greatly compassionate" (chief epithet of a Bodhisattva)

菩薩 **bosatsu** a Bodhisattva (an enlightened being whose compassion for others leads him to delay his own ultimate release until all others may achieve it together with him; the central ideal of Chinese and Japanese Buddhism)

覚盛 **Kakujō** (PrN)

伽藍 **garan** (Buddhist) monastery, from the Chinese transcription of Skt. saṃghārāṃa; **dairan** 大藍 a great monastery, a large saṃghārāṃa

綱吉 **Tsunayoshi** (PrN)=**Tokugawa** 徳川 **Tsunayoshi,** the fifth of the Tokugawa shōguns (r. 1680–1709)

帰依 **kie** conversion (to the Buddhist faith)

絶塵 **zetsujin** free from mundane concerns

名刹 **meisatsu** celebrated temple; cf. **kyosatsu** 巨刹 gigantic temple

排仏毀釈 **haibutsu kishaku** (the movement to) cast out the Buddha and demolish Shakya (slogan of an anti-Buddhist, secularist movement around the time of the Meiji restoration)

重要文化財 **jūyō bunkazai** Important Cultural Property (a Japanese government designation)

国宝 **kokuhō** National Treasure (a Japanese government designation)

READING NOTES

The impressive buildings and priceless treasures of the Tōshōdaiji in Nara should be better known to students of Japanese civilization, for in many ways they far outdistance those of the better-known **Hōryūji** 法隆寺. The Tōshōdaiji preserves a most impressive wooden image of its blind Chinese founder **Ganjin** 鑑真, whose importance to the Japanese monastic establishment is explained in this reading selection; the figure has often been reproduced in works dealing with Japanese sculpture. On Ganjin and his period the basic work of reference is the long article by J. Takakusu, "Le voyage de Kanshin [*sic*] en orient (742–54)," *Bulletin de l'école française d'extrême-orient,* tome xxviii (1928) and tome xxix (1929). For Buddhist terminology the student will find in the initial stages of his study that Wm. E. Soothill and L. Hodous, *A Dictionary of Chinese Buddhist Terms* (London, 1937) will serve his purposes quite well, though it is of course based on Chinese and gives no Japanese readings; after he has gained some experience in the language there is a wealth of Japanese reference works available, notably the revised edition (Tōkyō, 1955) of Mochizuki Shinkyo 望月信享, *Bukkyō Daijiten* 仏教大辞典. This reading selection is adapted from the "Guide" (**annaisho** 案内書) published by the Tōshōdaiji.

1. In each case here the text gives first the secular terms followed by their Buddhist equivalents in parentheses. Note that many of the Buddhist terms here, as usual, have special or unexpected readings, and also that sometimes only the reading is different in the two terms.
2. "Later called the . . . ."
3. The "Matriculation Oath" is an important part of the admission procedure in a Japanese educational institution.
4. All of these early names are significant, meaningful expressions, and the reader should consider their meaning as well as their pronunciation.
5. **motte** "and by this, and thus."
6. **sen**=**shiyō.**
7. The most usual and probably the oldest list of these seven great temples of Nara actually does not include the Tōshōdaiji: (1) **Kōfukuji** 興福寺, (2) **Genkōji** 元興寺, (3) **Daianji** 大安寺, (4) **Yakushiji** 薬師寺, (5) **Saidaiji** 西大寺, (6) **Hōryūji** 法隆寺, (7) **Tōdaiji** 東大寺; but it appears among them in another list: **Tōdaiji, Kōfukuji, Genkōji, Daianji, Yakushiji, (Tō)shōdaiji,** and **Saidaiji.** A third list which it also does not make is as follows: **Kōfukuji, Yakushiji, Hōryūji, Saidaiji, Daianji, Hokkeji** 法華寺, and **Kiyomizudera** 清水寺 (cf. Lesson 53, C; actually this temple is in Kyōto). (Mochizuki, *Bukkyō Daijiten* 2. 1907–8.)
8. **oshō** is now the common word for a Buddhist clergyman; it is known in Japanese from several different Chinese transcriptions all said to be based on an original Central Asian khosha. In modern Japan it is always written 和尚, but in the ancient Buddhism of the great temples of Nara the writing of this reading selection, 和上, was more common. In Nara Buddhism, also, it is historically read **wajō,** and in the Kyōto schools of Hieizan 比叡山 it is read **kashō;** the now-common **oshō** appears to be historically the pronunciation favored by the Zen school.
9. "even though he went blind, still . . . ."
10. Note that there is nothing in the text to remind the reader that Kōken, unlike Shōmu and Junnin, was an Empress.
11. I.e. the Tōshōdaiji; so also below.
12. "at the age of . . . ."
13. "the monastic rule which enjoined (upon the clergy) the study of their own particular school (sect) only after all had received ordination and become familiar with the Vinaya (in general) . . . ." Through this the Vinaya sect was able to exercise control over the entire Buddhist establishment in Japan; this came in time to be bitterly resented and eventually was successfully challenged.

14. Rd. **jimon ōini;** 寺門 is simply "temple."
15. "following the . . . movement . . . ."
16. Rd. 業 **gyō,** and distinguish from **gō,** as a Buddhist term translating Skt. karma "work(s)."
17. **zetsujin** "free from mundane cares" probably is in reference to the economic independence the temple enjoyed thanks to the interest which the fifth shōgun took in its work.
18. "in the wake of the . . . movement."

LESSON 44 : The Essence of the Bunraku Puppet Theater

VOCABULARY

文楽 **bunraku** Bunraku (the Japanese traditional puppet theater art, from the name of the oldest and most celebrated of the puppet theaters in Ōsaka, the **Bunraku-za** 文楽座)

人形 **ningyō** doll; here= **ayatsuri ningyō** 操り人形 theatrical puppet

太夫 **tayū** reciter, chanter of the texts of the puppet theater; =**gidayū** 義太夫

三味線 **shamisen** a three-stringed banjo-like musical instrument, originally from the **Ryūkyū** 琉球 area; its sound box, covered with catskin, was once covered with snakeskin, hence its earlier name **jabisen** 蛇皮線

主張する **shuchō suru** insist upon, assert

一瞥する **ichibetsu suru** glance at, take a look at

遣う **tsukau** employ, use; here=manipulate a theatrical puppet. Cf. **hitorizukai** 一人遣い a doll manipulated by one puppeteer; **omozukai** 主遣い the principal puppeteer (in a team); **hidarizukai** 左遣い the puppeteer who manipulates the puppet's left hand; **ashizukai** 足遣い the puppeteer who manipulates the doll's feet; **sanninzukai** 三人遣い a puppet manipulated by three puppeteers

永禄 **Eiroku** (period 1558–69)

琉球 **Ryūkyū** (PlN)

堺 **Sakai** (PlN)

基礎 **kiso** foundation, basis

堪える **taeru** be equal to, endure; **kanshō ni taeru** 鑑賞に堪える be appreciated by, be enjoyed by

近松門左衛門 **Chikamatsu Monzaemon** (PrN) (1653–1725)

竹本義太夫 **Takemoto Gidayū** = **Takemoto Chikugo-no-shōjō** 竹本筑後少掾 (PrN) (1651–1714) (honored as the founder of the **gidayū** tradition)

竹沢権右衛門 **Takezawa Gon'emon** (PrN) (fl. 1677–1714) (first important shamisen player for the Bunraku stage)

辰松八郎兵衛 **Tatsumatsu Hachirōbei** (PrN) (?–1734) (first important manipulator of Bunraku puppets for female roles)

座 **-za** (suffix in traditional theater names; cf. **Bunraku-za** above, and **Takemoto-za** 竹本座, etc.)

貞享 **Jōkyō** (period 1684–87)

操法 **sōhō** method, manner of manipulation

裾 **suso** skirt of a garment

適する **tekisuru** be suited to, be suitable for

工夫する **kufū suru** devise, contrive

高下駄 **takageta** high wooden clogs

辿る **tadoru** follow (a road), pursue (a course)

悲劇 **higeki** tragedy

不器用な	**bukiyō na**	awkward, clumsy
眉	**mayu**	eyebrows
所詮	**shosen**	anyway, in the last analysis
縫う	**nu'u**	sew
弾く	**hiku**	pluck, play on (a stringed musical instrument)
模倣する	**mohō suru**	exhibit, display
濃厚	**nōkō**	rich, ardent
濡れる	**nureru**	make love; cf. **nure no bamen** 濡れの場面 love scene
卑猥な	**hiwai na**	suggestive, erotic
残忍な	**zannin na**	brutal, cold-blooded
道化る	**dōkeru**	clown, jest
動作	**dōsa**	behavior, actions
束縛	**sokubaku**	restriction, fetters
可能	**kanō**	possible

READING NOTES

This selection is adapted from 1.22–24 in Saitō Seijirō 斎藤清二郎, Yamaguchi Hiroichi 山口広一, and Yoshinaga Takao 吉永孝雄, eds., *Bunraku Kashira no Meisaku* 文楽首の名作, Ōsaka, 1953–55, 5 vols.; this is the set which served as the basis for the editor's *Masterpieces of Japanese Puppetry: Sculptured Heads of the Bunraku Theater* (Tōkyō, 1958), in which the reader will find background material which should be valuable in working through this reading selection, in addition to illustrations of the puppets and their operators on and back-stage.

1. **ningyō atte no Bunraku da to hantai suru hito** "people who oppose (this view because they feel) that the Bunraku exists only because of the dolls."
2. Cf. the vocabulary under **tsukau** 遣う.
3. One **shaku** 尺=0.994 feet=30.3 cm. **ni taranu** "a little less than, not quite . . . ."
4. 所作事 rd. **shosagoto** "dancing or rhythmic posturing performed to **Jōruri** 浄るり, **Nagauta** 長唄, or other music."
5. 首 here and throughout similar contexts is to be rd. **kashira** "a puppet head."
6. **omozukai,** cf. vocabulary under **tsukau.**
7. **tsuminaku** "innocently."
8. **motte umareta** "which they are born with."

Note that the basic argument of this reading selection is quite in keeping with the aesthetics of Chikamatsu himself; with what is said here it is interesting to compare the passage presented as "Chikamatsu Monzaemon: On Realism in Art," in *Sources of Japanese Tradition* (New York, 1958), pp. 446–49, especially the concluding lines: "If one makes an exact copy of a living being . . . , one will become disgusted with it. . . . While bearing resemblance to the original, it should have stylization; this makes it art, and is what delights men's minds. Theatrical dialogue written with this in mind is apt to be worthwhile."

LESSON 45 : Mori Arinori's Educational View of Man

VOCABULARY

教育人間像	**kyōiku ningenzō**	educational concept of Man
国体	**kokutai**	"national polity" (especially the doctrine in militaristic Japan that the Japanese nation, people and

culture were essentially different from any others)

国家主義的 **kokka shugiteki** nationalistic
人間観 **ningenkan** view of Man, concept of Man
転向 **tenkō** an about-face (in one's views)
矛盾 **mujun** contradiction
把握 **ha'aku** grasp, grip
幕藩 **bakuhan** the (Tokugawa) Bakufu and the (pre-Meiji Restoration) clans
半封建的 **han hōkenteki** semifeudalistic
絶対主義国家 **zettai shugi kokka** absolutist state
寄生 **kisei** parasitic
地主 **jinushi** landlord
勢力 **seiryoku** force
小ブルジョア **shō burujoa** petit bourgeois (often also simply プチ)
貧民 **himmin** impoverished, destitute
支配権力 **shihai kenryoku** ruling power
(お)仕着せ **(o)-shikise** livery; a servant's clothing provided for him by the master of the house
循環 **junkan** recurring, cyclic
形態 **keitai** state, status
一律主義 **ichiritsu shugi** uniformism
欠如 **ketsujo** deficiency, want of
挫折 **zasetsu** breakdown
性急に **seikyū ni** hastily, impetuously
喪失 **sōshitsu** forfeiture, deprivation
悔 **kui** regrettable fact, something about which one should be full of remorse

READING NOTES

This selection, from Takeda Kiyoko 武田清子, *Ningenkan no Sōkoku* 人間観の相剋 (Tōkyō, 1959), adapted from pp. 224–27, provides an example of a style very frequently met today in writing dealing with social and political issues; it features a vocabulary of fairly long but not particularly difficult terms, in a correspondingly prolix syntax rich in subordinated elements. The frequent use of the comma in these texts is best understood by remembering that it more or less corresponds to a pause in speaking or reading, not to any particular feature of meaning, syntactic construction or even ordering of ideas as such.

The subject of this selection, **Mori Arinori** 森有礼 (1847–89) went to England at the age of 19 as one of ten youths from the **Satsuma** 薩摩 clan sent abroad to study; when his clan's financial aid stopped in 1867 Mori, unlike most of the others, continued with his study, going on to the U.S., where he worked for a Rev. Mr. Harris, a Swedenborgian mystic at whose urging he returned to Japan in 1868 to participate in the spiritual and educational aspects of the Meiji Restoration. After he entered the Ministry of Education in 1884 and became Minister of Education in 1885 he seemed to many to change from his earlier liberal views into what has been described as a veritable "incarnation of nationalistic education." For background reading Sir George Sansom, *The Western World and Japan* (New York, 1950), pp. 458–59, and W. W. Smith, *Confucianism in Modern Japan* (Tōkyō, 1959), pp. 53, 79, 82, will assist the reader.

1. This selection and the following (Lesson 46) provide many examples of the virtually free use of such suffixes as **-kan** 観 "view of" and **-zō** 像 "concept of." They are extremely common in written materials of this type.
2. "a (**hitotsu**) type of 'about-face.'"
3. **hatashite** "(did it) really (change) after all."
4. **genshō ni** "in outward appearance, on the surface."
5. Constructions with **de wa nai ka to . . .** here and below and similar expressions are not to be understood (or translated) literally; their force is simply that of a quite strong affirmative,

politely but firmly stated. Thus, **ippon no nagare o tamochitsuzuketa to ieru no de wa nai ka to omoeru no de aru** "(I) am of the opinion that in actual fact one may consider that (**to ieru**) (Mori's ideology) really continued along a single consistent course."

6. "(these) two ideologies (**shisō**), (of such a nature) that they might well appear to be (**. . . suru ka no yō ni omoeru**) . . . ."

7. Cf. RN 5 above; "the main (consistent) current of his ideology surely is to be found in the fact that (**to yū tokoro ni aru**) he himself had no feeling of contradiction over the coexistence within himself of . . . ."

8. This **tokoro** is pleonastic.

9. **. . . de shika nakatta to yū koto na no de wa nakarō ka** "one may, then, very well conclude that Mori's 'self,' which sought . . . , was actually not yet . . . , and was in reality nothing more than (**shika nakatta**) his grasping for 'self' as . . . ."

10. "Struggle" as a technical term in modern socio-political writing.

11. **ya** "once it (shifted to . . .)."

12. Rd. **sakinjite.**

13. With **kikai** 器械 "instrument, apparatus" cf. **kikai** 機械 "machine, mechanism." From the sense of the passage the reader might have expected the second of the two, since it surely is to be understood as "mechanical."

14. This is annotated as follows in the original (p. 231, note 48), reproduced here for the convenience of the reader: 明治十二年に田中不二麿によって自由教育令が公布され,学制による学校行政の中央統轄と劃一主義を改め,地方の自由な方針で教育を運営することとし,学校の設置廃止も地方官の責任とし,学務委員も人民の選挙によることとし,ある年限間の強制的就学も緩和し,人民の意図による自主的な学校経営をなさしめる方針をとったところ,就学率はおびただしく低下し,公立小学校中止,廃止の申出が頻々と出,「学制」時代に急速に進歩した小学校教育は一時瓦壊しそうな状態となった.

15. **sasezu ni okanai** "(which) made (the collapse) inevitable, unavoidable."

LESSON 46 : Fukuzawa Yukichi's View of God

VOCABULARY

福沢諭吉	**Fukuzawa Yukichi**	(PrN) (1834–1901)
幼少	**yōshō**	infancy, childhood
信仰	**shinkō**	(religious) faith; cf. **fushinkō** 不信仰 nonbelief
懐疑的	**kaigiteki**	skeptical, incredulous
正体	**shōtai**	real nature, true character
実証的	**jisshōteki**	empirical; cf. **jisshōsei** 実証性 empiricism
自伝	**jiden**	autobiography
殿様	**tonosama**	(one's) feudal lord
反故	**hogu**	waste paper on which something has earlier been written
踏む	**fumu**	tread upon
御札	**o-fuda**	(Shintō) paper charm, talisman
洗手場*	**chōzuba**	toilet
遣る	**yaru**	do; give
怖い	**kowai**	fearful, afraid
御稲荷様	**o-inarisama**	the fox deity
御神体	**go-shintai**	the physical object of Shintō worship, i.e. the mirror, stone or other object reserved in the innermost part of the Shintō shrine and representing the deity in physical form

* More usual orthography is 手水場.

太鼓 **taiko** drum
御神酒 **o-miki** rice-wine (**sake** 酒) offered to a deity
神様 **kamisama** gods, God
卜筮* **uranai** divination, soothsaying
呪詛† **majinai** spells, exorcism
一切 **issai** total, all
狐狸 **kori** foxes (**kitsune** 狐) and badgers (**tanuki** 狸) (who bewitch and possess people)
故郷 **kokyō** native village, home town
儒者 **jusha** Confucian scholar
緒方 **Ogata** (PlN)
塾 **juku** private school, academy
解剖 **kaibō** anatomical dissection
偶像 **gūzō** dol
迷信的 **meishinteki** superstitious
超克する **chōkoku suru** conquer, surmount
深浅 **shinsen** depth
範囲 **han'i** sphere, scope
拡大 **kakudai** expansion, enlargement
縮小 **shukushō** curtailment, reduction
工風 **kufū** invention, device, contrivance (old orthographical equivalent of 工夫)
悉皆 **shikkai** all without exception, totally
処 **tokoro** place
稍 **yaya** somewhat, a little
上帝 **jōtei** God (used especially in the 19th century to translate the Judeo-Christian "God")
府下 **fuka** the area under the administration of the city of **Edo** 江戸, i.e. Edo itself
水天宮様 **Suitengūsama** a famous Shintō shrine in Edo (and still popular in modern Tōkyō) dedicated to a deity originally the patron of mariners
田舎 **inaka** the country, rural areas
御門跡 **gomonzeki** a Buddhist cleric in the direct succession of his sect who is charged with the responsibility for the transmission of his sect's tenets, hence a celebrated Buddhist divine; also, a Buddhist temple whose superior was originally of Imperial or noble birth, and by extension this superior him-(her) self
為す **nasu** do
趣 **omomuki** import, meaning
就中 **nakanzuku** especially among the others, above all
殺伐 **satsubatsu** sanguinary, brutal

READING NOTES

This selection, along with that of Lesson 45, is adapted from Takeda Kiyoko's recent volume cited in the Reading Notes for the previous lesson, pp. 31–32. Its quotations from Fukuzawa's *Autobiography* introduce a certain number of literary forms and obsolete orthographies, but these are either explained or equated with modern equivalents in the Notes. The student will do well to acquaint himself with these, for even in reading completely modern texts such forms turn up in quotations, set phrases, literary clichés, etc. The kanji 御 for the honorific **o-**, seen several times in this lesson was once extremely common, but today the kana お is generally used; even the SJ honorific **go-**, which originates in the kanji 御, is today very often seen written simply in kana as ご.

1. On **-kan** cf. RN 1, Lesson 45.

* More usual orthography is 占い.
† More usual orthography is 呪い.

2. On Fukuzawa's *Autobiography*, dictated shortly before his death, see the English version by his grandson Eiichi Kiyooka, *The Autobiography of Fukuzawa Yukichi* (Tōkyō, 1934, with several subsequent editions).

3. Note especially the exact meaning for **hogu** given in the Vocabulary; the usual dictionary definition simply as "waste paper" tends to obscure the sense of the passage. Here the conflict was basically with the Confucian literatus-centered taboo against "mistreating" any paper upon which anything had ever been written or printed. This taboo emphasized the virtual sanctity, in Confucian society, of all writing and by extension the prerogatives of the lettered classes. Fukuzawa here puts to a base use (it would be difficult to imagine a baser one) a paper talisman on which the name of his feudal overlord appeared, thus compounding the felony of violating the Confucian taboo with lèse-majesté in terms of Japanese feudalism.

4. ウム "Huh!"

5. **korya**=**kore wa.** But **sorya** (below)=**sora**!

6. Obsolete orthography, rd. **sono toki.** Cf. below in this same selection **sono arisama** and **sono Konnetchikotto** (i.e. Connecticut). 如何あらうか, rd. **ikaga arō ka.** 遣らう=やろう.

7. **Sorya mita koto ka** "Well! that's what I thought!"

8. Rd. **yashiro;** this would probably be simply a small family shrine on the grounds of the neighboring house.

9. **hatsu'uma,** the first "horse day" in any lunar month, but especially in the second lunar month, the traditional day for worship at **Inari** (fox deity) shrines.

10. Old orthography for いう, 云う, **yū.**

11. Rd. **chittomo nai.**

12. **tsuku** "(they) possess (one)."

13. やう=よう, **yō.**

14. 々 is the repeat sign for kanji; here rd. **kamigami.**

15. **bummei** is the important Meiji period word for "(Western) civilization, culture, learning, progress, modernization," coined as an equivalent of German Kultur.

16. **nominarazu**=**bakari de naku** "not only . . . , but also . . . ."

17. Rd. **inishie.**

18. **nari**=literary equivalent of **de aru.**

19. Rd. **mochiuru,** literary equivalent of **mochi'iru.**

20. "they (=**kufū hatsumei to shōsuru mono**) are what separates (界, **sakai**) . . . from . . . ."

21. Rd. **yotte;** the small っ here is often not written in this older orthographic style.

22. **-beshi**=**-beki desu** "should be, necessarily is."

23. **nashi**=**ga nai.**

24. **ga gotoshi**=**no gotoki desu, no yō desu.**

25. Rd. **ku'u,** here in the old orthography for modern 喰う.

26. **shi o dasu** "to send off a general (at the head of his troops)."

27. ゴット "God, God!"; what follows the first three katakana symbols in the text is a repeat sign for more than one kana symbol, used as here in older writing but not very often seen today.

28. The local Buddhist clergy, representing an easily (and cheaply) approached source of education and instruction, were often consulted as legal and other arbiters by the common people.

29. **kotonarazu**=**chigai arimasen.**

30. Early orthography for **Amerika;** cf. RN 5 to Lesson 38.

31. **ari**=**arimasu.**

LESSON 47 : Two Tendencies as Views of History

VOCABULARY

傾向 **keikō** tendency

啓蒙 **keimō** enlightenment; **keimō shugi** 啓蒙主義 "The Enlightenment" (the philosophic movement in 18th century Europe)

合理主義 **gōri shugi** rationalism; **hi-gōri shugi** 非合理主義 non-rationalism

終局 **shūkyoku** ultimate, terminal

衝動 **shōdō** impulse

吟味する **gimmi suru** scrutinize, examine closely

神学説 **shingakusetsu** theological doctrines

愚夫愚婦 **gufugufu** ignorant men and women (it echoes here the Buddhist expression **zennan zennyo** 善男善女 literally "good men and good women," but meaning the faithful of Buddhism, persons accepting the Buddhist religion)

改説する **kaisetsu suru** reform a doctrine or view

機械論的 **kikaironteki** mechanistically (cf. RN 13 to Lesson 45)

因果関係 **inga kankei** cause and effect relationship

先験的 **senkenteki** transcendental, a priori

情意 **jōi** emotion and will

構成的 **kōseiteki** constructive

精神力 **seishinryoku** spiritual, mental forces, powers

浪漫思想 **rōman shisō** Romanticism

多分 **tabun** much, in large measure (note that **tabun** 多分 "probably" has a different pitch pattern: **tabun** [level] much, **tábun** probably)

ドイツ皇帝時代 **Doitsu kōtei jidai** the era of Imperial Germany

家父長支配 **kafuchō shihai** paternalistic domination, control

統治状態 **tōchi jōtai** state of government, kind of reign, type of administration

READING NOTES

This selection is a short essay on history and ideology written from a modern Buddhist point of view, though Buddhism as such is not mentioned. Its religious orientation is most clearly apparent in the closing lines, with their emphasis on "the realization of the temporal nature of temporal tendencies" in history and ideologies. It is a good example of the adjustment with modern Western thought which modern Japanese Buddhist ideology has quietly but successfully achieved.

1. "it (=The Enlightenment)."
2. "the ideology of the Enlightenment."
3. **ika naru ningen ni mo** "all sorts and conditions of men."
4. **. . . kachi ga ari mata wa nai to shita** "they evaluated all life phenomena (**seikatsu genshō o . . .** [direct object] **shita**) according to whether they worked toward or hindered that ultimate objective"; **. . . ga ari mata wa nai** "whether they had (value) or not."
5. Rd. **yotte.**
6. "something better." ヨリ is in katakana for emphasis.
7. **. . . kagiri de** "(the Romanticists were deficient in their view of history) just to that same extent that (they may be held to have been partial to . . .)."
8. From here to the conclusion of the selection the Buddhist orientation of its content becomes clear.

◆ PART 4 ◆ ADVANCED : Fiction

LESSON 48 : Résumé of Sōseki's *The Red Poppy*

VOCABULARY

足繁く **ashi shigeku** (go) frequently
通う **kayou** go (somewhere) regularly, commute
気取屋 **kidoriya** affected person, a dandy
教育 **kyōiku** education
採算 **saisan** profit; **saisan shugi** 採算主義 profit-seeking
未来 **mirai** future
計算 **keisan** calculation
再 **sai-** re- (prefix indicating the second time something is done)
優等 **yūtō** superior class, level
哲学者 **tetsugakusha** philosopher
異母兄妹 **ibo keimai** half-brother and half-sister
境遇 **kyōgū** situation, circumstances
同情する **dōjō suru** sympathize
糸子 **Itoko** (PrN)
素直 **sunao** docile, submissive, sweet
純情 **junjō** naïveté, pure and simple of heart
取柄 **torie** good point, attraction, advantage
互いに **tagai ni** mutually
愛情 **aijō** love
問題 **mondai** problem, question
婚約者 **kon'yakusha** fiancé, fiancée
恩人 **onjin** benefactor, someone to whom one bears a debt of gratitude (**on** 恩)
孤堂 **Kodō** (PrN)
娘 **musume** daughter, unmarried girl
小夜子 **Sayoko** (PrN)
夫 **otto** husband
博覧会 **hakurankai** exposition
見物 **kembutsu** sight-seeing
表面 **hyōmen** surface
懸命 **kemmei** strenuous, for all one's life is worth
弁解 **benkai** plea, apology, defense
納得する **nattoku suru** acquiesce, be persuaded
合格 **gōkaku** pass (an examination)
勇躍する **yūyaku suru** take heart, be elated
縁談 **endan** consultation concerning a proposed arranged marriage (cf. the fuller account of this word in the Vocabulary for Lesson 57, and the context of that reading selection)

進める	**susumeru**	encourage, urge, speed up
一方	**ippō**	on the other hand, for (his) part; thoroughly, completely (cf. in Vocabulary 58)
卑怯にも	**hikyō ni mo**	cowardly
浅井	**Asai**	(PrN)
破約する	**hayaku suru**	break a promise, agreement
怒る	**okoru**	become angry
結論	**ketsuron**	conclusion, decision
連れる	**tsureru**	lead, take (someone) with one
原文	**gembun**	original text
紹介する	**shōkai suru**	introduce
軽薄な	**keihaku na**	insincere, frivolous
改める	**aratameru**	reform, amend
真面目な	**majime na**	serious, sincere
破裂する	**haretsu suru**	rupture
血管	**kekkan**	blood vessels, capillaries
真白	**masshiro**	deathly pale
侮蔑	**bubetsu**	insult, affront
深刻に	**shinkoku ni**	deeply, seriously
窓外	**sōgai**	outside the window
衝く	**tsuku**	pound on, strike on, hit against
迸しる	**hotobashiru**	gush out, break forth
腕	**ude**	arm
赭黒い	**akaguroi**	the color of sun-darkened human skin
掌	**tenohira**	palm (of the hand)
煖炉	**danro**	fireplace
大股に開く	**ōmata ni hiraku**	stand with feet placed widely apart
掛声	**kakegoe**	shout
大理石	**dairiseki**	marble
角	**kado**	corner
酔興な	**suikyō na**	crazy, unhinged
壊す	**kowasu**	smash, break
呆然として	**bōzen to shite**	stunned, dazed
筋肉	**kinniku**	muscles
硬い	**katai**	hard
床	**yuka**	floor

READING NOTES

On this novel, cf. Lesson 39 above.

1. **yoi imi de no** x, "x in a good sense."
2. **. . . tame ka** "perhaps it is because . . . .; (at any rate) . . . ." The **ka** here is interrogative in sense, though such constructions do not necessarily translate as interrogatives.
3. Difficulties between half-siblings is a common theme in Japanese fiction.
4. **hitori musume** "only daughter."
5. Rd. **oyako;** 娘 is often read **ko** implying "female child."
6. **engumi o ichinichi mo hayaku to,** "(hoping) to speed up the match by even one day, =in order to get on with the marriage as soon as possible"; the **to** goes with the implied wish or determination.
7. **. . . ni dete kuru** (=出て来る), literally "come out in=come to, visit."
8. **atama o tate ni furu** "nod in agreement, consent."
9. This passage from Chapter 18 of the novel has been somewhat cut and simplified in orthography, but otherwise follows the original text in the *Sōseki Zenshū* 漱石全集, 5.308b–9b (Tōkyō, 1956); dashes in the text ("—") are as in the original; omissions for the purposes of this lesson are indicated by . . . .
10. **. . . ni chigai arimasen** "there is no mistake to her being=she really is . . . ."
11. "for the third time"; this refers to two passages a little earlier in the same episode in the novel; in the first of these Fujio stands transfixed, the hate written in her features gradually changing itself to jealousy (藤尾の表情は忽然として憎悪となった. 憎悪は次第に嫉妬となった. 嫉妬の最も深く刻み込まれた時, ぴたりと化石した.) (*loc. cit.*, p. 308a); then, following this, her

features suddenly come alive with the vivid flush of anger (化石した表情の裏で急に血管が破裂した・紫色の血は再度の怒を満面に注ぐ.) (*loc. cit.*, p. 308[a,b]). Following these two, the one in the reading selection is hence the third.

12. On **yō gozansu,** which is **yoi** (=**ii**) before **gozaimasu**, cf. Martin 9.13, p. 346. **gozansu** is an elegant women's contraction of **gozaimasu.**
13. Rd. **shikka to** (確と).
14. "with a shout **'ya!'.**"

LESSON 49 : Résumé of Akutagawa Ryūnosuke's *Theft* : 1

VOCABULARY

偸盗	**chūtō**	theft (one of the **gokai** 五戒, the five sins forbidden to lay Buddhist believers; the others are **sesshō** 殺生 taking life, **jain** 邪婬 sexual immorality, **mōgo** 妄語 falsehood, and **onju** 飲酒 drinking alcoholic beverages)
王朝	**ōchō**	royal court, and by extension, the period when the emperors of Japan ruled as well as reigned; a literary term for (roughly) the period from the **Taika** 大化 Reform of 645 down to the end of the Heian period
飢饉	**kikin**	famine
巷	**chimata**	streets of the town, streets
目ぼしい	**meboshii**	attractive, valuable, prominent
御頭	**okashira**	boss (of a gang)
沙金	**Shakin**	(PrN)
猪熊	**Inokuma**	(PrN)
お婆	**obaba**	old woman, granny
醜い	**minikui**	ugly, ill-favored
痘瘡	**tōsō**	smallpox
藤	**Tō**	(PrN)
判官	**hangan**	an ancient 4th (or 3rd) grade official, sometimes translated assistant district officer (the "proper" literary reading **hōgan** is also used)
加茂川	**Kamogawa**	(PlN)(=賀茂川)
水干	**suikan**	silk dried after having been washed in plain water (using no starch) and stretched out flat
矢叫び	**yasakebi**	the din and roar of battle
養父	**yōfu**	foster father
お爺	**ojii**	old man
陸奥	**Mutsu**	(PlN)=modern **Aomori** 青森 and **Iwate** 岩手 Prefectures
遮二無二	**shanimuni**	recklessly, desperately
狩犬	**kari'inu**	hunting dog
内通する	**naitsū suru**	betray, inform upon

READING NOTES

This and the following lesson present a synopsis of the plot of a novel by Akutagawa Ryūnosuke 芥川竜之介 (1892–1927), for a short biographical note concerning whom see the end of the text selection in Lesson 50. *Chūtō* may be found in the *Akutagawa Ryūnosuke Zenshū* 芥川竜之介全集 (Tōkyō, 1934), 1. 335–440.

1. Rd. **kyō no miyako.**
2. I.e. the earlier, more ordered days of the early Heian period.
3. **ichi'in** "members"; this is the meaning in spite of what might appear to be the literal

significance of the term. Cf. also **ichimi** 一味 "partisans, confederates, adherents (to a cause)."

4. **kyūchū** "at the Imperial Court."
5. **yo ni mata to nai** "unique (literally, not to be found again in this world, in this age)."
6. **yūwaku ni noru** "to fall a victim to temptation, enticement."
7. **hikikae** "in contrast to."
8. **yashiki** "residence, mansion."
9. **rei ni yotte** "as was their custom, usual."
10. **gejo ni sumikomu** "live in as a scullery-maid."
11. **teusu no hazu** "it should have been short of hands (to defend it)."
12. **umaya** (=馬屋) "stables."
13. **kanawazu** is from **kanau** (敵う) "be a match for, stand up against (someone)."
14. **kore wa jitsu wa** "now what really had happened was . . . ."

LESSON 50 : Résumé of Akutagawa Ryūnosuke's *Theft* : 2

VOCABULARY

一目散 **ichimokusan** at full speed, at a fast clip

悪戦苦闘する **akusen kutō suru** fight desperately against losing odds, struggle with one's back to the wall

羅生門 **Rashōmon** chief gate of ancient Kyōto:* 平安京の正門，朱雀大路の南端にあって，北端の朱雀門とはるかに相対する．平安第一の大門であったが，後は荒廃して盗賊の住みか，死人の置場となる．

膝 **hiza** knee (but here: lap)

半時 **hantoki** half the old **ittoki** 一時, =modern 60 minutes

朱雀の大路 **Suzaku no ōji** road in ancient Kyōto: 平安京大内裏の南面にある朱雀門から南端の羅生門に至る大路．この大路を境として東を左京，西を右京という．

手当 **teate** treatment

阿濃 **Akogi** (PrN)

無造作に **muzōsa ni** artlessly, with simplicity

不思議 **fushigi** strange, marvelous, wonderful

翌日 **yokujitsu** the following day

むごたらしい **mugotarashii** cruel, outrageous, horrible

奥 **oku** inner recesses of a house or shop

検非違使庁 **kebi'ishichō** the Office of Public Security (Heian period): 王朝時代，京都にあって非法・非違を検察し追捕・糾弾・断罪・聴訟などをつかさどった官職，又その事務を執る役所．

尼 **ama** a nun

丹後 **Tango** (PrN)=a portion of modern **Kyōto-fu** 京都府

何某 **nanigashi** a certain so-and-so

守 **-no-kami** the Lord Protector of . . .

驍勇 **gyōyū** bravery, valor

筆者 **hissha** author

理知主義 **richi shugi** intellectualism

代表 **daihyō** best known of its class, representative

短篇小説 **tampen shōsetsu** short story, novelette

神経衰弱 **shinkei suijaku** nervous breakdown

* Beginning with Lesson 50 vocabulary explanations are from time to time given in Japanese, to help accustom the reader to the explanations found in Japanese reference works. For an interesting account of the layout of ancient Kyōto and Nara and the various streets and gates of the city, see R.A.B. Ponsonby-Fane, *Kyōto, the Old Capital of Japan* (794–1869) (reprinted Kyōto, 1956), especially p. 14 and following in relation to the present lesson.

READING NOTES

The text presented here is a continuation from Lesson 49, and concludes with a short sketch of the author Akutagawa Ryūnosuke.

1. Rd. **chi no nioi ni.**
2. Rd. **nasake.**
3. **chikazuku mama ni** "as he approached."
4. "where people seldom passed."
5. On this apparently common use of the Rashō Gate as a rendezvous for such bands cf. the Japanese definition cited in the vocabulary above.
6. Passive of **tsukitsukeru** "to thrust something before one."
7. **washi** "I" (old man's speech).
8. **ja**=**de aru** (old man's speech).
9. **yo fukete** "late at night."
10. **ikinari** "suddenly, without warning, in cold blood."
11. **nagai koto**=**nagai aida.**
12. Women of fatherless children or widows often took orders as Buddhist nuns but kept their child with them and raised it; often it too became a monk or nun.

LESSON 51 : From Mishima Yukio's *The Sound of Waves*

UTAJIMA (Part 1)

VOCABULARY

歌 島	**Utajima**	(PlN)
里	**ri**	(old unit of length, often still used in a general sense in conversation; approx.=3.93 km., or 2.44 mi.)
充 つ	**mitsu**	fill completely, reach; **mitanai** 充たない something under . . .
八 代	**Yashiro**	(PrN)
神 社	**jinja**	Shintō shrine
湾 口	**wankō**	entrance, mouth of a bay (cf. RN 3)
知 多	**Chita**	(PlN)
渥 美	**Atsumi**	(PlN)
宇治山田	**Uji-Yamada**	(PlN)
津	**Tsu**	(PlN)
四 日 市	**Yokkaichi**	(PlN)
隠見する	**inken suru**	appear and disappear from sight
石 段	**ishidan**	stone steps; cf. **dan** 段 (counter for steps)
唐 獅 子	**karajishi**	(stone) Chinese-style lion figures (i.e. pug dogs)
戍 る	**mamoru**	guard, protect
鳥 居	**tori'i**	the "shrine gate" characteristic of Shintō religious architecture:* 神社の門. 左右に掘立てた二本の柱の上に笠木 (かさぎ) を載せ, 中に貫(ぬき)を入れたもの.
交錯する	**kōsaku suru**	twist together, intertwine
額 縁	**gakubuchi**	frame
海 藻	**kaisō**	seaweed
丹	**ni**	red
綿津見命	**Watatsumi-no-mikoto**	(PrN of a Shintō deity) **-no-mikoto** 命 (honorific suffix for the names of Shintō deities)

* The words **kasagi** and **nuki** in parentheses are to be understood as furigana; see Lesson 18.

祀る **matsuru** be dedicated to (a deity), be sacred to (a deity)
漁夫 **gyofu** fisherman
平穏 **heion** calm
祈る **inoru** pray for
奉納金 **hōnōkin** votive offering of money
捧げる **sasageru** offer up
銅鏡 **dōkyō** bronze mirror; cf. **men** 面 (counter for bronze mirrors)
葡萄 **budō** grapes
鹿 **shika** deer
栗鼠 **risu** squirrel
波斯 **Perusha** (PlN) Persia
八重 **yae** double, eight-fold, multifoliolate
灯台 **tōdai** lighthouse
伊良湖 **Irako** (PlN)
水道 **suidō** channel
絶える **taeru** stop, cease
狭窄な **kyōsaku na** narrow
渦 **uzu** whirlpool
荒涼 **kōryō** desolate
波打際 **namiuchigiwa** shore, the beach
崎 **-zaki** Cape . . . (suffix in place names)
富士 **Fuji** (PlN)
汽船 **kisen** steamship
縫う **nu'u** sew (cf. RN 11)
三井 **Mitsui** (PrN of a shipping line)
噸 **ton** ton(s)
十勝丸 **Tokachi-maru** (PrN of a seagoing vessel) **-maru** 丸 (suffix to Japanese boat names)
菜っ葉服 **nappafuku** olive drab work-clothes
タリスマン号 **Tarisuman-gō** (PrN of a seagoing vessel, "The Talisman") **-gō** 号 (suffix to foreign boat names)
輪投げをする **wanage o suru** play quoits
番小屋 **bangoya** watchhouse
船舶通過報 **sempaku tsūkahō** "Ship Movements Log"
信号符号 **shingō fugō** signal code
荷主 **ninushi** cargo owner
遮ぎる **saegiru** cut off
翳る **kageru** throw into shadow
鳶 **tobi** (Siberian black) kite (name of a bird)
帆翔 **hanshō** motionless wings (of a bird)

READING NOTES

Lessons 51, 52, and 53, present selections from the novel *Shiosai* 潮騒 by Mishima Yukio 三島由紀夫, completed in 1954 and first published in 1955; all of Chapter 1 of the novel is given here, followed by two short selections from Chapter 3 and Chapter 9. Actually, as both the author and his critics have insisted, *Shiosai* is not so much a novel (**shōsetsu** 小説) as a "tale" (**monogatari** 物語); it deals with fishermen and divers on one of the isolated islands off the Japanese coast, and in the context of this locale the almost total idealization of character and motive in which Mishima here indulges becomes a completely engrossing aesthetic device. The straightforward narrative style of the book fits in well with his simplification of character and action, and at the same time makes it suitable for the reader in search of a modern literary text which is not too formidable in style and language.

Shiosai has been translated into English in a version that does full justice to the original by Meredith Weatherby, under the title *The Sound of Waves* (New York, Tōkyō, 1956). The reader can learn much by comparing his own interpretation of the passages printed here with the renderings of Weatherby's translation; some particularly apt phrases from this translation are quoted in the Reading Notes below where they are identified with (W). The text printed here is from the 18th printing of the novel (September, 1960), in the Shinchō Bunko 新潮文庫 series published by the Shinchō-sha 新潮社, Ltd.

The texts printed here reproduce this edition exactly, including its old-fashioned kana spellings and kanji forms which Mishima, like most modern authors, prefers for his published works (this is true also of all the Lessons from here on to Lesson 59, inclusive). For a guide to these old-fashioned kana spellings see the article "A Note on the Kana Orthography of Lessons 51 through 59," at the end of the Reading Notes to this present lesson. For the old-fashioned kanji forms found in these lessons, see Appendix 2, by which they may be identified with the abbreviated forms in common use today.

Note also that in the Vocabulary and Reading Notes for this Lesson (and so also through to the end of Lesson 59) all words are printed in the current kana orthography and the modern kanji forms, and hence may not appear in exactly the same way in which they are found in the texts of the reading selections. Especially in the case of the kanji this will assist the reader in more quickly identifying certain old-fashioned forms with which he may not yet be familiar.

1. Rd. **mottomo.**
2. **itadaki chikaku** "near the crest" (W); cf. below **itadaki ni chikai,** in the same sense. Cf. Lesson 32, RN 11.
3. **kurai shite iru** "is situated, lies"; the literal sense of the passage is "the wide expanse of the Gulf of Ise, in whose (**sono**) mouth the island (itself) is situated, is completely visible from the island."
4. Here "coastline," not "coastal (R.R.) line."
5. Small Shintō shrines of the type described here are typically situated on a hill and approached by steep stone steps.
6. "unchanged through the centuries" (W).
7. Also written 海神, with the same reading, these characters going with the identification as a sea god.
8. An antique bronze mirror, often of Chinese origin, is many times to be found among the "treasures" of a Shintō shrine, and indeed is often the actual "object of worship" (cf. Lesson 46, Vocabulary under **shintai.**)
9. "a bronze mirror with a grape-(leaf and fruit) design"; . . . **areba** . . . **atta** "there is both . . . and . . ." (not "if . . .").
10. The Japanese term for this would be **utsushi** 写し.
11. "threading its way among the countless fishing-boats" (W).
12. "he composed a telegram containing this information, he sent this information by telegraph."
13. "just when it seemed about to plummet downward" (W).

A Note on the Kana Orthography of Lessons 51 through 59

These lessons are printed in the kana orthography commonly in use in Japan before the war (**kyū kanazukai** 旧仮名遣い),* which the student should be able to recognize and interpret, though there is no longer any need for him to learn to write it. Actually, some such forms already have appeared, as for example in Lesson 46, やう＝よう, **yō.** This group of lessons makes it possible to get a fairly complete survey of the features of this type of kana **orthography:**

1. **-u** verbs (of the type **au** "meet", cf. Martin 4.3, p. 87):
   a. The imperfect is spelled with ふ: **omou** 思ふ,† **morau** もらふ, **au** 会ふ, **shimau** しまふ, **chigau** ちがふ, **mukau** むかふ, 向ふ, **sakebiau** 叫び合ふ, **yū** 言ふ, 云ふ, いふ, etc.

* Note also that the word **kanazukai** is today usually written かなづかい; here づ is following (a), the first of the two exceptions noted in Lesson 3 to the general statement on writing voiced consonants in kana.

† All the examples in this note are taken from Lessons 51 through 59, generally in the order in which they appear in the reading selections.

b. The infinitive is spelled with ひ: **hiroi** ひろひ, **ai** 会ひ, **chigai** ちがひ, **o-negai** お願ひ, **o-shimai** おしまひ, **shiriai** 知り合ひ, **kirai** 嫌ひ, **miai** 見合ひ, etc., and **iikata** 云ひ方, **iinikui** 云ひにくい, **iimasu** 言ひます, いひます, **omoimashita** 思ひました, **omoidashita** 思ひだした, **omoigakenai** 思ひがけない, **omoikitte** 思ひ切つて, etc.

c. Forms with **-wa-** are spelled with は: **omowareru** 思はれる, **omowareta** 思はれた, **omowarenai** 思はれない, **warawareru** 笑はれる, **tsukawareru** 使はれる, **iwanakatta** 言はなかつた, **niawanakutemo** 似合はなくても, **awasu** 合はす, **iwasereba** 言はせれば, etc.

d. Forms with **-e-** including potentials are spelled with へ: **ieba** 云へば, **tatoeba** たとへば, **ienai** 云へない, **moraenai** 貰へない, **omoeru** 思へる, **omoenai** 思へない, **tsukaeru** 使へる, **machigaete** 間違へて, etc.

2. Certain verbs in **-eru** are spelled with へる and with へ: **kangaeru** 考へる, **kangaete** 考へて, **kangaenagara** 考へながら, **kangaeta** 考へた, **kaetta** かへつた, 帰へつた, **kotaeru** 答へる, **kazoerare** 数へられ, **sashitsukae** 差支へ, **kuragaeshite** 鞍替へして, etc.

3. Long vowels in both native Japanese and SJ words are spelled in a variety of ways, often using a kana symbol including the vowel **-a** followed by kana **u** for **ō**: **kō** かう, **kōshite** かうして, **ikō** 行かう, **yō** やう, **shiyō** しやう, **chōdo** ちやうど, **rō** らう, **arō** あらう, **tarō** たらう, **de arō** であらう, **kaerō** かへらう, **attarō** あつたらう, **dekitarō** 出来たらう, **sō** さう, **sōshite** さうして, **arisō** ありさう, **dekisōmonai** 出来さうもない, **shitekuresōmonai** してくれさうもない, **nobasaresō** 延ばされさう, **tō** たう, **arigatō** ありがたう, **hontō** ほんたう, **hō** はう; also found in these lessons is the combination とほ for **tō** as in **tōru** とほる, 通る, **tōtta** とほつた.

In SJ forms we notice **kijō** 机上きじやう, **torō** 徒労とらう, **kōkan** 交換かうくわん, **sōji** 掃除さうぢ, **ichiō** 一往いちわう, etc.

4. The following minor points in this type of kana orthography should also be noted, since they are illustrated in these lessons:

a. **wa** written は: **kawarugawaru** かはるがはる, **katawara** かたはら, **fusawashii** ふさはしい, **kashiwade** かしはで, etc.

b. (1) **ji** written ぢ: **mojimoji** もぢもぢ, **ja nai** ぢやない, **jiki** ぢき, etc.
   (2) **zu** written づ: **muzukashii** むづかしい, etc.

c. **e** written ゑ or へ: **ehagaki** ゑはがき, **yue** ゆゑ, **en o sosogu** 寃を雪ぐ, ゑんをそそぐ, **sae** さへ, etc.

d. **i** written ゐ **or** ひ: **iru** ゐる, 居る, **ita** ゐた, **itara** ゐたら, **inakute** ゐなくて, **ite** ゐて, **isō** ゐさう, **uinchi** ウヰンチ, **sei** せゐ, **kurai** 位ゐ, くらゐ, **kurenai** 紅ゐ, **arui wa** あるひは, **aida** あひだ, **hamazutai** 浜づたひ, etc.

e. **o** written を or ほ: **nao** なほ, **okashi** をかし, **osananajimi** をさななじみ, **ori** をり, etc.

f. **ka** written くわ: **kōkan** 交換かうくわん.

Finally, it should also be noted in these Lessons that, as was usual with this older kana orthography, smaller size つ symbols are not used for indicating double consonants; the principle is the same, but the kana are the same size as the others in the text, and until the reader becomes accustomed to this some confusion may result.* For this reason some of the more important such instances have been pointed out in the Reading Notes.

For a complete summary of the older kana usage, see for example the list of orthographies on page 30 in the appendix of the *Jikai* 辞海.

* On the use of つ in the word **nappafuku**, see the footnote to Lesson 6.

LESSON 52 : From Mishima Yukio's *The Sound of Waves*

UTAJIMA (Part 2)

VOCABULARY

若者	**wakamono**	youth, young man
巨きな	**ōki na**	large
平目	**hirame**	a flatfish: halibut, flounder, turbot, etc.
新制中学	**shinsei chūgaku**	new (i.e. post-World War II) system middle school (at the end of which one has completed the 9 years of compulsory education; roughly = U.S. junior high school)
稚なさ	**osanasa**	youthfulness
澄む	**sumu**	be clear
知的	**chiteki**	intellectual
成績	**seiseki**	(school) grades
漁	**ryō**	fishing
仕事着	**shigotogi**	work clothes
形見	**katami**	keepsake, last memento from someone deceased
ジャンパァ	**jampā**	"jumper," a man's long-sleeved work jacket or blouse, usually with web closing at the waist and zipper or buttoned opening in the front
深閑としている	**shinkan to shite iru**	be deserted
夕闇	**yūyami**	twilight
崎嶇としている	**kiku to shite iru**	dangerous, as of a mountain road
先刻	**senkoku**	a little while earlier
大平丸	**Taihei-maru**	(name of a boat)
船主	**funanushi**	boat owner
朋輩	**hōbai**	companion, buddy
組合	**kumiai**	(agricultural or other producers') cooperative; (labor, trade) union
長	**-chō**	head, chief of; **tōdaichō** 灯台長 the lighthouse keeper; **kōchō** 校長 principal of a school
見知る	**mishiru**	be acquainted with
算盤	**soroban**	abacus
頑丈	**ganjō**	heavy
枠	**waku**	frame
ウインチ	**uinchi**	"winch" (cf. RN 11)
額	**hitai**	forehead
頰	**ho'o**	cheek
髪	**kami**	hair
綿入れ	**wataire**	cotton-padded
袖なし	**sodenashi**	sleeveless jacket, vest
モンペ	**mompe**	women's shapeless work-trousers of heavy fabric
穿く	**haku**	wear (trousers)
軍手	**gunte**	heavy cotton work-gloves
堆積	**taiseki**	piles (of clouds)
紅い	**kurenai**	crimson
謂う	**yū**	say (=いう; cf. the note on kana usage above)
快活な	**kaikatsu na**	vivacious
眉	**mayu**	eyebrows
無口	**mukuchi**	silent
検分	**kembun**	scrutiny
羞恥	**shūchi**	shame

READING NOTES

Lesson 52 continues with Chapter 1 of *Shiosai.*

1. **kurehateta** "completely set." On the verb suffix **hateru**, which can be written 果てる, cf. **tsukarehateru** 疲れ果てる "dog-tired, exhausted," **tsukihateru** 尽き果てる "be all used up."
2. Note the Japanese word order, and also that the sense is simply "a young fisherman";

from this point on Mishima refers to his hero simply as **wakamono** "the boy" until his name is introduced at the end of this chapter (in Lesson 53).

3. "Skin can be burned no darker by the sun than his was burned" (W).
4. Rd. **kyō ichinichi.**
5. "already deserted playground (校庭) of the elementary school" (W), deserted because by this hour of the day the students have long since returned home.
6. Rd. **hiru demo tsumazuku.**
7. **tsubutte** from **tsuburu.**
8. From **noru** 乗る.
9. **motte yuku** "take."
10. **hamazutai ni** "along the beach"; **-zutai ni** "along (a place)."
11. Using loan words by putting the foreign word in furigana alongside kanji chosen to explain their meaning (here 巻 for **maku** "wrap, wind up", 揚 for **ageru** "lift up", 機 for "machine") was a generation ago quite common in novels and other literary texts, but today it is seen only rarely. The passage is read with the loan word only: **uinchi de fune o,** etc.
12. The description which follows is of the girl.
13. "he could not recall ever having seen this girl before" (W).
14. "but even so, but still."
15. Rd. **jitto.**

LESSON 53 : From Mishima Yukio's *The Sound of Waves*

VOCABULARIES & READING NOTES

UTAJIMA (Part 3)

松並木	**matsunamiki**	parallel rows of pines on either side of a road
出会頭に	**deaigashira ni**	as one passes by
丈	**take**	height
妖怪	**yōkai**	ghost
曲る	**magaru**	turn (a corner), go around (a place)
発電機	**hatsudenki**	electric generator
故障	**koshō**	accident, out-of-order
ランプ	**rampu**	(kerosene) lamp (the orthography ラムプ of the text is obsolete; in it the combination ムプ is to be understood as equivalent to ンプ)
恩義を感じる	**ongi o kanjiru**	feel a debt of gratitude
落第する	**rakudai suru**	fail (an examination, in school)

焚付け	**takitsuke**	kindling
松葉	**matsuba**	pine needles
生計	**seikei**	(household) budget, livelihood
愬える	**uttaeru**	appeal, complain to (more usually written 訴える)
昵懇	**jikkon**	close friend
用を足して上げる	**yō o tashiteageru**	help out (by running errands, etc.)
可愛がる	**kawaigaru**	treat lovingly, make a favorite of
畑	**hatake**	(vegetable) garden
控える	**hikaeru**	be provided with, have
官舎	**kansha**	residence provided for a government employee
厨口	**kuriyaguchi**	kitchen door
硝子戸	**garasudo**	glass door ("**garasu**" from English)

久保新治	**Kubo Shinji**	(PrN)
質朴な	**shitsuboku na**	good natured, unsophisticated
君	**-kun**	(less formal equivalent of **-san**, for men)
琺瑯	**hōrō**	enamelware
大皿	**ōzara**	large platter
喘えぐ	**aegu**	gasp, pant
鰓	**era**	gills
滑らかな	**nameraka na**	smooth, glassy
滲む	**nijimu**	streak, blur

Lesson 53 concludes Chapter 1 of *Shiosai;* "The Young Man's Prayer" and "Hiroshi's Post Card" are from Chapters 3 and 8 of the original.

1. Rd. **taisō** (=大層).
2. This **kara** is "because," going with the sentence immediately preceding.
3. Pine needles are commonly used in rural areas as a handy and generally free kindling, since their resin content makes them effective in setting fire to other fuels. If plentiful enough the needles are sometimes themselves used as fuel for cooking rice, but to do this is considered the ultimate in poverty.
4. From 拾う "pick up, gather."
5. "if."
6. "thanks to his (their) efforts."
7. One commonly calls aloud rather than knocking when visiting a house.
8. Note that with the **ga** and the **o** no verb is needed in this conversational sentence.
9. **itsumo**, "not just for this one time but thank you for bringing us fish so very many times in the past, and (hopefully) in the future also."
10. From **iku**, variant **yuku**.

The Young Man's Prayer

波立つ[胸]	**namidatsu**	billow, boil up, run high; **namidatsu mune** out of breath
謙虚に	**kenkyo ni**	humbly, reverently
傾く	**katamuku**	bow
賽銭箱	**saisembako**	wooden chest for receiving money offerings, placed before a shrine or temple (cf. RN 12)
柏手	**kashiwade**	sound of clapped hands (cf. RN 12)
どうか	**dōka**	please, we beseech (in prayer)
漁獲	**gyokaku**	catch of fish
一人前	**ichinimmae**	one just as good as anyone else in a group; **ichinimmae no ryōshi** 一人前の漁師 a fisherman among fishermen
天候	**tenkō**	weather
何事…も	**nanigoto . . . mo**	everything, anything at all
熟知する	**jukuchi suru**	be very knowledgeable
海女	**ama**	female skin diver (for pearls, abalone, etc.)
危険	**kiken**	danger
筋ちがいのお願い	**sujichigai no o-negai**	a misdirected request, a prayer to a deity not especially competent in the area of the request (here, a prayer concerning marriage addressed to a sea deity)
花嫁	**hanayome**	bride
授ける	**sazukeru**	give, bestow
宮田照吉	**Miyata Terukichi**	(PrN)
梢	**kozue**	treetop, twig
森厳な	**shingen na**	solemn, awe-inspiring
嘉納する	**kanō suru**	accept (a prayer)
身勝手な	**migatte na**	selfish
俺	**ore**	I (vulgar, man's talk)
罰	**batsu**	punishment
下す	**kudasu**	send down

Shinji's prayer to the Sea God is an example of some of the constructions employed in oral prayer and religious supplication.

11. The steps up to the shrine, mentioned above (RN 7, Lesson 51).

12. A small offering of money is first thrown into (not simply placed in) the votive box or chest provided in front of the shrine before one prays; then the worshipper claps his hands together (**kashiwade**) or rings a large bell or gong to attract the god's attention. The prayer itself is generally offered silently as the worshipper stands with bowed head and clasped hands before the shrine.

13. **dōka . . . yō ni** "please grant that . . . may be . . . !"

Hiroshi's Post Card

宏	**Hiroshi**	(PrN)
速達	**sokutatsu**	special delivery (mail)
旅信	**ryoshin**	message from someone on a journey
普通郵便	**futsū yūbin**	ordinary mail
帰島	**kitō**	return to an island
清水寺	**Kiyomizudera**	(name of a famous Buddhist temple in Kyōto)
えはがき	**ehagaki**	picture postcard; cf. **hagaki** 葉書 postcard
見物記念	**kembutsu kinen**	souvenir of sight-seeing
判を捺す	**han o osu**	impress a stamp, seal
勿体ない	**mottainai**	extravagant, wasteful, profligate
有難味	**arigatami**	worth, value, preciousness
怒る	**okoru**	be angry
名所旧蹟	**meisho kyūseki**	famous places and ancient (=historic) sites
宗	**Sō**	(PrN)*
勝	**Katsu**	(PrN)*
御殿	**goten**	palace
椅子	**isu**	chair
腰かける	**koshikakeru**	sit (on a chair)
とまり木	**tomarigi**	(chicken) roost, perch
尻	**ketsu**	buttocks (vulgar)
坐る	**suwaru**	sit (in a general sense, or sometimes in the specific sense of sitting on the floor, Japanese-style, when it contrasts with **koshikakeru**, above)
折畳	**oritatami**	folding, knock-down
失敗する	**shippai suru**	fail, blunder, make a foolish error
仏壇	**butsudan**	(home) Buddhist altar (usually a wardrobe-like box containing memorial tablets and photographs of the deceased of the family; in it offerings of food, flowers, and incense are placed)
嵐	**arashi**	storm
強いる	**shi'iru**	urge, make . . . do, force
読み書き	**yomikaki**	reading and writing
下手	**heta**	unskillful, bad at (something)
悪態をつく	**akutai o tsuku**	heap . . . with abuse
銭湯	**sentō**	public bathhouse (which once used to charge a few **sen** 銭; in Tōkyō in the winter of 1961 the rate was ¥17)
裸	**hadaka**	naked
膝をつく	**hiza o tsuku**	get down on one's knees

* The text has **Katsuyan** 勝やん, **Sōyan** 宗やん, non-standard (dialect) equivalents of standard **Katchan** 勝ちゃん, **Sōchan** 宗ちゃん.

If at all possible, even the poorest Japanese school children are taken at least once during their school days on an "educational tour" (**shūgaku ryokō** 修学旅行) to some historical place of interest such as Kyōtō or Nara (or to Tōkyō, if they happen already to live in some place of historical or cultural interest). This selection from Chapter 9 of *Shiosai* is Shinji's younger brother Hiroshi's post card from his school trip to Kyōto; its simple narrative style is that of the elementary school composition (**tsuzurikata** 綴り方 or **sakubun** 作文) in which children are trained in the use of the standard dialect by writing about their families and their experiences.

14. In addition to buying a picture post card at a famous place one may (for a small charge) have it stamped with a large purple or crimson rubber stamp attesting one's visit there; some children carry blank books in which they collect such stamp impressions minus the post cards.

15. **sokutatsu ni shite yokosu** (＝寄こす) "send by special delivery."

16. **saki** "before (she even had had someone read it to her)."

17. ＝最初.

18. I.e. the teachers who were along supervising the trip allowed them free time that night to do as they wished.

19. Rd. **sassoku**＝早速.

20. "scratched our heads," a sign acknowledging that one has made something of a fool of oneself.

21. "I'd like to have Mother sit on those seats too" (W), in the sense of "I'd like to make it possible for Mother to . . . ."

22. It would not be likely that a woman in Shinji's mother's status would be able to read more than katakana, even in modern Japan with its otherwise almost universal literacy.

23. **agete** "placed it as an offering (on the home Buddhist altar)."

24. imperative.

LESSON 54 : From Kawabata Yasunari's *Snow Country* : 1

VOCABULARIES & READING NOTES

Shimamura

島村	**Shimamura**	(PrN)
下町育ち	**shitamachi sodachi**	reared in downtown (Tōkyō), in the merchants' section of the town: 東京で下谷・浅草・神田・日本橋・京橋・本所・深川などの称; 商人などが沢山住んでいる町.
踊	**odori**	dance
片寄る	**katayoru**	incline, shift
一通り	**hitotōri**	everything; **hitotōri no koto** 一通りの事 everything about a subject
家元	**iemoto**	(hereditary) head of a school (of the dance, of a style of singing, etc.)
新人	**shinjin**	rising figure, "new face"
批評	**hihyō**	criticism, review
日本踊	**Nihon odori**	the Japanese dance
ひとりよがり	**hitoriyogari**	self-complacency, self-satisfaction
不満	**fuman**	dissatisfaction, discontent
若手	**wakate**	younger performer, beginner in an art or profession
書物	**shomotsu**	literature, books
好奇心	**kōkishin**	fascination, (idle) curiosity

出来る **dekiru** be able
証拠 **shōko** proof
見向く **mimuku** glance at, cast a look at
…を頼りに **. . . o tayori ni . . .** depending on, thanks to; cf. **tayoru** 頼る depend on, rely on
安楽な **anraku na** comfortable, pleasant
空論 **kūron** (academic, i.e. empty) theory
天国 **tengoku** heaven
勝手気儘な **katte kimama na** free, unfettered, suiting one's will or whim
家 **-ka** (suffix for professions or occupations) **buyōka** 舞踊家 dancer, **bumpitsuka** 文筆家 author
肉体 **nikutai** flesh, body
芸術 **geijutsu** art
鑑賞する **kanshō suru** appreciate, savor
彼自身 **karejishin** he himself
幻影 **gen'ei** fantasy, phantasm
端くれ **hashikure** the (bare) edge, outer limits of (a profession, status)
冷笑する **reishō suru** deride, sneer
心休め **kokoroyasume** consolation, satisfaction
久し振り **hisashiburi** (for the first time) in a great while

This and the two following lessons are selections from the novel *Yukiguni* 雪国 by Kawabata Yasunari 川端康成 (1899–), completed in 1947; the text printed here is that of the 14th printing (May, 1960) of the novel in the Kadokawa Bunko 角川文庫 series, published by the Kadokawa Shoten 角川書店, Ltd. *Yukiguni* is a provocative, beautifully written account of an affair between Shimamura, a wealthy dilettante from Tōkyō, Komako, a geisha employed in a hot-spring resort, and Yōko, her rival; the setting is the west coast of the main island of Japan, "probably for its latitude . . . the snowiest region in the world; from December to April or May only the railroads are open, and the snow in the mountains is sometimes as much as fifteen feet deep." A superb translation of *Yukiguni* is available in Edward G. Seidensticker's *Snow Country* (New York, Tōkyō, 1957), from the perceptive Introduction to which the quotation just used has been drawn. In the reading notes to this and the following two lessons (S) indicates especially apt renderings quoted from Seidensticker's translation.

1. **ki no sumanai** "not be satisfied"; **-tachi** "having a tendency toward, prone to"; **yue** (=故) "because."
2. From **-meku** "look like, have an air of"; "what one might call research pieces and critical essays" (S).
3. Correlative with the **ni mo** shortly below.
4. **jissai undō no naka e mi o tōjiru** "throw himself actively into the (dance) movement" (S).
5. ふい=不意; in sense=突然, 思いがけなく.
6. =ポスター.
7. **mimuki mo shinai** gives more of the sense of "deliberately refusing even to glance at" (S) than would **mimukanai** or other negatives directly from **mimuku.**
8. "an unrivaled armchair reverie, a lyric from some paradise" (S).
9. "the phantasms of his own dancing imagination" (S) is a fine translation, but the student of the Japanese text will wish to note that in the original **kūsō** is the subject, and **odoru gen'ei** the object, of **kanshō suru.**

Komako

尚	**nao**	but (even more)
意外	**igai**	surprising
書き留める	**kakitomeru**	take notes
雑記帳	**zakkichō**	notebooks
題	**dai**	title
人物	**jimbutsu**	character(s)
徒労	**torō**	waste of effort
純粋	**junsui**	pure, purity
縁	**en**	connection; **en ga aru** 縁がある have to do with (on the many meanings of **en** 縁 in relation to marriage and proposals of marriage see the Vocabulary to Lesson 57 below)
婦人雑誌	**fujin zasshi**	women's magazine
友情	**yūjō**	friendship
選択	**sentaku**	selection
口振り	**kuchiburi**	manner of talking
無欲	**muyoku**	disinterested, free from desire
乞食	**kojiki**	beggar
哀れな	**aware na**	pitiful, lonely, sad
響き	**hibiki**	overtone, echo, ring
遙かに	**haruka ni**	distant, far

10. I.e. Komako the hot-spring geisha; cf. the first sentence in Lesson 55.
11. The reference is to her age.
12. =**kaite oku** (置く) "write down."
13. **wa**, sentence ending particle in women's speech.
14. "But what good does it do?" "None at all." (S).
15. =事も無げに, "carelessly," "as though the admission meant very little to her." (S).
16. Rd. **jitto.**
17. "he felt quiet like the voice of the rain *(sic)* flow over him" (S).
18. This **shika** goes with the negative in **yūjō wa naku** below; "the only friendly ties she had with the people of this village had come from exchanging . . ." (S).
19. Past of **-rashii.**
20. **aware,** the great and important word of Japanese literature and aesthetics; cf. the illuminating essay on this word in *Sources of Japanese Tradition*, p. 176 ff.

LESSON 55 : From Kawabata Yasunari's *Snow Country* : 2

VOCABULARY

翌る	**akuru**	the next . . . , following . . .
駒子	**Komako**	(PrN)
火鉢	**hibachi**	a brazier (a large tub-like container, usually of ceramics, filled with clean ashes on which a few pieces of live charcoal are placed; used in conjunction with the **kotatsu** for heating the interior of a Japanese building; cf. RN 1 and 7)
突く	**tsuku**	thrust, poke; **katahiji tsuku** 片肘突く lean one elbow (against, upon something), rest on, prop oneself up on one elbow
落書する	**rakugaki suru**	scribble
酔う	**you**	be drunk
器用に	**kiyō ni**	skillfully, in a competent, professional manner
縁	**fuchi**	edge
拭く	**fuku**	wipe, polish
掻く	**kaku**	scratch; shovel, rake (cf. RN 7 for the sense of this passage)
もの馴れる	**mononareru**	be practiced in

火燵 **kotatsu** a small brazier (in which live charcoal is placed; it is covered with a wooden frame on which a quilt is placed, and sometimes is inserted in a depression in the floor of the room; the quilt holds in the heat, which makes the **kotatsu** more efficient and less costly than the **hibachi**; cf. RN 1 and 8.)

灰皿 **haizara** ash tray

亭主 **teishu** husband

性分 **shōbun** temperament, disposition

簞笥 **tansu** chest of drawers (largely for storing folded clothing)

(お)稽古 **(o-)keiko** practice (on a musical instrument), rehearsal (of a theatrical, dance performance)

音 **ne** sound (of a musical instrument)

長唄 **nagauta** the **Nagauta,** a genre of Japanese vocal music performed with **shamisen** 三味線 accompaniment, originally incidental music for the Kabuki; **nagauta no hon** 長唄の本 book, script giving the words of the **Nagauta** text and some indication of the **shamisen** accompaniment

届ける **todokeru** deliver, send over

葉子 **Yōko** (PrN)

いいなずけ **iinazuke** one's betrothed, affianced

清潔 **seiketsu** clean

軽蔑する **keibetsu suru** despise, look down upon

嘘 **uso** lie, falsehood (cf. RN 23)

嫌い **kirai** dislike, hate

療養費 **ryōyōhi** cost of medical care and convalescence, doctor's bills

新派 **Shimpa** the "modern" theatrical school, which began in the Meiji period, an admixture of Western theatrical techniques and conventions with traditional Kabuki styles: 明治中期，歌舞伎劇すなわち旧派に対抗して起った新演劇．当代の事実を題材としたもので，明治末期に全盛をきわめた; cf. RN 26.

謎 **nazo** riddle, mystery

(お)師匠さん **(o-)shishōsan** teacher (especially of traditional Japanese music, dance, or other theatrical arts) Cf. RN 31.

薄々 **usu'usu** vaguely

幼馴染 **osananajimi** childhood friend(s)

READING NOTES

1. I.e. when the maid came in first thing in the morning to put a new supply of live charcoal into the **kotatsu.**
2. Rd. **mittomonai.**
3. =**yotte ita.**
4. =**nemutte shimatta-rashii wa.**
5. Rd. **ikuji** (a somewhat old-fashioned way of asking **nanji** 何時).
6. I.e. to the bath in the hot-spring hotel where they have just spent the night.
7. **hai o kakinarasu** "rake smooth, level off, heap up, tidy up the ashes (in the **hibachi**)" done with a tiny metal rake provided for the purpose, often as a nervous gesture or from boredom.
8. The heat of the **kotatsu** is enjoyed by putting the lower half of the body under the quilt which covers it; when the charcoal rests in a depression in the floor it is generally deep enough so that one may put the lower half of the body down into it and hence close to the source of heat, but such a construction is usually not possible on any but the first floor of a Japanese building.
9. Here, the ashes from Shimamura's cigarette.
10. Rd. **sotto.**

11. In **fukitotte wa** the **wa** would ordinarily indicate repetition or frequent action, but here because of the context it is more nearly equal to **fukittotte kara** "after she had . . . , once she had . . . ."

12. "a bright morning laugh" (S).

13. **shikararedōshi** "would get nothing done besides being scolded," "you'd spend all your time scolding him" (S). Cf. **tachidōshi** 立ち通し "stand all the way (without being able to get a seat, as on a crowded train)," **shaberidōshi** しゃべり通し "non-stop talking."

14. **no,** a woman's sentence final interrogative particle. **shikariya shinai**=**shikari wa shinai** =**shikaranai.**

15. Things to be laundered, i.e. soiled clothing.

16. "I can't help it. That's the way I am" (S).

17. Rd. **wakarutte yū yo** "they say you can tell . . ." (S).

18. From **ku'u.**

19. "I should have . . . ."

20. I.e. of the **shamisen.**

21. "If you heard it yesterday, why didn't you tell me?" (S).

22. **sa,** a man's emphatic sentence final particle.

23. Though **uso** is indubitably "lie," **usotsuki**, which would seem to be literally "liar" is a term used quite lightly and generally in a bantering, even kindly fashion. Hence English "liar" is actually a quite misleading equivalent, and most often nothing stronger than "a tease" is meant. "What are you really thinking, I wonder? That's why I don't like Tōkyō people" (S) gets around this problem.

24. **sorashiya shinai**=**sorasanai**, from **sorasu**; cf. **hanashi o sorasu** "evade, change the subject" in the previous line, and **dashiya shimasen** from **dasu**, below in this same lesson. **anta**=**anata. hontō ni suru** "really believe."

25. **kuse** here gives something of the sense of "though you are constitutionally incapable of taking it seriously, and I know this as well as you . . . ."

26. The self-sacrificing geisha busy earning her betrothed's medical expenses would be a "natural" Shimpa plot, hence "like something out of a cheap magazine" (S).

27. "anything I could, what I could."

28. Rd. **hakkiri.**

29. Here not interrogative, but equivalent to and more emphatic than **wa** as sentence final particle in women's speech.

30. **urareru** "be sold off, sent off (to Tōkyō as a geisha)."

31. **minato machi** "a coastal town"; the reference is to the home town of the woman who is the mother of Komako's fiancé (**iinazuke**) and also her **shamisen** teacher (**o-shishōsan**). Note that **o-shishōsan** is a reading pronunciation only; in ordinary speech this term is always **o-shshosan,** with total loss of **-i-,** resulting double **-sh-,** and shortened **-o-.**

LESSON 56 : From Kawabata Yasunari's *Snow Country* : 3

VOCABULARY

焔	**hono'o**	flame
火の手	**hinote**	tongues of flame
街道	**kaidō**	street
呼吸する	**kokyū suru**	breathe, respire
人垣	**hitogaki**	a wall of people
煮る	**niru**	cook, prepare (food) by boiling
臭い	**kusai**	smelling, high; **kogekusai** 焦臭い scorched, burnt-smelling

繭 **mayu** (silkworm) cocoons; **mayugura** 繭倉 a warehouse for cocoons

怪我人 **keganin** wounded, person(s) hurt

入る **hairu** enter; **haitte iru** 入っている be stored in, be contained in

声高 **kowadaka** loud voice

肉親 **nikushin** relative

擦半鐘 **suribanshō** tocsin, fire-alarm bell (the intervals between the strokes with which it is beaten indicate the distance to the fire)

乱れる **midareru** be confused, mixed up

映写機 **eishaki** (cinema) projector

壁 **kabe** wall (of a building)

骨組 **honegumi** framework, skeleton (of a building)

板葺 **itabuki** shingled, shingle covered

板壁 **itakabe** boarded walls (of a building)

台 **-dai** (counter for vehicles and machines; here a counter for **pompu** ポンプ fire-pumps)

天の河 **amanogawa** the Milky Way

下る **kudaru** descend

外れる **soreru** miss, overreach

揺れる **yureru** waver, shake

水煙 **mizukemuri** mist

生真面目な **kimajime na** intent, sincere

髷 **mage** Japanese-style woman's hair-do (especially, as here, a geisha's coiffure)

迫る **semaru** be imminent, be just ahead

瞬間 **shunkan** instant

失心する **shisshin suru** be unconscious

READING NOTES

1. Rd. **hōtto** "deeply."
2. **kembutsu no kodomo** "children watching the movie"; the cocoon warehouse which is on fire here was used as a movie theater.
3. "as though the heart, the point of reference, had been torn away from each individual" (S).
4. Rd. **fū** "it was as if, (everyone) seemed."
5. "(afraid) people would be watching" (S).
6. Rd. **sotto.**
7. From **iburu** (=燻る) "smolder, smoke."
8. Rd. **tappuri.**
9. **isō** from **i-** (from **iru** いる, 居る) plus **sō;** "did not seem to be burning" (S).
10. Rd. **dotto.**
11. Rd. **sātto.**
12. Rd. **sokora ni tsu to te o yarisō ni natte; sokora=sono hen, sono atari; tsu to** "lightly, delicately"; **te o yaru** "touch."
13. Rd. **iriguchi no hō no hashira ka nani ka kara mata** "(flames shot up) again from the pillars near the entrance, or from somewhere or other."
14. Rd. **atto,** "(gasped) ah!"
15. I.e. "(theater) balcony."
16. **hon no** "barely."
17. Rd. **hakkiri.**
18. From **-jimiru** "look like, smack of."
19. **sei** "fault, due to"; if this word is to be written in kanji the combination 所為 is used. Cf. **toshi no sei** 年のせい "due to your age, (it is) the fault of your age," **netsu no sei** 熱のせい "because of a fever," **ki no sei** 気のせい "just nerves, just something (you're) imagining."

LESSON 57 : From Tanizaki Junichirō's *The Makioka Sisters* : 1

VOCABULARY

井谷 **Itani** (PrN)
美容院 **biyōin** beauty parlor
女主人 **onnashujin** female proprietor
縁談 **endan** an offer of, a consultation or talk about a possible marriage (brought by a third party; see under **en** 縁 immediately below in this Vocabulary)
世話をする **sewa o suru** help out, exercise good offices on behalf of someone; **endan o sewa suru** 縁談を世話する concern oneself as a third party in conducting consultation leading to a marriage arrangement, help to arrange a marriage for someone
頼み込む **tanomikomu** lodge a request
セット **setto** (hair) set
附き合う **tsukiau** join one, associate with one; **o-cha ni tsukiau** お茶に附き合う join one for a cup of tea
隙 **hima*** spare time, leisure; **te no aita hima** 手の空いた隙 a few spare moments
縁 **en** marriage, the opportunity for a marriage connection, bond; **ii en** 良い縁 (a chance for) a good marriage (=**ryōen** 良縁, Lesson 58); **en ga aru** 縁がある (be able to) find a marriage partner, get a marriage successfully arranged; **endōi** 縁遠い be far from (= without) any chance of arranging a marriage, finding a marriage partner (said especially of unmarried women) (cf. **endan** 縁談 above in this Vocabulary)
逃がす **nigasu** lose, miss
お嬢様 **o-jōsama** young (unmarried) lady
先方 **sempō** the other party (in a conference, plan)
暫く **shibaraku** for some time
音沙汰 **otosata** news, tidings
調べる **shiraberu** investigate
模様 **moyō** appearance; **moyō desu** 模様です it seems that . . . , (he) was apparently . . .
御本家 **go-honke** "main" house, senior line of a family
御分家 **go-bunke** "branch" house, cadet or junior line of a family
御本人 **go-honnin** the person (under discussion) him-(her) self, the subject (of discussion)
女学校 **jogakkō** girls' school, "female seminary"
習字 **shūji** calligraphy
お茶の先生 **o-cha no sensei** tea ceremony instructor
尋ねる **tazuneru** make inquiries
家庭の事情 **katei no jijō** circumstances of a family, personal (intimate) details of a family
諒解する **ryōkai suru** understand, accept, be satisfied with
納得 **nattoku** agreement; **nattoku ga iku yō ni setsumei suru** 納得が行くように説明する explain (something) to (someone's) satisfaction
謙遜する **kenson suru** be modest and retiring
身分 **mibun** status, class
薄給 **hakkyū** low, miserable salary
身の上 **minoue** personal condition, situation
結構な **kekkō na** splendid, wonderful
所帯 **shotai** household
お気の毒 **o-kinodoku** pitiful

* Here the kanji 隙 may be regarded as an orthography for either of two semantically associated words, **suki** or **hima.** In this context of **te no aita . . .** the Tōkyō standard language would prefer **suki,** while the Kansai dialect would prefer **hima.** But note also that in the expression **uchikomu suki** (near the end of this Vocabulary) only **suki** is possible, because of the meaning of the expression as a whole.

万一 **man'ichi** just a possible chance, one chance in a million
結婚 **kekkon** marriage
祖父の代 **sofu no dai** grandfather's generation
北陸 **Hokuriku** (PlN) (=portions of modern **Fukui** 福井, **Ishikawa** 石川, **Toyama** 富山 and **Niigata** 新潟 Prefectures)
小藩 **shōhan** small clan, minor clan
家老職 **karōshoku** leading feudal retainer
家屋敷 **ieyashiki** family estate (including both buildings and land holdings)
郷里 **kyōri** ancestral, family seat
家柄 **iegara** quality, class of a family
不釣合 **futsuriai** unsuitable
旧家 **kyūka** old family
大概なところ **taigai na tokoro** a "so-so" place, somewhere (someone) not too inappropriate
辛棒する **shimbō suru** endure, put up with, compromise
昇給 **shōkyū** a raise in salary
余裕 **yoyū** surplus, excess (over what is necessary)
夜学 **yagaku** night school
受持時間 **ukemochi jikan** hours taken on (here, as a teaching assignment in night school)
殖やす **fuyasu** increase
月収 **gesshū** monthly income
容易 **yōi** easy
新婚 **shinkon** newly-wed
差支え **sashitsukae** difficulty, hindrance
人物 **jimbutsu** personality; the person himself, the subject (=**honnin** 本人, cf. above)
同窓 **dōsō** classmate
太鼓判を捺す **taikoban o osu** give someone the highest possible recommendation
一往 **ichiō** more or less (the more commonly seen writing is 一応)
器量好み **kiryōgonomi** fond of a pretty face; fond of a pretty, refined girl
矢張り **yahari** after all
巴里 **Pari** (PlN) (Paris)
サラリーマン **sarariiman** white-collar worker, salaried employee in a white-collar job
微塵 **mijin** trace, speck
堅人 **katajin** well-behaved man, a man who is strict and circumspect in his personal behavior, especially as far as women are concerned
反動 **handō** reaction
似合う **niau** suit one (of clothing)
着こなし **kikonashi** ability to wear (a type of clothing)
勿論 **mochiron** of course
上手 **jōzu** skillful, good at something
手足 **teashi** hands and feet
注文 **chūmon** order, wish
中風症 **chūbūshō** palsy
臥る **neru** be bedridden
夫 **otto** husband
扶養する **fuyō suru** support; have someone dependent on one
経営する **keiei suru** operate (a business)
医学博士 **igaku hakase** M.D.
目白 **Mejiro** (PlN) (location of **Nihon Joshi Daigaku** 日本女子大学, Japan Women's University, to which the text here has reference)
何層倍か **nanzōbaika** many times more . . .
頭脳の廻転が速い **zunō no kaiten ga hayai** be quick of mind
要領がよい **yōryō ga yoi** be competent, good at summing things up quickly
欠ける **kakeru** be lacking in
飾る **kazaru** decorate
廻りくどい **mawarikudoi** circumlocutory
剝き出す **mukidasu** state boldly, bring out clearly without hedging
早口 **hayakuchi** rapid of speech
男勝り **otokomasari** better than a man, outstripping a man
親分 **oyabun** boss; **oyabunhada** 親分肌 bossy, a bossy manner

好意	**kōi**	good will, good intentions
理路整然	**riro seizen**	the argument (is) sound enough
打ち込む	**uchikomu**	break in to attack, to refute; **uchikomu suki*** 打ち込む隙 a chance in which one might break in
俯伏せに取って抑える	**utsubuse ni totte osaeru**	pin one down to the floor (in a fight or wrestling match)
此方	**kochira**	here, we ourselves
身元	**mimoto**	(his) person
別れる	**wakareru**	part, separate

READING NOTES

Lesson 57 and the two following lessons present most of Chapter 2 and a portion of Chapter 3 of the novel *Sasame Yuki* 細雪 by Tanizaki Jun'ichirō 谷崎潤一郎 (1886–). Written between 1943 and 1948, *Sasame Yuki* is a vast and penetrating account of contemporary Japanese life and society that is probably to remain one of the great works of Japanese literature for all time; its stature as the most impressive novel of modern Japan is so clear that few would question it. Tanizaki's prose style is one of deceptive ease and flow; the selections printed here show above all his consummate skill in the reproduction of the living, hurrying phrases of Japanese conversation, as the spoken language becomes in his hands a vehicle for impressive and calculated literary effect.

Sasame Yuki chronicles the fortunes of the four women of the once prominent Ōsaka family of **Makioka** 蒔岡: **Tsuruko** 鶴子, the eldest Makioka girl (see Lesson 58), and her sisters, in order **Sachiko** 幸子, **Yukiko** 雪子, and **Taeko** 妙子, the youngest (see Lesson 59). **Tatsuo** 辰雄 (in Lesson 58) is Sachiko's husband. This is the novel which Edward G. Seidensticker has translated as *The Makioka Sisters* (New York, Tōkyō, 1957), identified in the Reading Notes to this and the two following lessons by (S).

The selections given here reproduce the text in the *Tanizaki Jun'ichirō Zenshū* 谷崎潤一郎全集, Vol. 24 (Chūō Kōron-sha 中央公論社, 1958), which the author considers the definitive text of his novel, among the many now in circulation. For the passages reproduced here (*loc. cit.*, 6^{b}–8^{b}; 8^{b}–11^{a}; 12^{a}–14^{b}) the *Zenshū* text is identical with that in other more easily located editions, for example that of the Shinchō Bunko series, from which it differs only in furnishing furigana readings for a few less words than does this more popular edition. (The selections in this book reproduce the *Zenshū* edition exactly—although in larger type—including furigana as it appears there.)

1. **yukitsuke** "(Sachiko and her sisters) were among the steady customers . . ." (S).
2. An **endan** usually begins with an exchange of photographs of the two parties.
3. **watashite oita** "had left (the photograph) with her."
4. With this sentence begins a long indirect discourse passage of a kind so typical of the style of *Sasame Yuki;* it reproduces Mrs. Itani's rapid account of the progress of the **endan** she is arranging, and continues until the point indicated in Reading Note 26.
5. **kochira** "you," i.e. Sachiko.
6. **nigashite wa** "(concerned) if (one) miss, lest (we) miss . . . ."
7. **o-jōsama**=Yukiko.
8. **nan to mo tsukazu**=**nan to yū koto nakute, bonyari to.**
9. Rd. **ikkagetsu han hodo**; 箇 is the most formal way of writing the **-ka-** element; in the old-fashioned orthography ヶ was also often used, and today カ is most common.
10. **sorekiri** "from then on"; cf. below in this same lesson **marukiri** "(not)at all, (not) a bît."
11. **wasurekakete ita** "she had almost forgotten about him" (S).

* See the preceding footnote.

12. **o-takusan** "you,"=Sachiko, the Makioka family. Investigations of the family and circumstances of the other party by both sides to an arranged marriage are a common practice; they are usually carried out by private investigation firms specializing in such matters, and concern themselves especially with the financial and moral soundness of the prospective bride and groom, as well as with their physical and mental health. Here the investigation is a full-scale one that has looked into not only the "main" branch of the family in Ōsaka, but also the cadet branch of which Sachiko is the mistress (hence, below, **gobunke no o-takusan no koto** "about you of the cadet branch of the family too"). Calligraphy and tea ceremony are polite accomplishments that are often, along with flower arrangement (**o-hana** お花 or, more formally, **kadō** 華道), studied by young ladies waiting for marriages to be arranged for them. That the other party has begun such a complete investigation is the best possible indication that he is taking the possibility of the marriage arrangement seriously.

13. This is explained a little later on in the novel, in the section printed here as Lesson 59.

14. **jibun** "she herself"=Mrs. Itani, who is speaking.

15. Here Mrs. Itani is quoting her own suggestion to the other party (**sempō** 先方) concerned with the present **endan:** "I myself said to them (or, him), 'Well (**mā**), (the best way to find out) if she is the kind of young lady who would be involved in such an affair or not (**sonna koto ga aru yō na o-jōsama ka dō ka**) is to meet her (**o-ai ni natte**) and see for yourself . . . .' "

16. "Itani was sure she had convinced him"; from the next sentence on, Mrs. Itani begins quoting the man or the party she spoke to in connection with the marriage arrangement possibilities; he (or they) is the **watakushi** 私 below.

17. **. . . ni kite itadakeru** "receive (someone's) hand in marriage."

18. "he hoped Itani would at least mention his name."

19. As in RN 14 above.

20. **de o-ari ni naru**=honorific equivalent of **de aru**, followed by **shi** "and"; cf. below **o-nari ni naru**=**naru.**

21. **nasuttara** from **nasaru**, honorific equivalent of **suru.**

22. Japanese salaries are generally determined by the age of the employee and (secondarily) by his length of service; Itani means here that at 41 the man is still young enough to be eligible for future increases in salary as time goes on. The novel a few pages earlier told that the man concerned in this **endan** is employed by "MB 化学工業会社 . . . 仏蘭西系の会社," "M.B. Chemical Industries, . . . a French company," i.e. the Japanese branch of a French concern. But their wage policies would still be governed by Japanese custom.

23. **o-shirabe ni naru ni koshita koto wa nai keredomo** "although the best thing would be if you were to conduct your own investigation (of him) . . . , although nothing else would be quite so good as if you were to conduct your own investigation . . ."; on this use of **. . . ni kosu** に越す cf. **jibun de iku no ni koshita koto wa nai keredomo, tsukai no mono demo ii deshō** 自分で行くのに越した事はないけれども，使いのものでもいいでしょう "it would be best if you went yourself, of course, but (otherwise) someone sent in your place would be quite all right too."

24. "It was reasonable enough for such a well-behaved man to insist on an elegant, refined girl . . ." (S).

25. **kagiru** "limit"; "he insisted he would have only . . ." (S).

26. This is the end of the indirect discourse passage reporting Mrs. Itani's account, which began at Reading Note 4 above.

27. **sase,** and **saseta** below, causatives from **suru.**

28. **shōbaigara dō ka to omowareru kurai** "(was so completely unladylike) that one might wonder how (such conduct fitted in with) her business," "that one sometimes wondered how she kept her customers" (S).

29. **kono hito wa to omou** "thinking the woman was too forward" (S); **wa** here is the subject particle **wa;** literally, "thinking, 'this person!' "

30. The remainder of this lesson is an indirect discourse account of Sachiko's reply to Mrs. Itani: "she said well, in that case, she would. . . ."

LESSON 58 : From Tanizaki Jun'ichirō's *The Makioka Sisters* : 2

VOCABULARY

婚期	**konki**	marriageable age
逸する	**issuru**	miss, pass by
卅歳	**sanjussai**	thirty years old
深い訳	**fukai wake**	deep, subtle reason
疑う	**utagau**	suspect
晩年	**bannen**	late, last years
豪奢な	**gōsha na**	luxurious
旧い	**furui**	old
要するに	**yōsuru ni**	in a word
御大家	**go-taike**	great family
格式	**kakushiki**	social position
因う	**torau**	capture
婚家先	**konka saki**	the family into which (she) is going to marry
物足りない	**monotarinai**	lacking in some respect, somehow wanting
断り	**kotowari**	refusal
愛憎をつかす	**aiso o tsukasu***	grow tired (of being rebuffed), give up (because of constant refusals)
家運	**kaun**	family fortunes
衰える	**otoroeru**	decline
忠告	**chūkoku**	urging, warning
全盛	**zensei**	zenith of prosperity
末期	**makki**	end of . . . period
記憶	**kioku**	memory
正直	**shōjiki**	honest; **shōjiki no koto o ieba** 正直のことを云えば to speak frankly
末頃	**suegoro**	around the end (of a period)
放縦	**hōjū**	extravagant
遣り方	**yarikata**	way of doing things
祟る	**tataru**	bring down a judgment, call down disaster
破綻	**hatan**	failure, bankruptcy
続出しかける	**zokushutsu shikakeru**	begin to be continuous
縮小	**shukushō**	retrenchment, cut-back
旧幕時代	**kyūbaku jidai**	the old feudal days (of Tokugawa Japan)
由緒を誇る	**yuisho o hokoru**	boast of (historic) associations, memories
船場	**Semba**	(PlN)
店舗	**tempo**	shop, store
他人	**tanin**	stranger, someone else
改築する	**kaichiku suru**	remodel (a building)
俤	**omokage**	appearance, vestiges
土蔵造	**dozōzukuri**	solid earthen wall construction (of a building, once typically used for godowns)
暖簾	**noren**	a short, divided curtain hanging in front of a traditional Japanese store, bearing the name or trademark of the business (cf. **norendai** in Lesson 69, Vocabulary); **noren no oku** 暖簾の奥 inside the shop
覗く	**nozoku**	peer into
隠居する	**inkyo suru**	retire (said of older members of a family who cease to work and no longer take an active part in directing the family's fortunes)

* The orthography 愛憎 for **aiso** is an idiosyncrasy of the author; ordinarily the word is written 愛想.

家督 **katoku** active head of a family
養子 **yōshi** adopted son (usually one who takes the surname of the family into which he is adopted and marries one of its daughters)
次女 **jijo** next-to-eldest daughter; cf. **sanjo** 三女 third daughter
婿 **muko** bridegroom; **muko o mukaeru** 婿を迎える take in a husband (into a family, i.e. as an adopted son who takes his bride's surname)
不仕合せ **fushiawase** misfortune
時分 **jibun** period, time
義兄 **gikei** brother-in-law
感情 **kanjō** (emotional) feelings (usually in a slightly pejorative sense); **kanjō no ikichigai ga shōjiru** 感情の行き違いが生じる have difficulties with, have trouble in getting along with
倅 **segare** son, scion
番頭 **bantō** chief clerk
義妹 **gimai** sister-in-law
親戚 **shinseki** relatives
押し切る **oshikiru** push aside (protests), override
踏ん張る **fumbaru** try hard, act with resolution
維持 **iji** maintenance, continuation
家来筋 **keraisuji** (someone from) circles (once in the status of) a family retainer
派手好き **hadezuki** fond of ostentation
一方 **ippō** thoroughly . . . , completely . . . ; **kenjitsu ippō** 堅実一方 thoroughly austere; **ninjū ippō** 忍従一方 completely submissive, docile
臆病 **okubyō** cowardice, timidity
難 **-nan** difficulties with . . .
処置 **shochi** action, step
恋うる **kouru** love, be infatuated with
草葉の蔭から **kusaba no kage kara** from the shadow of the grave, from the other world
批難する **hinan suru** reproach, criticize
熱心に **nesshin ni** enthusiastically, warmly
豊橋市 **Toyohashi-shi** (PlN) (of a provincial town near Nagoya)
素封家 **sohōka** famous old family
嗣子 **shishi** heir
重役 **jūyaku** executive
親銀行 **oyaginkō** parent bank, central bank (of which his is a branch)
三枝家 **Saigusa-ke** (PrN) the Saigusa family
申分…ない **mōshibun . . . nai** be unassailable, sans reproche
分に過ぎる **bun ni sugiru** be too good for, too much for
好人物 **kōjimbutsu** admirable character
見合い **miai** a formal meeting in which the parties to a proposed arranged marriage meet each other, presumably for the first time, in the presence of the go-between(s) and their (the future bride and groom's) parents; it is usually held either at a restaurant or as a theater party, and after it either party is considered free to decline; **miai o suru** 見合いをする participate in such a meeting (as prospective bride or groom)
男振 **otokoburi** a man's appearance and manner
田舎紳士 **inaka shinshi** a country gentleman (in a pejorative sense)
這入る **hairu** enter
英文専修科 **eibun senshūka** a course majoring in English literature
優秀な **yūshū na** superior; **yūshū na seiseki** 優秀な成績 honors
尊敬する **sonkei suru** respect
跡取 **atotori** heir
保証 **hoshō** security, guarantee
小都会 **shōtokai** small metropolis, rural center

可哀そうな	**kawaisō na**	sad, unfortunate
因循過ぎる	**injun sugiru**	be needlessly shy, reserved
引つ込み思案	**hikkomijian**	reserved, shy
日本趣味	**Nihon shumi**	Japanese taste; **Nihon shumi no katta onna** 日本趣味の勝った女 "a thoroughly Japanese girl"(S)
刺戟	**shigeki**	excitement, stimulation
安穏に	**annon ni**	quietly
適している	**tekishite iru**	be suited to, ideal for
異存	**izon**	objection, difference of opinion
内気	**uchiki**	shy
含羞屋	**hanikami-ya**	introverted
人前	**hitomae**	before people, before strangers
満足に	**manzoku ni**	satisfactorily

READING NOTES

This lesson continues with Chapter 2 of *Sasame Yuki* directly from the point at which the selection in Lesson 57 ends.

1. **itsu no ma ni ka** "before anyone really had time to notice it, before one knew it, in no time at all." Cf. below in this same lesson **sore kara ma mo naku** それから間もなく "soon afterwards" and **ma mo nai koro** 間もない頃 "shortly after."
2. **kore to yū hodo no riyū** "nothing worth being called 'reason' at all," "no reason worth the name" (S).
3. **honnin no Yukiko** "Y. herself; Y., the person here concerned . . . ."
4. Rd. **kotowari kotowari shita** "they kept on refusing them one after another."
5. **hanashi** (here=**endan** 縁談) **o motte iku mono** "persons broaching the subject of possible marriage arrangements."
6. **-na** is a familiar negative imperative: "don't think of . . . ."
7. **tame o omotta** "thought of their best interests (**tame**)."
8. **iya** (否) "(no, not only that, but) indeed. . . ."
9. **-kaneru** 兼ねる "find it difficult to . . ." as a verbal suffix. Cf. **wasurekaneru** 忘れ兼ねる "find it difficult to forget, do not forget," **o-machikane desu** お待ちかねです "(someone) is impatiently waiting for you."
10. This **koto** is correlative with that at the end of the following phrase, and the two go together with the **nado** following: "the unhappiness of the third daughter Yukiko was due, among other things (**nado**), to the fact (**koto**) that, although (**no ni**) . . . , she could not . . . , and to the fact (**koto**) that she did not get on well with . . . ."
11. Rd. **de sae aru** "which was even, . . . almost"; here **jibun**=Tatsuo.
12. **yori anzen** "a safer . . . ."
13. **ni sureba** "for his part, as far as he was concerned . . . ." Cf. below in this same lesson **. . . ni shite mireba** in the same sense.
14. **koso** "particularly, precisely (because . . .)"; "had in fact chosen that course precisely because he worried so about his duties as family heir" (S).
15. **kuchi** "an offer, a proposal (of something)."
16. **ki ni naru** "feel like doing, want to do something"; here in the potential, hence "she could not bring herself to want to go." Here **iku** is in the special sense of **o-yome ni iku** お嫁に行く "go as a bride" i.e. to marry someone. **dō ni mo** "not at all," i.e. she objected most resolutely.
17. **to yū no wa,** here one might paraphrase as "but the reasons she gave for refusing were (not that . . .)."
18. **betsu ni . . . dō kō to yū no de wa nai** "it was not that there was anything particularly wrong . . . , not that she really found fault . . ." (S).

19. Rd. **ika ni mo.**
20. **naruhodo** " after all, really, no doubt," a somewhat reluctant or at times even begrudging admission of the correctness or accuracy of another's position or views.
21. 方 rd. **hō.**
22. **to omou to;** the first **to** is quotative with **omou;** with second means "when" (Martin 4. 11) and goes with the following **kenen ga atta** "it was feared that Yukiko, who had . . . , could for her part hardly (be expected to) . . . ."
23. Take this **ikura** with the **ni shite mo** below: ". . . no matter (how sizable a fortune . . . and) no matter (how secure . . .)" (S).
24. Rd. **sadameshi** "surely" (=**kitto**).
25. =Yukiko.
26. **kimete kakaru** 極めてかかる "take something for granted."
27. **an**=the proposed match.

LESSON 59 : From Tanizaki Jun'ichirō's *The Makioka Sisters :* 3

VOCABULARY

廿歳	**hatachi**	twenty years old
貴金属商	**kikinzokushō**	jeweller
奥畑	**Okubata**	(PrN)
恋に落ちる	**koi ni ochiru**	fall in love
家出をする	**iede o suru**	run away from home, elope
尋常	**jinjō**	usual
非常手段	**hijō shudan**	extraordinary measures
動機	**dōki**	motive, intention
孰方	**dochira**	which
直に	**jiki ni**	promptly
解消する	**kaishō suru**	settle, solve
而も	**shikamo**	moreover
年齢	**nenrei**	age (of a person) (cf. **toshiha** below in this Vocabulary)
取消	**torikeshi**	retraction; **torikeshi o mōshikomu** 取消を申し込む demand a retraction
但し	**tadashi**	however
半面に於いて	**hammen ni oite**	in effect
裏書きする	**uragaki suru**	endorse, admit
智慧	**chie**	wisdom
黙殺する	**mokusatsu suru**	remain silent
当主	**tōshu**	head of the family
過ちを犯す	**ayamachi o okasu**	commit a mistake, be guilty of a crime
飛ばっちりを受ける	**tobatchiri o ukeru**	be "splattered," "smeared"
正誤	**seigo**	correction of error, erratum
心付く	**kokorozuku**	realize, know
口の重い	**kuchi no omoi**	shy, slow to speak
明瞭な	**meiryō na**	clear-cut
利害	**rigai**	interest
相反する	**aihan suru**	be exactly opposite to . . .
紛糾する	**funkyū suru**	become aggravated, be thrown into disorder
犠牲にする	**gisei ni suru**	sacrifice
冤を雪ぐ	**en o sosogu**	save (someone's) reputation, correct a misrepresentation of the facts (cf. **enzai** 冤罪 below)
底意	**sokoi**	idea, plan deep in one's mind
小姑	**kojūto**	sister-in-law
機嫌を取る	**kigen o toru**	get on the good side (of someone)
当てが外れる	**ate ga hazureru**	a plan misfires
隅の方	**sumi no hō**	somewhere in a corner
載る	**noru**	appear in print, be published
不愉快	**fuyukai**	unpleasant
賢い	**kashikoi**	wise

名誉回復 **meiyo kaifuku** recovery of good name, reputation
年端 **toshiha** age (cf. **nenrei** above in this Vocabulary)
無分別 **mufumbetsu** indiscrimination
責める **semeru** blame, censure
監督 **kantoku** supervision
不行届 **fuyukitodoki** incomplete, unsatisfactory
潔白 **keppaku** innocence
傷つく **kizu tsuku** wound
僻み出す **higamidasu** imagine one's self to have been wronged, go sour, become warped in disposition
不良 **furyō** delinquent
理窟 **rikutsu** reasoning, logic (generally, as here, in a pejorative sense); **banji rikutsuzume** 万事理窟詰め all tied up in worrying about logical principles (to the detriment of more productive kinds of thought)
情味 **jōmi** human feeling, warm understanding, "heart"
一言 **hitokoto** a word
専横 **sen'ō** arbitrariness, high-handedness
手を廻す **te o mawasu** try to do something
吝しむ **oshimu** begrudge
世間 **seken** the world; the people around one; **seken ni awasu kao** 世間に合わす顔 a "face" to present to the world
辞職願 **jishoku negai** resignation, a request to be relieved of one's duties
尤も **mottomo** however
無事に **buji ni** safely
償う **tsugunau** make reparation
幾人か **ikunin ka** several (persons) (**-nin** 人 counter for persons)
気が付く **ki ga tsuku** notice
冤罪 **enzai** false charge, misrepresentation (cf. **en o sosogu** 冤を雪ぐ above)
妹娘 **imōto musume** younger daughter of a family
知れ渡る **shirewataru** become widely known
自負心 **jifushin** self-confidence
…にも拘らず **. . . ni mo kakawarazu** in spite of . . . , for all of (her . . .)
建前 **tatemae** principle, resolution, prior decision by which one then directs one's conduct
齟齬する **sogo suru** be inconsistent, contradictory; **kanjō ga sogo suru** 感情が齟齬する have bad feeling (between . . .)
却って **kaette** to the contrary, opposite (to what had been expected . . .)
庇う **kabau** protect, defend against

READING NOTES

This lesson is a selection from Chapter 3 of the novel *Sasame Yuki.*

1. Cf. RN 13 to Lesson 57.
2. **sōhō** 双方 "to each of their (respective) homes."
3. **shimbun ni deru** "appear in a newspaper"; cf. below **Yukiko to de** (出) "it appeared as Yukiko, Yukiko was named."
4. **mono ka** here is correlative with the **mono ka** following, which is in turn followed by a **to** (this last going with **kangaeta**): "(Tatsuo) thought a good deal ["debated what to do" (S)] about whether they should (**mono ka**) . . . , even though in effect this would . . . , or whether they should (**mono ka**) . . . ."
5. **tokoro** "(he demanded a retraction) whereupon, at which point . . . ."
6. **aratamete** "anew, afresh, for the first time."

7. **toriwake** "especially."

8. **dōse** "oh, well, anyway" (an exclamation of mild resignation to a slightly unwelcome reality); "he knew too that he could not expect a real answer from her" (S). **kuresō mo nai,** "she was hardly likely to"; **kuresō** from **kureru.** The point here is that the head of the family, like any person in a position of authority in Japanese society, is not supposed to exercise his authority, which in theory is often considerable, or act on his own initiative or responsibility (**sekinin** 責任) without first submitting his proposed course of action to his subordinates for their consideration and information (**sōdan** 相談). This consideration or consultation, which is what Tatsuo neglected here, does not mean that the person in authority need consider himself bound by the views of those whom he consults, nor need he follow their views or recommendations if he wishes to act differently. In most cases, indeed, etiquette will lead those consulted to refrain from making counterproposals or suggestions no matter how much they personally may be opposed to the course of action suggested. But in spite of this, the person in authority is bound to consult with others before he acts, and failure to do so, as here, may cause his authority to be seriously questioned. The family council (**kazoku kaigi** 家族会議, or, a less modern term **shinzoku kaigi** 親族会議), which Tatsuo has here overlooked is not a legislative session, but a vital step of etiquette endorsing the actions of the head of the family.

9. **yoku omowaretai** "he wanted to be well thought of (by Yukiko)."

10. Rd. **sono jitsu.**

11. **atsukainikui** "difficult to handle."

12. Past of **toritai.**

13. **iwasereba** is a conditional causative: "if one had asked Yukiko, she would have said," i.e. Yukiko felt that . . . .

14. **ari wa shinai** is an emphatic equivalent of the negative **arimasen,** here followed in turn by **shi** "and." Cf. below in this same lesson **kizutsuki wa shinai.**

15. **se yo . . . se yo** "whether it's a retraction or whatever it may be . . ." **se** is an imperative from **suru.**

16. **Koisan** is used in *Sasame Yuki* as Taeko's nickname; it is a term in the **Kansai** 関西 dialect (the novel largely takes place in the Kōbe-Ōsaka area) for the youngest daughter in a family.

17. "(Yukiko) did not feel that she (**jibun**) was someone to be that seriously hurt by a mere article like that"; "I am sure no one who knows me can have taken that story seriously. I cannot think that I was hurt by it." (S)

18. **kondo no koto**, i.e. the second, accurate report published in the newspaper as the result of Tatsuo's demand for a retraction, which this time mentioned Taeko, the real culprit.

19. **Taeko wa Taeko de** "and T. for her part" (S); the indirect discourse continues down to the **to** a little later on.

20. 雪姉ちゃん rd. **Kianchan,** a Kansai dialect familiarism, consisting of a contraction in rapid speech of **Yukiko-ane-chan.**

21. **sumaseru hōhō** "some way by which it could have been done, finished off, taken care of."

22. This **o** を here is equivalent in sense to **no ni;** the passage may be paraphrased . . . **shimau koto ga dekita de arō no ni** "even though something could probably have been done about it . . . ."

23. **masete iru** "saying or doing things somewhat mature for one's age."

24. . . . は兎に角 . . . **wa to ni kaku** "no matter what . . . may have been . . . ."

25. Rd. **fū.**

◆ PART 5 ◆ ADVANCED : Non-Fiction

LESSON 60 : The Forms of T'ang Poetry

VOCABULARY

唐　詩　**Tōshi** poetry (Chinese: shih) of the T'ang (681–907) dynasty

体　**tai** form, style; cf. **kintai** 今体 (also written 近体) modern form, style; **kotai** 古体 ancient form, style (of a literary genre)

律　詩　**risshi** lü-shih, "regulated verse"

絶　句　**zekku** chüeh-chü, "stop-short"

古　詩　**koshi** ku-shih, "ancient verse"

歌　行　**kakō** ko-hsing, "ballad"

元　稹　**Gen Shin** (PrN) Yüan Ch'en (779–831)

白　居　易　**Hakkyoi** (PrN) Po Chü-i (772–846)

韓　愈　**Kan Yu** (PrN) Han Yü (768–824)

杜　牧　**To Boku** (PrN) Tu Fu (712–770)

言　**gon** syllable, character (in a line of Chinese poetry); cf. **gogonshi** 五言詩, **rokugonshi** 六言詩, **shichigonshi** 七言詩.

長　句　**chōku** (explained in the text)

王　維　**Ō I** (PrN) Wang Wei (701–781)

宋　**Sō** the Sung dynasty of China (Northern Sung, **Hoku Sō** 北宋 960–1127, Southern Sung, **Nan Sō** 南宋 1127–1279)

洪　邁　**Kō Mai** (PrN) Hung Mai (1096–1175)

万首唐人絶句 **Manshu Tōjin Zekku** (name of a book) "Ten Thousand Chüeh-chü by Poets of the T'ang"

巻　**kan** volume, scroll (Chinese: chüan)

排　律　**hairitsu** (explained in the text)

長　律　**chōritsu** (explained in the text)

押韻する　**ōin suru** rhyme; = **in o fumu** 韻をふむ, same sense

対　句　**tsuiku** antithesis, parallelism

雑　言　**zatsugen** (explained in the text)

長　短　句　**chōtanku** (explained in the text)

楽　府　**gafu** yüeh-fu, "Music Bureau" poetry

南　北　朝　**Nambokuchō** period of the division between the northern and southern courts; it refers to different periods in China and Japan (cf. RN 10).

READING NOTES

This selection is an example of modern expository writing in the field of Sinology by one of Japan's leading scholars of Chinese literature, Ogawa Tamaki 小川環樹, adapted from his *Tōshi Gaisetsu* 唐詩概説 (Tōkyō, 1958), pp. 94–96, part of the series *Chūgoku Shijin Zenshū* 中国詩人全集 published by the Iwanami Shoten 岩波書店.

Japanese reference works in this field form an entire rich body of Sinological literature, but in the beginning stages of his study the student will be well advised to become familiar with Kondō Moku 近藤杢, *Shina Gakugei Daiji'i* 支那学芸大辞彙 (Tōkyō, 1935 and many subsequent reprints and revisions) for further information and references about the subject matter of this reading selection. Since many of the terms introduced in this text are explained in the course of the text itself the Vocabulary definitions have here been kept to a minimum.

1. Rd. **wakatsu.**
2. **Tōjin,** "a Chinese of the T'ang dynasty"; cf. RN 1 in Lesson 38.
3. ". . . there are examples of the composition of stop-shorts in six-syllables, such as (those among) the works of Wang Wei, for instance, but they are extremely infrequent, and . . . ."
4. 首 **shu,** counter for poems.
5. **shimeru** "occupy, take up (space)."
6. Rd. **shijin mo mare ni.**
7. **. . . ni ittate wa** "as far as . . . are concerned, in the case of . . . ."
8. **. . . ni naratte** " . . . after the example, model of . . . ."
9. "Existed as early already as the Han . . . ."
10. **"Nambokuchō no saku** "works of the (period of) the northern and southern courts." The period in question in China is a rather indefinite one, most precisely defined as 420–589 in the south and 386–618 in the north, or from the collapse of the Eastern Tsin (Jap.: **Shin**) 晉 (317–420) down to unification under the Sui (Jap.: **Zui**) 隋 (590–618), ca. 270 yrs.; in Japan, the period from 1336 to 1392. Cf. **Rikuchō,** Lesson 40, to which it is in a general way equivalent, and Appendix 3.

LESSON 61 : Zen, the G. H. Q. of Buddhism : 1

VOCABULARY

禅 **zen** Zen: 心を一の対象に集中し，正しくつまびらかに思惟し，無我寂静の境地に没入することを本旨とする仏教の一派；坐禅によって本性を悟ろうとすること.

総府 **sōfu** General Headquarters (cf. the explanation in the text)

元来 **ganrai** essentially, fundamentally

説く **toku** explain

講ずる **kōzuru** lecture, preach upon (literary equivalent of **kōjiru** 講じる)

実参実究する **jissan jikkyū suru** actually take part in and delve into (Zen) for oneself

極致 **kyokuchi** the ultimate

輪郭 **rinkaku** outline of form, external appearances

実相 **jissō** reality, true nature

カステラ **kasutera** a sweet spongecake (from Portuguese castella, in old texts 加寿天以羅, also sometimes today カステイラ, a confection introduced to Japan by the Dutch through Nagasaki, but said to be named for Castilla, in Spain; the **Nagasakiya** 長

崎屋 and **Bummeidō** 文明堂 mentioned in the text are two shops especially famous for their **kasutera** today)

一 応 **ichiō** more or less, to some extent

納得できる **nattoku dekiru** be able to accept (an argument), assent to, understand

紙背に徹する **shihai ni tessuru** to read between the lines (literally, to see through to the other side of the paper)

宇 宙 **uchū** the universe, the cosmos

大 心 **taishin** essence, true nature, real core

万 有 **ban'yū** totality of existence

所依の経 **shoe no kyō** a scripture upon which one relies (for salvation)

以心伝心 **ishin denshin** transmitted to the spirit by means of the spirit (cf. the paraphrase which immediately follows in the text, 心を以て心に伝える)

経 典 **kyōten** (Buddhist) scriptures

正依傍依 **shōe bōe** (scriptures) upon which one primarily relies and those upon which one relies only in part; canon and apocrypha

釈 尊 **Shakuson** Shakya the (World) Honored (=the historical Buddha, from **Shakamuni Butsu** 釈迦牟尼仏 Śākyamuni Buddha+**seson** 世尊, honored in the world)

READING NOTES

This essay on the relation of Zen to other varieties of Buddhism (in two parts, this and Lesson 62) has a few old-fashioned elements of orthography to which attention is called in RN 3, 4, 5, 6, 11, 13, 15, and 16 below; in these cases an author less traditionally minded would probably have used kana. For background reading the various books of Daisetz T. Suzuki, especially his *Zen and Japanese Culture* (New York, 1959), are always stimulating.

1. **. . . de mo nakereba . . . de mo nai** "it is neither . . . nor . . . , it is no more . . . than it is . . . ."
2. **nanigoto ni se yo** "in anything at all"; **se** imperative from **suru.**
3. 言う＝いう.
4. 位＝ぐらい (but it appears in kana shortly below!)
5. 如何なる＝いかなる.
6. 程＝ほど.
7. **to** "in this way (they can . . .) . . . ."
8. **shikaraba**=**sore naraba, sore de wa.**
9. This is English "gesture," more usually written ジエスチャー, a now commonly understood word in Japan thanks largely to the popular Tuesday night NHK television program of the same name. Cf. Lesson 12, section 15.
10. "No matter how one may explain it . . . ."
11. 居って＝おって.
12. 所謂 rd. **iwayuru** "so-called."
13. 於いて＝おいて.
14. "Zen Regards (**to suru**) the Totality of Existence of the Cosmos as its Scriptures."
15. 言うならば＝いうならば.
16. 筈＝はず.
17. 云うて, **yūte,** is non-standard Kansai dialect (in this case, the author's own way of speech) for standard Tōkyō **itte** from **yū.** Though it is rare today to find dialect elements in written Japanese, the Zen school has a long tradition of recording the exact words of sermons and other pro-

nouncements by its teachers, and it is this tradition, treasuring the exact word exactly as it was uttered by the teacher, which even today sometimes admits of literary composition and publication in non-standard language forms.

LESSON 62 : Zen, the G. H. Q. of Buddhism : 2

VOCABULARY

厭棄する **enki suru** abandon, reject
一切の経 **issai no kyō** all the sūtras (of the Buddhist canon, the tripiṭaka)
論 **ron** the śāstras (of the Buddhist canon)
薬籠 **yakurō** medicine chest, container, box
闡明する **semmei suru** clarify, elucidate
昂揚する **kōyō suru** exalt, enhance, promote
割拠する **kakkyo suru** be based, hold one's own
禅師 **zenji** a Zen master
道元 **Dōgen** (PrN) (1200–1253) (patriarch of the **Sōtō** 曹洞 sect of Zen in Japan)
自任する **jinin suru** boast of the superiority of one's own (views, actions, ability, etc.)
栄西 **Eisai** (PrN) (1141–1215) (patriarch of the **Rinzai** 臨済 sect of Zen in Japan)
坐禅 **zazen** sitting in Zen contemplation
有相坐 **usōza** mere formal sitting, Zen contemplation which is carried out in outward appearance only
大袈裟 **ōgesa** exaggeration, grandiosity
兀々として **kotsukotsu to shite** untiringly, assiduously
解脱 **gedatsu** (Buddhist) emancipation, salvation, deliverance
大悟 **daigo** perfect enlightenment (cf. **o-satori** お悟り enlightenment, below)
三世の諸仏 **sanze no shobutsu** the Buddhas of the three worlds (of **kako** 過去 past, **genzai** 現在 present, and **mirai** 未来 future)
如法 **nyohō** according to (the Buddhist) religion, according to its teachings
大善知識 **daizenchishiki** a "Great Friend of Virtue," =Skt. kalyāṇmitra, one who helps others to salvation
会下 **ege** (in) the assemblage of
見性徹底 **kenshō tettei** striving through to a glimpse of the ultimate, i.e. to Zen enlightenment. (Cf. **kenshō jōbutsu** 見性成仏 to achieve Buddhahood by this means)
煩悩 **bonnō** worldly passions: 身心をなやまして三界につなぎとめる精神作用; 貪·瞋·癡·慢·疑·悪見の六種を根本煩悩とし, 百八·百二十八の煩悩が数えられる
三業 **sangō** =Skt. karma; actions (divided into three: **shingō** 身業 deeds, **kugō** 口業 words, **igō** 意業 thoughts)
仏印 **butsuin** =Skt. mudra, the hand-position, gestures of a Buddha (more usually **shuin** 手印)
法門 **hōmon** doctrine, religion

READING NOTES

Notes 2, 4, 5, 6, 8, 11, and 12 identify some old-fashioned orthographic features of this text, which is a continuation of that in Lesson 61.

1. literary **mochiuru**=spoken **mochi'iru.**
2. 亦=また.
3. Cf. RN 17 to Lesson 61.
4. 若し只=もしただ.
5. 否=いな.
6. 斯の様に=(literary) かのように=(spoken) このように.
7. "the Buddhas of . . . (and) the former masters of . . . ."
8. 之=これ.
9. 業 rd. **gō;** cf. Vocabulary.
10. しなくとも=しなくても.
11. と雖も=といえども.
12. 凡ゆる=あらゆる.

LESSON 63 : The Story of the Grand Shrine of Izumo

VOCABULARY

出雲 **Izumo** (PlN)

大社 **taisha** grand shrine

八重垣 **yaegaki** a multifold fence

島崎藤村 **Shimazaki Tōson** (PrN) (1872–1943)

(お)土産 **(o-)miyage** souvenir (something brought back by a traveler for someone staying at home)

大国さま **daikokusama** a popular Shintō deity (see the text; partly the cult is the result of a confusion with the Buddhist deity **Daikokuten** 大黒天, Skt. Mahākāla)

平易 **hei'i** easy, simple

易い **-yasui** easy to . . . ; cf. **shitashimiyasui** 親しみ易い easy to become on good terms with

大国主 **Ōkuninushi** a Shintō deity, "Great Possessor of the Land"

参詣者 **sankeisha** pilgrim, worshipper

汐風 **shiokaze** sea breeze, ocean breeze

譲る **yuzuru** turn over, transfer, yield (possession)

島根県 **Shimane-ken** (PlN) Shimane Prefecture

大社町 **Taisha-machi** (PlN)

御本殿 **gohonden** main (=innermost) shrine building

大社造り **taishazukuri** oldest type of shrine architecture in Japan, of which the buildings of the Izumo Grand Shrine are said to be the best example

鎮座する **chinza suru** be enshrined

商売繁昌 **shōbai hanjō** business prosperity, the flourishing of trade

農耕 **nōkō** agriculture, agricultural labor

感謝する **kansha suru** thank (often, as here, in a religious sense)

祭祀 **saishi** (religious) services, rites

司る **tsukasadoru** administer, conduct, officiate (at rites)

国造 **kuni-no-miyatsuko** an ancient title: 古代国家の形成期に，一国を支配した地方官；また古代の地方官の総称，国の御奴（みやつこ）の意；孝徳天皇の時，地方官が廃せられたが，なお国造の名を残し，その国における神事を掌る．

千家氏 **Sengeuji** (PrN) the Senge clan, family

天照大御神 **Amaterasu Ōmikami** The August Sun Goddess

天穂日命 **Amanohohi-no-mikoto** the deity **Amanohohi**

神棚 **kamidana** household Shintō altar or shrine, usually a shelf up near the ceiling of a room upon which the offerings are placed

氏神 **ujigami** tutelary deity of a place or family

榊 **sakaki** the sacred tree (Cleyera ochnacea) of Shintō; its branches are offered to the deities

READING NOTES

The Shintō faith and its practices have not, in modern Japan, been the source of any great amount of significant written expression; the present text selection will, however, give some idea of the vocabulary of the religion and of some of the things with which it is concerned.

1. An allusion to a well-known poem from the *Kojiki* 古事記, I, xix: **"Yakumo tatsu / Izumo yaegaki / tsumagomi ni // yaegaki tsukuru / sono yaegaki o"**; the **yae-** 八重 in **yaegaki** implies many, multiple fences and walls around the shrine precincts; **yakumo** is "many clouds," and a "pillow-word" (**makurakotoba** 枕詞) or poetic tag for **Izumo,** and also, since the poem in question is the first, and presumably the oldest in the *Kojiki,* for Japanese poetry in general. A possible translation of the poem is, "Eight clouds arise. The eight-fold fence / of Izumo makes an eight-fold fence / for the spouses to retire [within]. Oh! / that eight-fold fence"; see Basil Hall Chamberlain, *Translation of "Ko-ji-ki"* (Kōbe, 1932), pp. 76–77.
2. **nan to yū . . . darō** "what a . . . he is!"
3. **mukashi nagara no** "unchanged from of old, the same old."
4. **nade** is from **naderu** "stroke, pat (a child, small animal)."
5. **kikasete iru** "he is telling them."
6. Rd. **keidai** (!).
7. To yield to others (**yuzuru**), especially when it involves a right or prerogative that is legally and properly one's own, is originally a virtue (**toku** 徳) highly prized in Chinese political theory; here we find it embodied into the Shintō cult.
8. **chinza shitamōte iru** "(the deity) deigns to be enshrined."
9. (a) **to ieba . . .** (b) **to ii . . .** (x) **to ieba . . .** (y) **to iwareru** "(a) is virtually synonymous with (b), and (x) with (y)."
10. **Izumo Taishakyō** is the modern denomination of the sectarian Shintō group founded in Shimane Prefecture in 1882 (as distinguished from the ancient beliefs and practices centering around the Grand Shrine itself).
11. **. . . no o-tsukai ni narasete itadaku** "have the privilege of being used as (the deity's) messengers (=to do his work)."
12. Rd. **kinonebi;** on the **jikkan** 十干 or Ten Calendar Signs and the **jūnishi** 十二支 or Twelve Animals, see any dictionary under these terms.
13. **haraitamae, kiyometamae** "Cleanse us, purify us." **tamau** is used in prayers (including modern Christian ones) as the imperative addressing the deity.
14. This **shingo** 神語 or "divine language" is to be read **sakimitama kushimitama, mamoritamae, sakiwae tamae,** and may be understood as something like "O august spirit of good fortune, O august mysterious spirit! Guard us, we beseech thee, and bring us good fortune!" The language is that of the **norito** 祝詞, or Shintō public prayer.

LESSON 64 : The Decisive Point in Human Life

VOCABULARY

来朝する **raichō suru** come to Japan
漢学者 **kangakusha** a scholar of traditional Chinese culture; a Confucian scholar
司馬遷 **Shiba Sen** (PrN) Ssu-ma Ch'ien (B.C. 145–86?), the first Chinese historian, author of the *Shih-chi* 史記 (Japanese: **Shiki**), *Records of the Historian*
件り **kudari** passage (in a text)
曰く **iwaku** (literary) (he) said
築地 **Tsukiji** (PlN)
耶蘇学校 **Yaso gakkō** a Christian mission school (literally, Jesus school)
孔孟 **Kō Mō** Confucius (**Kōshi** 孔子) and Mencius (**Mōshi** 孟子)
攻撃する **kōgeki suru** attack
破邪顕正 **haja kenshō** demolishing erroneous (doctrines) and manifesting correct (doctrines) (a Buddhist term: 邪説を打破って正道正果を顕わすこと)
真摯な **shinshi na** earnest, sincere
滔々と **tōtō to** in a great, large stream, fluently
圧迫する **appaku suru** compel, press hard
君子 **kunshi** the Confucian ideal of the learned, noble gentleman; the *chün-tzu*
主教 **shukyō** (Christian) bishop
業 **waza** works, deeds (avoiding the reading **gō** which is associated with Buddhist karma)
極端に **kyokutan ni** to the utmost, extremely
急患者 **kyūkanja** emergency patient
十字架 **jūjika** (Christian) cross, crucifix
あがない **aganai** atonement, redemption
聖パウロ **Sei Pauro** St. Paul
器 **utsuwa** vessel

READING NOTES

This text is a selection from a printed version of a sermon preached by the Bishop of Ōsaka, Rev. Yanagihara Teijirō 柳原貞次郎, on the occasion of the Centenary of the Anglican Episcopal Church in Japan (Nippon Seikōkai 日本聖公会).

1. Bishop (Channing Moore) Williams (1829–1911), first bishop of the Protestant Episcopal Church in Japan, where he arrived in 1859 via China.
2. **otta** is a somewhat old-fashioned equivalent of **ita;** so also below several times.
3. Rd. **kunshi no seitoku yōbō, oroka naru ga gotoshi;** the sense is explained in the text itself immediately following.
4. **ware katsute** "I once."
5. **hitotsu ōi ni yatte yarō** "really let them have a good one."
6. **yūte oru** old-fashioned equivalent of **itte iru.**
7. "regardless of whether it is in the Occident or in the Orient."
8. Both cases of **tokoro** in this sentence are pleonastic; there are other examples of this usage in the present text.
9. (x) **o shite . . .** (y) **narashimeta mono wa nan de aru ka** "what was it that made (x) into (y)?"
10. "God as revealed in Jesus . . . ."
11. Rd. **korareta.**

12. **nanimo kamo** "everything and anything." The earlier quotation from Bishop Williams **mina wakarimasu** is completely understandable but rather unnatural "foreigner's Japanese"; here his statement is paraphrased into more normal speech for greater clarity and effect.
13. Rd. **kata** "person."
14. Literary **yoki**=colloquial **yoi** or **ii** "good."
15. "he put in an appearance."
16. **kitto . . . deshō** "he would surely . . . ." Note that there is no contradiction in Japanese in combining **kitto** "surely" with the "tentative" **deshō** and similar verb endings.
17. Ephesians 1 : 7, わたしたちは，御子にあって神の豊かな恵みのゆえに，その血によるあがない，すなわち，罪過のゆるしを受けたのである (**Watashitachi wa, miko ni atte, kami no yutaka na megumi no yue ni, sono chi ni yoru aganai, sunawachi, zaika no yurushi o uketa no de aru**). The text here and immediately below quotes the old literary Japanese translation of the *New Testament;* this note and the one below give the same texts in the colloquial translation now generally used in churches in Japan.
18. I Cor. 1: 18, 十字架の言は，滅び行く者には愚かであるが，救にあずかるわたしたちには，神の力である (**Jūjika no kotoba wa horobiyuku mono ni wa oroka de aru ga, sukui ni azukaru watashitachi ni wa, kami no chikara de aru**). Cf. RN 17 above.

LESSON 65 : Newspaper Selections

VOCABULARIES & READING NOTES

Tōkyō and New York Affiliate as Sister-Cities

都市提携	**toshi teikei**	municipal affiliation
姉妹都市	**shimai toshi**	sister cities
横浜	**Yokohama**	(PlN)
修好	**shūkō**	amity, friendship; **Nichibei shūkō hyakunen** 日米修好百年, Centenary of Japanese-American Relations (1860–1960)
多彩な	**tasai na**	colorful
…側	**-gawa**	-side (in an agreement, dispute)
知事	**chiji**	governor
宣言書	**sengensho**	proclamation
名実ともに	**meijitsu tomo ni**	both in name and fact
歓迎行進	**kangei kōshin**	welcome parade
催し	**moyōshi**	meeting, gathering
日比谷	**Hibiya**	(PlN)
公会堂	**kōkaidō**	public hall
NHK	**enu eichi kei**	NHK (=**Nippon Hōsō Kyōkai** 日本放送協会, The Japan Broadcasting Association)
交響楽団	**kōkyō gakudan**	symphony orchestra
録音テープ	**rokuon tēpu**	tape recording
贈与する	**zōyo suru**	present, give to
吏員	**ri'in**	official
都庁	**tochō**	Metropolitan Government Offices
行政	**gyōsei**	administration
観光	**kankō**	sight-seeing, pleasure travel

Both this and the following are newspaper selections; the first is in a noticeably easier style than the second.

1. **hiite wa** "and thus in turn."
2. "some 30 cities."
3. I.e. 1960, 昭和三十五年.

4. **ni ataru** "(this year) falls on."
5. **hoka** "and others."
6. **. . . no ensō ni yoru** "played by, performed by." Cf. RN 8 below.
7. Rd. **yakudataseru.**
8. (x) **no sakuhin ni yoru shashin . . . no tenrankai** "an exhibition of photographs . . . taken (produced, made) by (x)."
9. **korekara** "in the future, from now on."

Bushū R.R. Construction Proceeds at Rapid Pace

武 州	**Bushū**	(PlN)=**Musashino** 武蔵野
急テンポ	**kyū tempo**	rapid tempo, pace
中央沿線	**Chūō ensen**	along the Chūō (line of the Japanese National RR)
埼 玉 県	**Saitama-ken**	(PlN)
秩 父 市	**Chichibu-shi**	(PlN)
三 鷹 市	**Mitaka-shi**	(PlN)
滝島総一郎	**Takishima Sōichirō**	(PrN)
集中する	**shūchū suru**	concentrate, intensify
池 袋	**Ikebukuro**	(PlN)
日帰りコース	**higaeri kōsu**	a day-return course, a round trip which can be completed in a single day
新 興	**shinkō**	newly emergent
吉 祥 寺	**Kichijōji**	(PlN)
複 線 化	**fukusenka**	double tracking; **fukufukusenka** 複々線化 triple tracking
荻 窪	**Ogikubo**	(PlN)
運 輸 省	**Un'yushō**	Ministry of Transportation
陸 運 局	**Riku'unkyoku**	Land Transportation Office
決議々事録	**ketsugi gijiroku**	minutes of actions
署 名 簿	**shomeibo**	signed petition
公 聴 会	**kōchōkai**	public hearing
境 上 水	**Sakai jōsui**	the Sakai (PlN) water supply (canal)
請 願	**seigan**	petition
陳 情	**chinjō**	written representation, appeal of grievance
採決する	**saitaku suru**	adopt (a motion)
小 島	**Kojima**	(PrN)
取締役社長	**torishimariyaku shachō**	president and chairman of the board
私 鉄	**shitetsu**	private railway
荒井一雄	**Arai Kazuo**	(PrN)
水谷良夫	**Mizutani Yoshio**	(PrN)
同 志	**dōshi**	interested persons (cf. RN 8)
反 対 屋	**hantaiya**	professional troublemaker, professional opposition forces
扇 動	**sendō**	agitation, incitement

READING NOTES

This is a partly news and partly PR newspaper selection dealing with some of the difficulties in the extension of public transportation to Tōkyō's growing suburban areas.

1. This **ōkiku** goes with **sore** (=**Tōkyōto no jinkō,** above), not with the **gekizō shita . . .** immediately following.
2. **Dainichi Sangyō**, name of a company.
3. **shi** 氏 "Mr." has been adopted in modern newspaper usage as a uniformly acceptable honorific for male adults, regardless of their status.
4. **tōmawari o suru** "go (somewhere) the long way around."
5. **niramiawasete** "in the light of these circumstances."

6. This non-stop sentence, which begins with **Bushū tetsudō no kensetsu keikaku wa** not far from the beginning of the article, is a fine example of a style which, while not at all difficult to understand as one reads along, taxes the ingenuity if a translation is to be made.

7. **kitaguchi** 北口 (cf. **minamiguchi** 南口 later on) refers to left (for **kita**; right for **minami**) side of the Chūō tracks as one goes into Tōkyō; **guchi** is entrance (exit) of the station.

8. **dōshi** is most usually "comrade," but here it is not to be understood in the technical sense but simply meaning "persons concerned with the same problems."

9. **dake ni** "especially because, all the more (so) because."

10. Newspaper accounts often conclude, as here, with a statement (**dan** 談, or sometimes **hanashi** 話) by one of the persons involved.

11. **shinchū** "true feelings"; distinguish **shinjū**, using the same kanji, "love suicide."

12. **izashirazu** "apart from (those sincerely opposed to it in their own minds)."

13. **moto** 元 "former" (cf. **gen** 現 "now, present" above).

LESSON 66 : Until the New Law Comes into Effect : 1

VOCABULARY

需要	**juyō**	demand
公社	**kōsha**	(here=**Nippon Denshin Denwa Kōsha** 日本電信電話公社, The Japan Telegraph and Telephone Corporation)
拡充	**kakujū**	expansion
第一次	**dai'ichiji**	primary
加入電話	**kanyū denwa**	subscribing telephone, telephone subscriber
暫定	**zantei**	provisional, tentative, working
措置	**sochi**	measure, action, step (usually of official or bureaucratic acts)
経緯	**kei'i**	particulars, circumstances
突破する	**toppa suru**	top, break through (a level, a line)
普及度	**fukyūdo**	rate of spread, rate of diffusion
赤電話	**akadenwa**	public (pay) telephone
ヤミ値	**yamine**	black-market price, quotation
逓信省	**Teishinshō**	(former) Ministry of Communications
殼	**kara**	shell, skin
太平洋戦争	**Taiheiyō sensō**	the Pacific War (=World War II, in as much as Japan participated in it)
注	**chū**	(in graph) note, legend
…当り	**-atari**	per (written あたり in the text proper)

READING NOTES

A public information article touching on some problems of finance, in newspaper style, in two parts (continued in Lesson 67).

1. This **hodo** goes with the **mezamashii** of the first line.
2. **soredokoro ka** "not only is this so, but . . . ."
3. . . . **bakari** "(it does) nothing but . . . ."
4. **soko de** "for this reason."
5. Rd. **tōku katsu kewashiku**.
6. **aratamete** "once more, anew."

7. Verbless sentences like this one, omitting the copula, are extremely common in modern newspaper writing.

8. 三六・八 rd. **sanjūroku ten hachi** "36.8." **ten** here means "decimal point."

9. In spite of the long wait required to obtain a telephone installation from the Telephone Corporation, one may get one immediately by paying a stiff premium to a "telephone broker" who acts as the middleman in arranging a transfer of some other subscriber's telephone; this is the so-called "black market" of the text. There is nothing really illegal about it, since each subscriber's telephone (the service that goes with it as well as the instrument itself) is his own property and he may sell it to anyone he wishes, but the premium that goes with such a transaction reflects the acute shortage of telephone service in Japan today.

10. **ippō desu** "(it) is doing nothing but (increasing), (it is) steadily (increasing)."

LESSON 67 : Until the New Law Comes into Effect : 2

VOCABULARY

本	**-hon**	(counter for telephone instruments)
潜在	**senzai**	latent, potential, dormant
勢い	**ikioi**	force, vigor
嘆く	**nageku**	grieve, sigh about
即時通話	**sokuji tsūwa**	immediate connection (by dial, without going through an operator)
目途	**mokuto**	aim, goal
局内機械	**kyokunai kikai**	central office equipment
全国平均	**zenkoku heikin**	national mean
莫大な	**bakudai na**	vast, immense
私企業	**shikigyō**	private enterprise
拘束	**kōsoku**	restriction, curb
財政投融資	**zaisei tōyūshi**	government investment of funds
公募債発行	**kōbosai hakkō**	public flotation of bond (debenture) issues; cf. **saiken** 債券 bond, debenture
漸減	**zengen**	gradual diminution
負担	**futan**	burden (of expense), liability
予測する	**yosoku suru**	estimate, forecast
二本立	**nihondate**	two-way; cf. **sambondate** 三本立 three-way
利回わり	**rimawari**	interest
マネービル	**manēbiru**	"money-building" i.e. savings (after the analogy of ボディ・ビル body-building)

READING NOTES

A continuation of the text in Lesson 66.

1. "at this rate . . . ."
2. Cf. RN 7, Lesson 66.
3. **wake ni wa yukimasen** "one cannot, one can hardly (go on simply grieving . . . .)"
4. **soko**=**mokuto** in previous line.
5. "micro-wave (relays)."
6. **kata mo ōi** "(are) many persons."
7. **mojidōri** "literally."
8. **ippō** "while on the other hand."
9. **. . . tsukeru katagata ni kyōryoku shite itadaku saiken ni yotte makanau** "to

finance (it) by bonds which will enjoy cooperation on the part of (i.e. be purchased by) all those (**katagata**) installing (telephones)."

10. **kore de o-wakari no yō ni** "as you will see from this . . . ."

11. **kōsha de itadaki kiri ni naru setsubiryō** "the equipment fee which would simply be accepted by the Corporation (and not paid back)."

LESSON 68 : Oh, Beloved Native Land !

VOCABULARY

タガロク族	**Tagaroku-zoku**	the Tagalogs
土民	**domin**	aborigines, "natives"
常夏	**tokonatsu**	perpetual (year-round) summer
全盛	**zensei**	zenith of its power, prosperity
激しい	**hageshii**	passionate, violent, strong
奪う	**ubau**	seize, take by force
独立運動	**dokuritsu undō**	independence movement
甲斐	**kai**	effect, fruit, result
尊める	**agameru**	revere, reverence (cf. RN 19)
聳える	**sobieru**	tower, soar
主催	**shusai**	auspices
会計士	**kaikeishi**	accountant
花環	**hanawa**	wreath
斉唱	**seishō**	singing in unison
羨やましい	**urayamashii**	enviable
同胞	**dōhō**	brethren, fellow countrymen
君が代	**Kimigayo**	"Kimigayo," the Japanese national anthem
凧	**tako**	kite
鼻息	**hanaiki**	a superior's pleasure
上辷り	**uwasuberi**	superficial
殺戮する	**satsuriku suru**	massacre, slaughter, butcher
憎日	**zōnichi**	Japan-hating
国賓	**kokuhin**	state guest
涼々たる	**ryōryō taru**	light, tripping
懐かしい	**natsukashii**	longed-for, dear
民間使節	**minkan shisetsu**	civilian emissary, delegate
不敗	**fuhai**	invincible
挫く	**kujiku**	break, destroy
劣等感	**rettōkan**	inferiority complex
足蹴	**ashige**	a kick
…振	**-buri**	style of, manner of
無気味な	**bukimi na**	ominous, unnerving
怠る	**okotaru**	neglect
戒める	**imashimeru**	caution against, admonish
隅々	**sumizumi**	every nook and cranny
泌みる	**shimiru**	permeate, soak in
躊躇する	**chūcho suru**	hesitate
緊張	**kinchō**	strain, stress, tension
ルバング島	**Rubangutō**	(PlN) Lubang Island
小塚	**Kozuka**	(PrN)
救出	**kyūshutsu**	rescuing, helping, extricating
官邸	**kantei**	official residence
緩和	**kanwa**	mollification, mitigation
島国根性	**shimaguni konjō**	insular temperament
鎖国	**sakoku**	closed country, a country closed to trade and other dealings with foreign countries
唯我独尊	**yuiga dokuson**	the vainglorious conceit that only one's own self is honorable
反省する	**hansei suru**	reflect, introspect
騒々しさ	**sōzōshisa**	tumultuousness, clamorousness
尊とぶ	**tōtobu**	revere, reverence (cf. RN 19)

READING NOTES

The essay by the returned overseas traveler is a frequently met newspaper genre today, partly reflecting the currency restrictions which continue to make travel abroad difficult for most Japanese.

1. Invariably, as here, used in a depreciatory sense in modern Japanese.
2. **nani ka kaigi to yū to** "at the mere mention of a meeting."
3. **ittai** "in the world, for goodness' sake."
4. **kirikiri mau** "flutter helplessly, whirl about."
5. **sakae are** "glory be (to) . . . !" **are** is the imperative of **aru.**
6. **-jin.**
7. Cf. **kashikiru** 貸し切る "loan for exclusive use, charter."
8. **taru**=**na.**
9. **surusuru to** "smoothly, easily."
10. From **tamaru** "bear, endure, stand."
11. **pekopeko suru**=頻りに頭をさげる様, 恐れ入る様.
12. リードする "take the lead, lead."
13. **rei no** "that well-known."
14. **moto** "former." The rescue or possibility of rescue of surviving Japanese army holdouts from World War II in the Philippines and elsewhere in the Pacific area is still a journalistic theme of great popularity in Japan, fifteen years after the end of hostilities.
15. トップ "leading, featured article in a newspaper or magazine."
16. Rd. **Yamato.**
17. The author is here referring to the riots and public disturbances in the spring of 1960 concerning the revision of the Japanese-U.S. Security Pact and the (cancelled) visit to Japan by the American president.
18. **o yatsushite iru** "devote oneself to it with all one's might."
19. Note that this text uses the kanji 尊 for two semantically related words, **agameru** and **tōtobu;** more commonly the first of these two verbs is written with the kanji 崇, thus **agameru** 崇める, and the kanji 尊 is reserved for writing a pair of doublets of phonologically related forms, **tōtobu, tōtomu,** and **tattobu, tattomu.** On this **-b-** and **-m-** variation, cf. **samui** "cold," inelegant **sabui,** and **sabishii** "lonely," inelegant **samishii.**
20. **yukidoke** "the thaw (in the Cold War between East and West)."

LESSON 69 : Financial Terms Explained

VOCABULARY

損耗する	**sommō suru**	depreciate in value, suffer loss
擬制	**gisei**	fictitious, watered
貨幣所得	**kahei shotoku**	money income
還元	**kangen**	redemption (of capital)
のれん代	**norendai**	capital given to apprentices of a merchant family or house who have finished the set time for their service, in order to enable them to set up their own shops; cf. **noren** 暖簾 a shop-front curtain bearing the name of the business
債任	**sekinin**	responsibility
必然的	**hitsuzenteki**	inevitably
典型的	**tenkeiteki**	typical, model
危険	**kiken**	risk

利益	**rieki**	profits
弁済	**bensai**	settlement, discharge (of obligations)
大小	**daishō**	magnitude, size
市況	**shikyō**	market conditions, tone of the market
指標	**shihyō**	indicator, index
ダウ式平均株価	**daushiki heikin kabuka**	the Dow (-Jones) average
銘柄	**meigara**	(stock, securities) issues
終値	**owarine**	closing price
権利落	**kenriochi**	ex-rights
都度	**tsudo**	each time, as often as, whenever
恒常除数	**kōjō josū**	constant divisor
修正する	**shūsei suru**	correct (a calculation)
長所	**chōsho**	strong points, virtue
商法	**shōhō**	commercial law
固定資産	**kotei shisan**	property (fixed assets)
帳簿	**chōbo**	books, ledgers
差益	**saeki**	marginal profits
繰越損失	**kurikoshi sonshitsu**	losses brought forward
控除する	**kōjo suru**	deduct
積立金	**tsumitatekin**	reserve, reserve fund
塡補	**tempo**	supplement, complement
取崩す	**torikuzusu**	break up, break down
均等額	**kintōgaku**	uniform amount
小規模	**shōkibo**	small scale
管理	**kanri**	management, administration
類似する	**ruiji suru**	resemble
構造	**kōzō**	structure

READING NOTES

Definitions of eight technical terms from the fields of finance and corporation law, introducing terms from these areas and giving experience in reading dictionary and encyclopedia explanations.

1. **nengetsu o heru** "as time goes by."
2. From **kakeru** "multiply."
3. "in other words."
4. "may be mentioned."
5. "regardless of."
6. "together with."
7. "show, indicate." Cf. **shiru** 知る below.
8. From **ku'u** "eat (vulgar)."
9. Rd. **mei** (counter for persons).

LESSON 70 : The Types and Roles of Negotiable Instruments

VOCABULARY

有価証券	**yūkashōken**	negotiable instruments, Wertpapier
役割	**yakuwari**	function, role
記載する	**kisai suru**	record, enter
行使	**kōshi**	exercise, use
譲渡	**jōto**	transfer, assignment
占有	**sen'yū**	possession (cf. **shoji** 所持 same sense)
商品	**shōhin**	commodity, merchandise
引換	**hikikae**	exchange
船荷	**funani**	(ship's) cargo, freightage
倉庫	**sōko**	warehouse
質札	**shichifuda**	pawn ticket

手数	**tesū**	trouble, pains, care
手形	**tegata**	draft, note
小切手	**kogitte**	a check
収益証券	**shūeki shōken**	income securities
借用証書	**shakuyō shōsho**	bond of debt, IOU
受取証	**uketorishō**	receipt, voucher
チッキ	**chikki**	a check (for an article entrusted for keeping on a train, boat, etc.)
下足札	**gesokufuda**	a check for footgear (taken off when entering a building)
免責	**menseki**	immunity, exemption
切手	**kitte**	(postage) stamps
狭い	**semai**	narrow
代替性	**daitaisei**	substitutability
有償	**yūshō**	onerous (legal sense); cf. **mushō** 無償 gratuitous (legal sense)
増資新株	**zōshi shinkabu**	new stock-split shares
割当	**wariate**	allotment, assignment
交付	**kōfu**	delivery, transfer
利付	**ritsuki**	interest-bearing
投資信託	**tōshi shintaku**	investment trust, investor's mutual fund
公私各種	**kōshi kakushu**	all types, both private and public
貯蓄	**chochiku**	savings
不可欠	**fukaketsu**	indispensable, essential
利殖	**rishoku**	moneymaking, profitable
円滑	**enkatsu**	smooth
寄与する	**kiyo suru**	contribute, serve

READING NOTES

1. **-jō** 上 "from the standpoint of"; thus **hōritsujō** 法律上 "legally." Cf. below in this same text selection, **keizaijō** "economically (speaking)," and **gaikeijō** "superficially, externally."
2. **kanarazu shimo . . . nai** "not necessarily."
3. **mata wa** "or."
4. Katakana イロハ are used for indicating order, like English A, B, C; the whole list is as follows: イロハニホヘトチリヌルヲワカヨタレソツネナラムウヰノオクヤマケフコエテアサキユメミシヱヒモセスン. These form, in order, a poem on the Buddhist theme of the illusory nature of the things of this world (which however, does not include the final ン of the series): 色は匂へど散りぬるを / 我世誰ぞ常ならむ / 有為の奥山今日越えて / 浅き夢みじ酔もせず.
5. **tan ni aru** (＝或る) **jijitsu** "merely . . . a certain fact . . . ."
6. Reflecting the Japanese custom of removing street-wear footgear when entering most buildings.
7. Rd. **hitoribitori.**

LESSON 71 : The Transformation of Capitalism

VOCABULARY

変容	**hen'yō**	development, evolution
巨大企業	**kyodai kigyō**	big business
現出する	**genshutsu suru**	produce, give rise to
独占	**dokusen**	monopoly
一般化	**ippanka**	universalization
大衆化	**taishūka**	popularization
周知	**shūchi**	well known, commonly known

権力	**kenryoku**	authority
議会政治	**gikaiseiji**	parliamentary government
三権分立	**sanken bunritsu**	division of the three powers (of legislation, administration, and justice)
企図する	**kito suru**	plan, contemplate
幣害	**heigai**	evil, abuse
僅かな	**wazuka na**	few
危惧する	**kigu suru**	be apprehensive, entertain misgivings
阻む	**habamu**	hinder, prevent
私的利潤	**shiteki rijun**	private gain, private interest
富	**tomi**	wealth, riches
崩壊する	**hōkai suru**	collapse, crumble down
予言	**yogen**	prophecy
独裁	**dokusai**	dictator (-ship), autocrat, autocracy
是正する	**zesei suru**	rectify, revise
機能	**kinō**	function
中小企業	**chūshō kigyō**	smaller enterprises
平等な	**byōdō na**	equitable, fair
効率的	**kōritsuteki**	effective
税制	**zeisei**	system of taxation
標語	**hyōgo**	slogan
従業員持株制度	**jūgyōin mochikabu seido**	employee profit-sharing stock plan

READING NOTES

1. **-tsutsu** "actively engaged in." Cf. RN 3, Lesson 73. Note that here the expression is by and large equivalent in meaning to the **bunsan shite kite iru** (**kara de aru**) of the text a few lines later.
2. "parliamentary government or (**arui wa**) (an American system with) separation of the three powers . . . ."
3. Note that the kana version is based on German Marx; were it based on the English pronunciation it would read マークス. But カール for Karl is based on English, not German.
4. **aku koto no nai** "insatiable."
5. **. . . ni tsure** "along with."
6. **riron zukeru** "argue in theory."
7. Rd. **ni oite mo motarasareru**, from **motarasu** "bring about, bring on."
8. Rd. **Nishidoitsu** "West Germany."

LESSON 72 : Securities Circles in April : Move Toward Major Growth Shares

VOCABULARY

…界	**-kai**	circles, groups; cf. **shōkenkai** 証券界 securities circles
成長	**seichō**	growth
…旬	**-jun**	ten-day period. Cf. **gejun** 下旬 last ten days (of a month), **jōjun** 上旬, 中旬 **chūjun**
金融逼迫	**kin'yū hippaku**	tight credit
慌しさ	**awatadashisa**	flurry, restlessness
日証金	**Nisshōkin**	=**Nippon Shōken Kin'yū Gaisha** 日本証券金融会社 Japan Securities and Finance Co.
融資残高	**yūshi zandaka**	margin loan balance
億	**oku**	hundred million
迫る	**semaru**	press upon
書替	**kakikae**	transfer, conveyance

忌避 **kihi** reluctance, hesitation
年度 **nendo** fiscal year
整理 **seiri** clearing out, liquidation
配当落 **haitō'ochi** ex-dividend
商内 **akinai** trading (more usual orthography is 商い; writing in text is market "slang" orthography)
一巡 **ichijun** a round of, a turn of
区々 **machimachi** mixed
財政揚超 **zaisei yōchō** government finance excess
コールヤミレート **kōru yami rēto** black-market call-loan rate
窮屈さ **kyūkutsusa** pinch, rigidity
補正予算 **hosei yosan** revised (supplementary) budget
過熱懸念 **kanetsu kenen** fear of, anxiety over inflationary trends
基調 **kichō** tone
在庫投資 **zaiko tōshi** inventory investments
非鉄 **hitetsu** non-ferrous (metals)
銅 **dō** copper
一服 **ippuku** brief respite, lull
鉄鋼 **tekkō** iron and steel
繊維 **sen'i** textiles
鈍る **niburu** become dull
経済企画庁 **keizaikikakuchō** Economic Planning Board
辺り **atari** quarters close to . . .
信用状 **shin'yōjō** letter of credit
頗る **sukoburu** extremely
辿る **tadoru** follow (a road), pursue (a course)
赤字 **akaji** deficit
下期 **shimoki** second six-month term (of a fiscal year) (for more usual **shimohanki** 下半期; cf. **kamihanki** 上半期)
品薄株 **shinausukabu** short-supply shares
東芝 **Tōshiba** =**Tōkyō Shibaura** 東京芝浦 (company name)
日立 **Hitachi** =**Hitachi Seisakujo** 日立製作所 (company name)
日産自動車 **Nissan Jidōsha** (company name)
三井物産 **Mitsui Bussan** (company name)
三菱商事 **Mitsubishi Shōji** (company name)
軌道 **kidō** orbit, track
双璧 **sōheki** most important pair
電子管 **denshikan** electronic tube
半導体 **handōtai** semi-conductor
部門 **bumon** division, section
回転 **kaiten** rotary
静止 **seishi** stationary
レコード **rekōdo** phonograph record
売上 **uriage** sales
計上利益 **keijō rieki** total profits
据置く **sueoku** maintain unchanged, defer
劣る **otoru** be inferior to
優る **masaru** surpass, excel
電源 **dengen** electric power (re)sources
受注 **juchū** orders awarded, received
浸透 **shintō** permeation, spread
旺盛 **ōsei** flourishing
更新近代化 **kōshin kindaika** refurbishment and modernization

READING NOTES

An example of the language and style of market forecasts and analysis.

1. へ **e** is common in headlines, with some verbal idea to be supplied: ". . . (move) toward . . . ."

2. I.e. ¥0.03. Material of this sort is about the only case where one will find the **sen** 銭 (¥0.01) still talked about seriously.

3. **tomi ni** "suddenly."
4. **ōhaba ni** "widely." Cf. **kohaba** 小幅 "narrowly" below.
5. **shimohanki jōshōsetsu** "the view (opinion) that (the economy) will swing upward in the second term (of the fiscal year) . . . ."
6. Cf. RN 4, Lesson 34.
7. Note that **denki** 電気 "electricity" and **denki** 電機 "electrical machinery, electrical appliances" are exact homophones, including their accent patterns.
8. **kidō ni noru** "get on the right track, hit its real stride."
9. Cf. the explanation of **shisan saihyōka** in Lesson 69.
10. **dai ni noseru** "reach a level (**dai** 台)."
11. 后＝後.
12. From **matagaru** "sit astride, straddle."

LESSON 73 : An Outline of the Liberalization Plans in Foreign Trade and Exchange : 1

VOCABULARY

為替	**kawase**	exchange (of legal tender)
自由化	**jiyūka**	decontrol, liberalization
…別	**-betsu**	by, per, according to
閣僚会議	**kakuryō kaigi**	a cabinet ministers' meeting
了承する	**ryōshō suru**	give one's understanding (in the sense of tacit approval)
配慮	**hairyo**	consideration, concern
抽象的	**chūshōteki**	abstract
気構え	**kigamae**	anticipation, readiness
展開	**tenkai**	development
秩序	**chitsujo**	order, regularity
項目	**kōmoku**	item, provision; **hakkōmoku** 八項目 eight items
列挙する	**rekkyo suru**	enumerate
金属	**kinzoku**	metals
大筋	**ōsuji**	outline, summary
…面	**-men**	area of, field of, sphere of
経常取り引き	**keijō torihiki**	ordinary transactions
全廃する	**zempai suru**	abolish completely
実施する	**jisshi suru**	execute, carry out, put into operation
内外情勢	**naigai jōsei**	situation at home and abroad
推移	**sui'i**	transition, change
期する	**kisuru**	hope for, anticipate, expect
可及的	**kakyūteki**	as . . . as possible
上記	**jōki**	the above
極力	**kyokuryoku**	to the utmost, as . . . as possible
努める	**tsutomeru**	exert oneself, labor for
勘案する	**kan'an suru**	take into due consideration
波及する	**hakyū suru**	make (its) influence felt in, extend itself to
競合度	**kyōgōdo**	degree of competition, degree of conflict
競争力	**kyōsōryoku**	competitive power
一挙	**ikkyo**	at one stroke, all at once
要請	**yōsei**	requirements, wants
国内経済体制	**kokunai keizai taisei**	domestic economic structure
…現在	**-genzai**	as of (a date)
輸入通関総額	**yunyū tsūkan sōgaku**	(import) customs clearance totals

概要	**gaiyō**	outline, summary
エネルギー	**enerugii**	power
価格	**kakaku**	price, cost
国際水準	**kokusai suijun**	international level, international standard
さや寄せ	**sayayose**	closing the gap, narrowing the spread
利点	**riten**	advantage, benefit
即する	**sokusuru**	conform to, agree with
整備	**seibi**	consolidation
慎重な	**shinchō na**	prudent, cautious, circumspect
銑鉄	**sentetsu**	pig iron
普通鋼鋼材	**futsūkō kōzai**	ordinary steel materials
特殊鋼	**tokushukō**	special steel
フェロアロイ	**fueroaroi**	ferro-alloy
亜鉛	**aen**	zinc
亜鉛鉄板	**aen teppan**	galvanized iron plate
鉱石	**kōseki**	ores
鉛	**namari**	lead
硫黄	**iō**	sulphur
マンガン	**mangan**	manganese
光学機械	**kōgaku kikai**	optical machinery
木工機械	**mokkō kikai**	wood-working machinery
民生用電気機械	**minseiyō denkikikai**	electrical machinery for consumer use
船舶	**sempaku**	vessels, ships
鉄道車両	**tetsudō sharyō**	(RR) rolling stock
金属加工機械	**kinzoku kakō kikai**	metal-processing machinery
小型乗用車	**kogata jōyōsha**	compact passenger cars
重電機器	**jūden kiki**	heavy electrical equipment
産業用電子機器	**sangyōyō denshi kiki**	electronic equipment for industrial use
量産化	**ryōsanka**	(efforts) toward mass production

READING NOTES

This and the lesson following, though adapted from newspaper accounts, reflect the style of government documents and regulations, especially in the fields of foreign exchange and international trade.

1. Cf. RN 4, Lesson 70.
2. **kashite** is from **kasu** 貸す "lend," here in the sense of "give, allot, specify, set aside."
3. **tsutometsutsu aru mono** "who are in the process of working for." Cf. RN 1 to Lesson 71; **-tsutsu** "engaged in, currently in the process of" is common in the style represented by this selection, and is found several times below. Cf. also the note immediately below.
4. **najimasetsutsu**, from the causative of **najimu** "become adapted to, become acclimated to."
5. **hon,** "this."
6. 硫黄 "sulphur" is often pronounced **yuō,** but **iō** is the proper and dictionary version; this last was in the old kana spelled いわう, which when transcribed as **iwō** was the source of English Iwojima, for 硫黄島, in Japanese generally **Iōtō** or **Yuōtō.** The sequence **-wo-** does not exist in modern Japanese.
7. "types of machinery."

LESSON 74 : An Outline of the Liberalization Plans in Foreign Trade and Exchange : 2

VOCABULARY

ベンゾール	**benzōru**	benzol
トルオール	**toruōru**	toluol
キシロール	**kishirōru**	xylol
石炭酸	**sekitansan**	carbolic acid, phenol
アセトン	**aseton**	acetone
ブタノール	**butanōru**	butanol
発酵法	**hakkōhō**	zymotechnics
石油化学	**sekiyukagaku**	petro-chemistry
苛性ソーダ	**kasei sōda**	caustic soda
ソーダ塩安併産法	**sōda en'an heisanhō**	soda-potassium combination method (塩安＝**enka ammoniumu** 塩化アンモニウム, NH_4Cl)
油脂	**yushi**	oils and fats
塗料	**toryō**	paints
肥料	**hiryō**	fertilizers
硫安	**ryūan**	ammonium sulphate
窒素	**chisso**	nitrogen
カリ塩	**karien**	potassic salt
天然硝酸ソーダ	**tennen shōsan sōda**	Chile saltpeter, natural sodium nitrate
覚醒剤	**kakuseizai**	nerve tonic and stimulant drugs
麻薬	**mayaku**	narcotics
抗生物質	**kōsei busshitsu**	antibiotics
原綿	**gemmen**	raw cotton (cf. **gemmō** 原毛 raw wool)
絹	**kinu**	silk
人絹	**jinken**	(artificial silk, =) rayon
スフ	**sufu**	staple fiber (from the "s" and "f" of which the Japanese term was coined)
合成	**gōsei**	synthesis
化繊用	**kasen'yō**	for use in chemical fibers
窯業	**yōgyō**	ceramic industry
板ガラス	**itagarasu**	plate glass
耐火材	**taikazai**	refractories
ゴム	**gomu**	rubber
チューブ	**chūbu**	tube

皮革	**hikaku**	hides and skins
雑貨	**zakka**	sundries
酒類	**sakerui**	wines and spirits
ぶどう酒	**budōshu**	wine
農林漁業	**nōrin gyogyō**	agriculture, forestry and fisheries
若干	**jakkan**	(an undetermined) number of, some
大豆	**daizu**	soya beans
麦	**mugi**	(cf. RN 1)
澱粉類	**dempunrui**	starches
豆類	**mamerui**	pulse
果実	**kajitsu**	fruit
罐詰め	**kanzume**	canned (tinned) goods
果汁	**kajū**	fruit juice
生鮮	**seisen**	fresh
柑橘類	**kankitsurui**	citrus fruits
砂糖	**satō**	sugar
雑豆	**zatsumame**	sundry pulses
紅茶	**kōcha**	black tea
新植	**shinshoku**	new plantings
なたね	**natane**	rapeseed; **nataneyu** なたね油 rape oil
栽培	**saibai**	cultivation
生糸	**ki'ito**	raw silk
畜産	**chikusan**	stock-raising, animal husbandry
酪農	**rakunō**	dairy farming
食肉	**shokuniku**	meat (for human consumption)
ラード	**rādo**	lard
いわし	**iwashi**	sardine, sprat
あじ	**aji**	saurel, horse mackerel
さば	**saba**	mackerel
にしん	**nishin**	herring
のり	**nori**	edible seaweed ("laver, sloke")
鯨肉	**geiniku**	whale meat
魚粉	**gyofun**	fish meal
さけ	**sake**	salmon (also colloquially **shake** しゃけ)
まぐろ	**maguro**	tuna
丸太	**maruta**	log, round timber

くるみ	**kurumi**	walnuts
くり	**kuri**	chestnuts
しいたけ	**shiitake**	a variety of large mushroom commonly eaten in Japan; Cortinellus shiitake
副次	**fukuji**	secondary
油かす	**aburakasu**	oil cake
菓子	**kashi**	confectionery products, sweets

READING NOTES

1. The word **mugi** 麦 is used for several varieties of Gramineae (イネ科), including especially **komugi** 小麦 "wheat" (Triticum aestivum *L.*) and **ōmugi** 大麦 "barley" (Hordeum vulgare *L.*).

LESSON 75 : Practice and Examination Selections

As explained in the Introduction, this Lesson gives two reading selections which you may use to test your progress in learning to read Japanese, for review, or for further reading practice. Hence only an absolute minimum of vocabulary and other help is given here.

On Buying Something by Kenzan

This deals with the work of the famous potter Ogata Kenzan 尾形乾山 (1663–1743), younger brother of the painter Ogata Kōrin 光琳 (cf. Lesson 31). **dōguya** 道具屋, a secondhand dealer, a curio dealer; **Tamba** 丹波 (PlN), a type of ceramic ware; **Bizen** 備前, (PlN) a type of ceramic ware; **Ikkyū** 一休 (PrN) (of a famous Zen master).

Résumé of a Scene from a Kabuki Play

This somewhat more difficult reading selection is a résumé, of the type found in theater programs, of portion of a Kabuki play, the "Mt. Mikasa Palace Scene" (**Mikasayama goten no ba** 三笠山御殿の場) from the play *Imoseyama Onna Teikin* 妹背山婦女庭訓 ("Mt. Imose, or Homely Morals for Women") by Chikamatsu Hanji 近松半二. The same play is described in Aubrey S. Halford and Giovanna M. Halford, *The Kabuki Handbook* (Tōkyō, 1956), pp. 96–103, in which the selection given here corresponds to Act II. The account in the Halfords' book will assist the reader of this text, who should not however be surprised by slight differences between the version here and that which they report. In addition the following notes will be of assistance:

酒池肉林＝しゅちにくりん．酒は池の如く，肉は林の如く沢山あることで，豪遊を極めるに云う．

東方朔＝とうぼう・さく，Tung-fang Shuo. 古代中国の人物；前漢・武帝に仕え，滑稽諧謔に長じ，談笑の間，常に諷刺の意を寓した．ゆえに滑稽者を称する．

入鹿＝いるか	**蝦夷**＝えみし
淡海＝たんかい	**求女**＝もとめ
鱶七＝ふかしち	**金輪**＝かなわ

APPENDIX ONE

Supplementary List of Kanji

This list provides the necessary information about readings and meanings for those kanji appearing through Lesson 39 which are not included in the Tōyō Kanji; these are the kanji identified in the vocabularies as "x." SJ readings are given in UPPER CASE, native Japanese readings in lower case. Where such exist, compounds using the kanji have also been indicated. In parentheses under the large kanji entry in each case will be found the number of the radical (**bushu** 部首) and the radical itself under which the kanji may be located in a traditionally arranged Kanji-Japanese dictionary. Numbers to the left of the main kanji entries are the lessons in this book in which each first appears.

21 阪 (170 阝) **HAN; saka** hill, slope
- 阪東 **Bandō** PrN
- 京阪神 **Keihanshin** Kyōto, Ōsaka, and Kōbe

27 藤 (140 艹) **TŌ; fuji** wisteria
- 佐藤 **Satō** PrN
- 藤原 **Fujiwara** PrN

28 鎌 (167 金) **REN, KEN; kama** sickle
- 鎌田 **Kamata** PrN
- 鎌止 **kamadome** no cutting of grass or shrubs allowed

28 伊 (9 亻) **I;** (no Japanese reading in common use) he, that (but in modern Japanese only used in proper names)
- 伊藤 **Itō** PrN
- 伊達 **Date** PrN

29 濯 (85 氵) **TAKU; susu(gu)** wash, rinse
- 濯滌 **takujō** cleansing
- 洗濯 **sentaku** laundry

30 或 (62 戈) **WAKU; aru** a certain, some
- 或問 **wakumon** catechism

30 叱 (30 口) **SHITSU; shika(ru)** scold
- 叱罵 **shitsuba** revilement and abuse
- 叱責 **shisseki** reproof

30 泥 (85 氵) **DEI; doro** mud
- 泥酔 **deisui** dead drunk
- 泥棒 **dorobō** thief

31 枕 (75 木) **CHIN; makura** pillow
- 枕辺 **chimben** bedside
- 枕木 **makuragi** (RR) tie

(Cf. also under 39 漱 **SŌ** below in this list.)

31 錦 (167 金) **KIN; nishiki** brocade
- 錦繡 **kinshu** brocade
- 錦絵 **nishikie** color print

31 琳 (96 王) **RIN;** (no Japanese reading) a fine jade; the sound of jade when struck

32 稼 (115 禾) **KA; kase(gu), u(eru)** earn, plant
- 稼穡 **kashoku,** farming, husbandry
- 稼人 **kaseginin** breadwinner

33 隅 (170 阝) **GŪ, GU; sumi** corner
- 隅田 **Sumida** PlN

35 狼 (94 犭) **RŌ; ōkami** wolf
- 狼狽 **rōbai** consternation
- 狼藉 **rōzeki** disorder

35 灯 (86 火) **TEI, CHŌ, CHIN tomoshibi** a light

36 頃 (181 頁) **KEI; koro** about (of time)

38 妓 (38 女) **GI;** (no Japanese reading) prostitute; singing girl
妓夫 **gifu** a pimp
妓楼 **girō** brothel

38 鶴 (196 鳥) **KAKU; tsuru** crane
鶴首 **kakushu** anxiously awaiting
鶴亀 **tsurukame** crane and tortoise, =longevity

38 妾 (38 女) **SHŌ; mekake** concubine
妾子 **shōshi** child of a concubine
妾腹 **shōfuku** born of a concubine

38 嘲 (30 口) **CHŌ; azake(ru)** scorn, make fun of
嘲笑 **chōshō, azawarai** ridicule
嘲罵 **chōba** revilement, abuse

38 罵 (122 罒) **BA; nonoshi(ru)** abuse, revile
罵倒 **batō** abuse
罵詈 **bari** insult

38 攘 (64 扌) **JŌ; shirizo(ku), hara(u)** expel, reject, drive away
攘排 **jōhai** driving out, expulsion
攘夷 **jōi** exclusion of foreigners

38 夷 (37 大) **I; ebisu, emishi** barbarians
夷人 **ijin** foreigner (obs.)
夷狄 **iteki** savages

38 輿 (159 車) **YO; koshi, kago** palanquin
輿望 **yobō** popularity, support
輿論 **yoron** public opinion

38 渦 (85 氵) **KA; uzu** eddy, swirl
渦巻 **uzumaki** whirlpool
渦中 **kachū** vortex

38 椿 (75 木) **CHIN; tsubaki** camellia
椿油 **tsubakiabura** camellia oil
椿事 **chinji** rare, terrible event

39 漱 (85 氵) **SŌ; ara(u), susu(gu), uga(i)** wash, rinse, gargle
漱石 **Sōseki** PrN

The name Sōseki is an allusion to a passage in Chinese literature in which a certain Sun Ch'u 孫楚 (Japanese: **Son So**), when asked why he wishes to retire from the world and take up the life of a hermit, attempts to reply that he hopes to "make a stone his pillow and rinse his mouth out with the running brook" (枕石漱流, which in Japanese would be read **ishi o makura ni shi, nagare ni kuchi susugu**), but instead he gets mixed up and comes out with what may well be the first recorded spoonerism in world literature: 漱石枕流 (Japanese: **ishi ni kuchi susugu, nagare ni makura su**), "rinse my mouth out with stones and make my pillow of the running brook." His interlocutor suggests that this sounds excessively difficult, but Ch'u manages to talk himself out of his slip of the tongue by claiming that the recluse delights to make the running brook his pillow so that he may wash out his ears, and rinses out his mouth with stones to sharpen his teeth. From this the phrase has come to be associated with the ability to talk oneself out of tight places, and from this passage also comes the Japanese habit (now obsolete) of writing **sasuga** "just as (one expected), characteristically" with the kanji 流石, since Ch'u's reply was **sasuga ni takumi** 流石に巧み "characteristically skillful, as skillful as one could expect."

39 鷗 (196 鳥) **Ō; kamome** sea gull
鷗尻 **kamomejiri** man's hair style popular ca. 1830
鷗盟 **ōmei** a circle of sophisticates

39 鷲 (196 鳥) **SHŪ; washi** eagle
鷲峯 **shūhō** "Vulture Peak" (Buddhist mythology) =Skt. Gṛdhrakūṭa

39 鞭 (177 革) **BEN; muchi** a whip
鞭打 **benda** beating
鞭達 **bentatsu** encouragement

39 靴 (177 革) **KA; kutsu** shoe
靴下 **kutsushita** stockings, socks
靴屋 **kutsuya** shoe store

APPENDIX TWO

Equivalents between the New Kanji Forms and Those Used in Lessons 51 through 59

Almost all Japanese-Japanese dictionaries today carry convenient lists identifying the new kanji forms (**shinjitai** 新字体) commonly used in Japan since World War II with the older, traditional forms of these kanji. In this book these new kanji forms have been used in all Vocabularies and in the Japanese texts of all lessons except 51 through 59, which introduce the old forms. The modern student of the written language will, however, probably find even more useful a list like that given below, which identifies the older forms in terms of the new forms, since he, unlike most adult Japanese today, will probably be more familiar with the new forms.

The list below does not include cases of minor simplification which do not change the total number of strokes in the kanji or alter its appearance markedly (for example, new 寧 for old 寧), nor does it list those in which the only difference is the form of Radical 140 (new ⺾ for old ++) or Radical 162 (new ⻌ for old ⻍). Within each stroke-number group below, the kanji have been further arranged according to the radicals of traditional dictionaries. *The old form is on the left, the new form on the right.*

5 Strokes

冊 冊
囘 回
宂 冗

7 Strokes

佛 仏
囬 回
收 収
壯 壮
每 毎
糺 糾

8 Strokes

來 来
兒 児
兩 両
屆 届
拔 抜
拂 払
爭 争
狀 状
牀 床
社 社

9 Strokes

侮 侮
卽 即
恆 恒
拜 拝
祈 祈
祉 祉
突 突
者 者

10 Strokes

乘 乗
亞 亜
倂 併
姬 姫
峽 峡
徑 径
悔 悔
效 効
氣 気
涉 渉
海 海
狹 狭
臭 臭
益 益
眞 真
祕 秘
神 神
祝 祝
祖 祖
竝 並
缺 欠
耻 恥
郞 郎

11 Strokes

假 仮
條 条
冨 富
區 区
參 参
國 国
專 専
巢 巣
帶 帯
從 従
敍 叙
敎 教
敏 敏
敕 勅
旣 既
梅 梅
欵 款
殺 殺
淺 浅
淨 浄
將 将
硏 研
祥 祥
晝 昼
朗 朗
莊 荘
莖 茎
處 処
陷 陥
麥 麦

12 Strokes

剩 剰
勞 労
單 単
壹 壱
壻 婿
帽 帽
貳 弐
惱 悩
惠 恵
惡 悪
揭 掲
殘 残
渴 渇
爲 為
發 発
盜 盗
視 視
窗 窓
絲 糸
畫 画
虛 虚
都 都
隆 隆
黃 黄
黑 黒

13 Strokes

亂 乱
傳 伝
會 会

勤 勤
圍 囲
圓 円
奧 奥
當 当
廊 廊
微 微
愼 慎
搜 捜
搖 揺
暑 暑
溫 温
煮 煮
碎 砕
經 経
肅 粛
腦 脳
與 与
著 著
萬 万
號 号
逸 逸
鄕 郷

14 Strokes

僧 僧
僞 偽
嘆 嘆
團 団
圖 図
壽 寿
臺 台
獎 奨
賓 賓
實 実
寬 寛
寢 寝
對 対
慘 惨
慨 慨
遞 逓
榮 栄
滿 満
滯 滞
漢 漢
皷 鼓
盡 尽
福 福
禍 禍
稱 称
節 節
粹 粋
綠 緑
署 署
聟 婿
裝 装
輕 軽

15 Strokes

儉 倹
價 価
劍 剣
增 増
賣 売
墮 堕
寫 写
層 層
廢 廃
廣 広
彈 弾
德 徳
徵 徴
憎 憎
敷 敷
數 数
樞 枢
樣 様
槪 概
樓 楼
樂 楽
歐 欧
毆 殴
穀 穀
潛 潜
澁 渋
稻 稲
緖 緒
練 練
罰 罰
膓 腸
踐 践
醉 酔
鋪 舗
髮 髪
墨 墨
齒 歯

16 Strokes

劒 剣
劔 剣
劑 剤
勳 勲
器 器
學 学
戰 戦
據 拠
擔 担
擇 択
曉 暁
曆 暦
橫 横
歷 歴
澤 沢
燒 焼
獨 独
縣 県
衞 衛
諸 諸
謁 謁
豫 予
賴 頼
辨 弁
遲 遅
鄰 隣
錢 銭
錄 録
隨 随
險 険
靜 静
餘 余
默 黙

17 Strokes

勵 励
壓 圧
嶽 岳
應 応
戲 戯
擊 撃
檢 検
濕 湿
濟 済
濱 浜
營 営
禪 禅
穗 穂
繁 繁
縱 縦
總 総
聲 声
膽 胆
擧 挙
謠 謡
鍊 錬
隱 隠
隸 隷
點 点
齋 斎

18 Strokes

壘 塁
擴 拡
斷 断
歸 帰
爵 爵
禮 礼
舊 旧
薰 薫
藏 蔵
蟲 虫
謹 謹
豐 豊
轉 転
醫 医
鎭 鎮
雞 鶏
雜 雑
雙 双

19 Strokes

壞 壊
懲 懲
懷 懐
瀨 瀬
瀧 滝
獸 獣
癡 痴
穩 穏
繪 絵
藥 薬
藝 芸
證 証
贈 贈
贊 賛
辭 辞
邊 辺
關 関
難 難
類 類

20 Strokes

勸 勧
嚴 厳
孃 嬢
寶 宝
爐 炉
犧 犠
獵 猟
獻 献
瓣 弁
繼 継
覺 覚
觸 触
譯 訳
譽 誉
釋 釈
騷 騒
鬪 闘
黨 党
齡 齢

21 Strokes

屬 属
攝 摂
欄 欄
櫻 桜
續 続
覽 覧
辯 弁
鐵 鉄
飜 翻
驅 駆
鷄 鶏

22 Strokes

權 権
歡 歓
疊 畳
竊 窃
聽 聴
臟 臓
讀 読
鑄 鋳
響 響

23 Strokes

戀 恋
纖 繊
變 変
鑛 鉱
顯 顕
驗 験
驛 駅
體 体
髓 髄

24 Strokes

囑 嘱
蠶 蚕
釀 醸
靈 霊
鹽 塩

25 Strokes

廳 庁
灣 湾
蠻 蛮
觀 観

APPENDIX THREE

Dates of the Chief Periods of Japanese History

Japanese authors usually refer to Japanese history in terms of "periods" (**jidai** 時代) without giving any indication of the exact chronological significance of these terms; the Western reader will probably find it convenient to be able to associate these terms with his own chronology, which is the purpose of this Appendix.

It is also important to remember that there are, in effect, two sets of these "periods," one for political and social history, the other for art and cultural history, and that some of the same terms are used in both systems, but with somewhat different significance. It is possible to find authorities for many sets of widely differing dates for both, particularly for the first, but the dates in the lists below are the most generally recognized.

Political and Social History

1. Asuka 飛鳥 593–710
2. Nara 奈良 710–84
3. Heian 平安 794–1185
4. Kamakura 鎌倉 1185–1336
5. Muromachi 室町 1336–1573
   (also divided into:
   (a) Northern & Southern Courts [Nambokuchō 南北朝] 1336–92
   (b) Muromachi 室町 1392–1573
   (c) Warring States [Sengoku 戦国] ca. 1480–ca. 1570)

Art and Cultural History

1. Asuka 飛鳥 552–645
2. Nara 奈良 645–794
   (a) Early Nara 奈良前期 645–710 (also called Hakuhō 白鳳)
   (b) Late Nara 奈良後期 710–94 (also called Tempyō 天平)
3. Fujiwara 藤原 794–1185
   (a) Early Fujiwara 藤原前期 794–894 (also called Kōnin-Jōgan 弘仁 貞観, or Kōnin, or Jōgan, or Early Heian 平安初期)
   (b) Late Fujiwara 藤原後期 894–1185 (also divided into Main Fujiwara, or Middle Heian 平安中期, 894–1086, and Late Fujiwara, or Late Heian 平安後期, 1086–1185)
4. Kamakura 鎌倉 1185–1392
   (a) Early Kamakura 鎌倉前期 1185–1249
   (b) Late Kamakura 鎌倉後期 1249–1392
5. Ashikaga 足利 1392–1568

6. Azuchi-Momoyama 安土桃山 1568–98
7. Edo 江戸 1603–1867
8. Meiji 明治 1868–1911
9. Taishō 大正 1912–25
10. Shōwa 昭和 1926–

6. Momoyama 桃山 1568–1615
7. Tokugawa 徳川 1615–1867

The following brief list of the first years (**gannen** 元年) of the year periods (**nengō** 年号) for the last hundred years will make possible the quick computation of many commonly met dates:

Tempō 天保 1=A.D. 1830
Tempō 15=Kōka 弘化 1=1844
Kōka 5=Kaei 嘉永 1=1848
Kaei 7=Ansei 安政 1=1854
Ansei 7=Man'en 万延 1=1860
Man'en 2=Bunka 文化 1=1861
Bunka 4=Genji 元治 1=1864
Genji 2=Keiō 慶応 1=1865
Keiō 4=Meiji 明治 1=1868
Meiji 45=Taishō 大正 1=1912
Taishō 15=Shōwa 昭和 1=1926

For other dates in Japanese history there are many Japanese reference works available; a very convenient one for computation into the Western calendar is Tsuji Zennosuke 辻善之助, *Dai Nihon Nempyō* 大日本年表 (4th rev. ed., Tōkyō, 1942). For further details on the divisions into periods, see the articles s.v. in the *Nihon Rekishi Daijiten* 日本歴史大辞典 (22 vols., Tōkyō, 1960).

APPENDIX FOUR

A Note on Reading Japanese Personal and Place Names

In those rare instances where Japanese proper and place names are written in kana, they of course present no problems in reading. But unfortunately it is the almost general rule that these names are written in kanji, which results in the one most irrational aspect of modern written Japanese; for names written entirely or partly in kanji are more often than not ambiguous as to their readings, and indeed at times cannot be read at all without prior information not conveyed by the writing system.

Since this is true, the student of the written language ought not to be disappointed when he experiences difficulty in reading names correctly, for such is often the experience of the Japanese themselves. Nor can any comprehensive set of rules for such readings be given. But experience in reading and a growing acquaintance with a large variety of names will in time enhance the student's chances of hitting upon the correct reading in many if not most cases, which is about all that can reasonably be expected.

The account of the writing and reading of Japanese names in this Appendix is simply an attempt, therefore, to familiarize the student with the chief types of conventions employed in this portion of the writing system, especially as demonstrated in the names introduced in the reading selections of this book. As the student encounters proper and place names in the course of reading through this book he should check for them in this Appendix, and thus gradually accustom himself to the main problems of writing and reading these names.

GENERAL PRINCIPLES

Japanese personal and place names are generally written in kanji, and the kanji are here used in the same ways as elsewhere in the writing system, i.e. for both native Japanese and SJ elements. In addition the writing of names uses kanji in another way not common elsewhere in Japanese writing; this is known as Man'yōgana 万葉仮名 after the use of kanji as a purely phonetic script in the texts of the earliest Japanese poetic anthology the *Man'yōshū* 万葉集 and other early texts. The chief peculiarity of Man'yōgana as distinguished from the usual writing of SJ in kanji is the use of each kanji for single syllables (vowel+consonant) only; thus SJ **man** 万, but Man'yōgana **ma** 万. Many common Japanese place names are written in Man'yōgana, and Man'yōgana elements are often found mixed with SJ and native Japanese elements in the same name.

Another complication in writing of names in kanji is known as **nanori** 名乗り; these are native Japanese elements associated with kanji but generally used *only* in writing names, and not ordinarily met with elsewhere in the writing system. Thus SJ **ichi** and native Japanese **hitotsu** are both commonly associated with the kanji 一, but in names only the native Japanese nanori element **kazu** is most commonly associated with this kanji. Most Kanji-Japanese dictionaries list nanori.

The generally ambiguous nature of all names written in kanji results chiefly from five factors, which it may be useful to list here:

1. It is often impossible to determine which of the several native Japanese and SJ readings associated with any given kanji is to be used in any particular name.

2. It is generally impossible to determine when a nanori reading is to be chosen over any

of the more usual SJ or native Japanese elements.

3. It is generally impossible to predict whether a SJ or a Man'yōgana reading is to be chosen.

4. Names written in kanji give no indication of whether or not the voicing changes **k**>**g**, **s**>**z**, **shi**>**ji**, **t**>**d**, **tsu**>**zu**, **h**, **f**>**b** take place within such names or not; whether or not these changes take place is often a matter of personal taste (PrN) or local convention (PlN), and no rules may be stated.

5. Names written in kanji give no indication of whether or not a **-no-** is to be inserted between the elements of a name.

The reading of Japanese names may most conveniently be treated under the two general divisions of Surnames (**myōji** 苗字 also written 名字, or **sei** 姓) and Given Names (**namae** 名前, or **mei** 名). Given Names are further differentiated according to sex. In Japanese usage the Given Name always follows the Surname: Itō (Surname) Kazuo (Given Name) = Mr. K. Itō; Kinoshita Yoshiko = Miss Y. Kinoshita. Place Names (**chimei** 地名) in general follow the same principles as Surnames, and are below treated together with them. In the statements below, names introduced in the lessons of this book are identified with the number of the lesson in which they appear in parentheses following the name. Names without such numbers are additional examples added here to make the materials of this Appendix more complete.

SURNAMES

1. NATIVE JAPANESE ELEMENTS. Some are written with one kanji: Tsu 津 (51), Mori 森 (39), but most use two or more: Yamamoto 山本 (21), Akiyama 秋山 (21), Niwamoto 庭本 (21), Nakayama 中山 (21), Yamaniwa 山庭 (21), Motoyama 本山 (22), Asahi 朝日 (22), Kamakura 鎌倉 (28), Takei 武井 (32), Natsume 夏目 (39), Fujio 藤尾 (39), Hakone 箱根 (40), Iwate 岩手 (49), Itani 井谷 (57), Yanagihara 柳原 (64), Yokohama 横浜 (65), Ono 小野 (39), Kotani 小谷. Note the nanori **take** for 武, and the two possibilities **o-** and **ko-** for 小 in initial position. (Cf. also 4 below.)

2. NATIVE JAPANESE ELEMENTS WITH VOICING CHANGES.

k>**g**: Ogata 尾形 (31) (cf. Ogata 緒方 [46]), Nakagawa 中川 (32), Yamaguchi 山口 (40), Niigata 新潟 (57).

s>**z**: Karuizawa 軽井沢 (27), Tanizaki 谷崎 (55), Shimazaki 島崎 (63).

shi>**ji**: Utajima 歌島 (51), Mejiro 目白 (57), Kojima 小島 (65).

t>**d**: Uchida 家田 (28), Shimoda 下田 (38).

tsu>**zu**: Kozuka 小塚 (68), Takarazuka 宝塚, Shimazu 島津.

h, f>**b**: Nihombashi 日本橋 (26), Itabashi 板橋 (32), Kawabata 川端 (54), Ikebukuro 池袋 (65), Mitsubishi 三菱 (72), Kobayashi 小林, Wanibuchi 鰐淵.

3. NATIVE JAPANESE ELEMENTS WITH **-no-**, ETC. Miyanoshita 宮の下 (27), Shimonoseki 下関 (330), Inokuma 猪熊 (49), Takenouchi 竹内, Kinoshita 木下, Inoue 井上, Chidorigafuchi 千鳥ヶ淵*, Tōgasaki 東ヶ崎.

4. NATIVE JAPANESE ELEMENTS INVOLVING ADJECTIVES, VERBS, AND NUMBERS.

(a) with adjectives: Ōsaka 大阪 (21), Ōyama 大山 (22), Chikamatsu 近松 (44), Asai 浅井 (48), Aomori 青森 (49), Arai 荒井 (65). Note Ōkawa 大川 in contrast with Ogawa 小川.

(b) with verbs: Mitsukoshi 三越 (39), Tokachi 十勝 (51), Tsukiji 築地 (64), Tachikawa 立川, Watanabe 渡辺, Horiuchi 堀内, Irie 入江.

(c) with numbers: Miki 三木 (40), Mitsui 三井 (51), Mishima 三島 (51), Tokachi 十勝 (51), Yotsuya 四谷, Yokkaichi 四日市.

5. SJ WRITINGS. Nihon 日本 (18), Ginza 銀座 (19), Tōkyō 東京 (21), Kyōto 京都 (50), Satō 佐藤 (27)†, Itō 伊藤 (28), Kondō 近藤 (32), Kantō 関東 (40), Saitō 斎藤 (44), Kodō 孤堂 (48), Kichijōji 吉祥寺 (65). Note that with SJ place names directional or other words prefixed generally are read in native Japanese: Kita-Kyūshū 北九州 (40), Kami-Kōchi 上高地, Ura-Nihon 裏日本.

6. MAN'YŌGANA WRITINGS. Izu 伊豆 (28), Saga 佐賀 (41), Imari 伊万里 (41), Chita 知多 (51), Uji 宇治 (51), Kubo 久保 (53).

7. MIXED WRITINGS. Kōno 甲野 (39), Fukuzawa 福沢 (46), Kamogawa 加[賀]茂川 (49),

* Proper and place names generally still employ the older ヶ to write such **-ga-** elements; cf. Lesson 26, fn.

† The frequency of **tō** 藤 in names is to be explained by associations, either real or fancied, with the once great Fujiwara 藤原 clan, who for much of Japanese history dominated the Imperial family and court.

Atsumi 濃美 (51), Fukui 福井 (57), Hibiya 日比谷 (65).

8. WRITINGS INVOLVING CONTRACTIONS AND OTHER CHANGES IN FORMS (generally native Japanese). Inō 稲生 (38), Kōbe 神戸 (26), Tottori 鳥取 (40), Kanō 狩野 (42), Izumo 出雲 (42). Combining forms in native Japanese elements also are found: Shirakawa 白川, Funabashi 船橋, Inagaki 稲垣.

9. IRRATIONAL WRITINGS. Here two or more kanji, as a group, have been related to particular names through some historical process of semantic association, in total disregard of their usual native Japanese, SJ, Man'yōgana or nanori connections. Mutsu 陸奥 (49), Musashino 武蔵野 (65), Igarashi 五十嵐, Yamato 大和, Hasegawa 長谷川, Osaragi 大仏, Ebina 海老名, Shōji 東海林, Kisaragi 如月, Ōmi 近江.

GIVEN NAMES: MALE

10. NATIVE JAPANESE ELEMENTS. These often have a suffix **-o,** which may be written in a variety of ways, including 雄, 夫, 男, and 郎; they often frequently employ nanori: Masao 正雄 (29), Fumio 文雄 (40), Takao 孝雄 (44), Kazuo 一雄 (65), Yoshio 良夫 (65), Nobuo 信男, Tsuneo 常郎.

The inclusion of adjective and verb elements here adds further complications:

(a) Adjectives alone or final in male given names generally have the classical imperfect, ending in **-shi**: Hiroshi 宏 (53), Tadashi 正, Hisashi 久 (note here, as throughout the name writing system, the absence of okurigana).

(b) Verb and adjective elements have either the stem or infinitive when used in composition with another element, and verbs the infinitive when used alone: Katsu 勝 (53), Mamoru 護, Kaoru 薫, Masakatsu 正勝 (32), Hideyoshi 秀吉 (42), Hiroichi 広一 (44), Arinori 有礼 (45), Terukichi 照吉 (53), Yasunari 康成 (54), Hiroyuki 広之.

11. SJ AND MAN'YŌGANA WRITINGS. Kōrin 光琳 (31), Yūsaku 勇作 (32), Sōseki 漱石 (39), Ōgai 鷗外 (39), Yukio 由紀夫 (51), Shinji 新治 (53), Sō 宗 (53), Tōson 藤村 (63). Note that as the second element in SJ given names the number 二 is generally read **ji,** and the number 三 as **zō:** Kenji 堅二, Shōji 庄二, Eizō 英三, Kenzō 健三.

12. MALE GIVEN NAMES INVOLVING NUMBERING. These often indicate the order of birth of male children, and are most often in composition with the element **-rō** 郎; the series is as follows:

ichirō 一郎, **jirō** 二郎, **saburō** 三郎, **shirō** 四郎, **gorō** 五郎, **rokurō** 六郎, **shichirō** 七郎, **hachirō** 八郎, **kurō, kyūrō** 九郎, **jūrō** 十郎, and so on, though naturally the higher numbers are rare.

Often **ji** 次 is substituted for **ji** 二 in this series, and **shi** 史 and other homophones for **shi** 四. Allied to but apart from this series is also **tarō** 太郎.

All these compounds are found as names in their own right (Saburō 三郎 [32]), Jirō 次郎 [49], Tarō 太郎 [49]), or in composition with SJ, or much less often, native Japanese elements: Seijirō 清二郎 (44), Teijirō 貞次郎 (64), Sōichirō 総一郎 (65), Daishirō 第四郎, Ichitarō 市太郎 (42), Momotarō 桃太郎, Inejirō 稲次郎.

13. Mixed Readings. Ryūnosuke 竜之介 (49), Hiroichi 広一 (44), Daisuke 大介.

GIVEN NAMES: FEMALE

Female given names frequently employ the suffixes **-ko,** written 子 or in kana; **-e,** written 江, 枝, 重 or in kana, or **-yo,** usually written 代.* Sometimes they are written entirely in kana, or entirely in kana except for the suffix, and in such cases are totally unambiguous (Yuriko ゆりこ, Machiko マチ子, Fusae ふさえ, Fude ふで). Those written entirely or partly in kanji introduce no new principles, and may be summarized as follows:

14. NATIVE JAPANESE ELEMENTS. Itoko 糸子 (48), Komako 駒子 (55), Sachiko 幸子 (57), Yukiko 雪子 (57), Taeko 妙子 (57), Kiyoko 清子, Yoshie 良重, Utae 歌江, Tamae 玉枝, Yaeko 八重子, Kimiyo 君代, Masayo 雅代, Yachiyo 八千代, Sumiyo スミ代.

15. SJ AND MAN'YŌGANA WRITINGS. Yōko 葉子 (55), Mioko 美穂子, Yuriko 由理子, Hisako 緋紗子, Mitsuko 美都子.

* Prefixed **o-** お with female given names (O-Kichi お吉 [38], O-Tsuru お鶴, O-Karu お軽) was common during feudal times, but today is found only in the professional names of geisha and other entertainers.

16. IRRATIONAL WRITINGS. Sayoko 小夜子 (48), Isuzu 五十鈴.

Whenever possible the student should verify his readings of personal and place names; a variety of reference tools are available for this purpose, including, for personal names, the *Dai Jimmei Jiten* 大人名事典 (10 vols., Tōkyō, 1955) and for place names the *Nihon Chimei Jiten* 日本地名事典 (3 vols. with index, Tōkyō, 1955). Though it deals in particular with historical names, Albert J. Koop and Hogitarō Inada, *Japanese Names and How to Read Them, Meiji Benran* 銘字便覧 (London, 1923) is full of a great amount of detailed and often fascinating information about the writing and reading of Japanese names, and its list of nanori elements (pp. 80–81) is useful. For quick reference use, the two volumes by I. V. Gillis and Pai Ping-ch'i, *Japanese Surnames* (reprinted Ann Arbor, 1939) and *Japanese Personal Names* (reprinted Ann Arbor, 1942) are handy, though, being simply lists of kanji and possible readings, they provide no grounds for choosing between multiple possibilities.

APPENDIX FIVE

Bibliographical Note on Some Works on Japanese Grammar

In addition to the essential reference works mentioned in the Introduction, the student of modern written Japanese may find useful some or all of the works listed below.

Henderson, Harold Gould: *Handbook of Japanese Grammar,* Boston, 1943.

Gardner, Elizabeth Frances: *Introduction to Literary Japanese* (Mirror Series B, No. 2) New Haven, 1954.

Lehmann, W. P., and Faust, Lloyd: *A Grammar of Formal Written Japanese* (Harvard-Yenching Institute Studies, Vol. 5), Cambridge, Mass., 1951.

Sansom, George B.: *An Historical Grammar of Japanese,* Oxford, 1928; reprinted 1946. (In spite of the title this unique volume contains a good deal of useful reference material on the modern language.)

Yamagiwa, Joseph Koshimi: *Modern Conversational Japanese,* New York, 1942.

Bloch, Bernard, and Jorden, Eleanor Harz: *Spoken Japanese,* 2 vols. New York, 1945–46.

Chamberlain, Basil Hall: *A Practical Introduction to the Study of Japanese Writing,* London, 1899. (Though no longer a guide to current usage, this remarkable volume is still full of much essential information about the Japanese system of writing not easily available elsewhere, and is always a delight to read and use.)

Recent years have seen the publication of several important linguistic treatments of modern Japanese, the most essential of which are listed below:

Bloch, Bernard: "Studies in Colloquial Japanese, Part I, Inflection," *Journal of the American Oriental Society,* 66 (1946), 97–109.

——: "Studies in Colloquial Japanese, Part II, Syntax," *Language* 22 (1946), 200–48.

——: "Studies in Colloquial Japanese, Part III, Derivation of Inflected Words," *Journal of the American Oriental Society,* 66 (1946), 304–15.

——: "Studies in Colloquial Japanese, Part IV, Phonemics," *Language* 26 (1950), 86–125.

Gardner, Elizabeth F.: *The Inflections of Modern Literary Japanese,* Supplement, *Language* 26 (4), 1950.

Martin, Samuel E.: *Morphophonemics of Standard Colloquial Japanese,* Supplement, *Language* 28 (3), 1952.

Jorden, Eleanor H.: *The Syntax of Modern Colloquial Japanese,* Supplement, *Language* 31 (3), 1955.

These studies provide a descriptive treatment of the language represented by the texts contained in this book.

In addition, the following studies may also be useful to students with special interests:

Haguenauer, Charles: *Morphologie du Japonais moderne*, Paris, 1951.

——: *Origines de la civilisation japonaise*, Paris, 1956. (Most of this volume consists of " Chapitre IV, Le point de vue linguistique," a massive treatment of the comparison of Japanese with other languages, with extensive bibliographical information.)

Wenck, Günther, *Japanische Phonetik,* 3 vols., Wiesbaden, 1954–57.

For bibliographical information about works in European languages (except Russian) concerning Japanese grammar, the following is useful:

Borton, Hugh, *et al.*: *A Selected List of Books*

and Articles on Japan in English, French, and German, revised and enlarged edition, Cambridge, Mass., 1954. (Chapter XII, 151–64, is concerned with language; see especially "Grammars and Textbooks," 155 ff.)

Bibliographical additions, including some works in Russian, may be made from:

Haguenauer, Charles: *Japonais,* in Meillet, A., and Cohen, Marcel, *Les langues du monde,* nouvelle édition, Paris, 1952, 447–74.

Needless to say, the Japanese literature in this field is both enormous and uneven. For an introduction to it, however, the article on Japanese by Hattori Shirō and others in Ichikawa Sanki 市川三喜 and Hattori Shirō 服部四郎, ed., *Sekai Gengo Gaisetsu* 世界言語概説, Tōkyō, 1955, Vol. 2, 149–305, is extremely useful, and also provides an excellent source for becoming acquainted with the most recent Japanese research in this field. The article is divided into eight sections, covering the distribution, phonology, grammar, vocabulary, dialects, script, history, and affinities of Japanese, with bibliographical information at the conclusion of each section.

INDEX

This index brings together for more convenient reference notes and explanations found in different parts of this book. The student will often find it useful, in studying a particular passage in the reading selections, to turn to the index and see if there are similar items explained elsewhere in other lessons. The index is not a dictionary, nor intended to replace one, and the vocabularies are for this reason not included in it, nor are the purely cultural or sociological notes found in some of the lessons. But an effort has been made to include here in considerable detail all the material from the reading notes and introductions to the various lessons that might help you in learning to read Japanese.

Numbers in the index refer to the numbers of the lessons and their reading notes or other numbered sections and subsections of each lesson, not to pages. In other words, 16.7 means Lesson 16, Reading Note 7; 16.0 means that the item is to be found in the unnumbered Introduction to Lesson 16; 7. fn means it is in a footnote to Lesson 7 (since there are very few footnotes they are not further identified); 14.3. c means Lesson 14, section 3, subsection c; 51. n. 4. e means section 4, subsection e of the Note appended to Lesson 51; 0.5 means Introduction, section 5, and so on. I, II, III, etc. refer to the Appendices.

Listing in the index is in the order of the English alphabet, with **ā, ū, ē, ō** following their short equivalents. Verb and adjective forms are brought together under the plain imperfect (**shite, shita, shite iru** under **suru, konai** under **kuru, yoku** under **ii**, etc.), but cross references are also provided. Nouns and verbs with the honorific **o-** prefix will be found under the element following (**o-sake** under **sake, o-ai ni naru** under **au,** etc.). Only a minimum of kanji and kana have been included in the index, chiefly in cases where they serve as a quick visual guide for distinguishing among homophones. Note also that a short list of the miscellaneous symbols used in writing Japanese is to be found at the end of the index.

MISCELLANEOUS SYMBOLS

NOTE: *Book Two begins at the end of this volume, with the page numbers continuing in the opposite direction.*

下巻

BOOK TWO

◆ JAPANESE TEXTS

NOTE: *Page numbers continue from Book One.*

◆第一部◆　入門

第一　ひらがな（あ—の）

あいうえおかきくけこさしすせそたちつてとなにぬねの。

た、え、き、あかい、あおい、かき、ち、て、いえ、すき、うち、たつ、ななつ、さと、たうえ、いと、あさ、あした、かした、かお、かう、さす、かく、さけ、あお、あう、ちち、なに、あさい、かこ、うた、えさ、きく、けさ、かさい、こたつ、おさかな、おすし、けぬき、あそこ、おと、かたて、いち、に、あにのかさ、あねのかさ、おいのくつ、あしたのあさ、

さとこのおすし、この、その、あの、このてつ、そのかき、あのたね、たねこのおい、すすき、つき、けいこのくつした、このたぬき、おかのうえ、さかのした。

第二 ひらがな（は―ん）

はひふへほまみむめもやゆよらりるれろわをん。

ほ、はま、やま、みや、むら、むり、ふむ、ほん、わら、ゆり、もり、ひふ、ひも、へや、よむ、めん、もめん、よる、ひる、まれ、まる、ふろ、わん、ひるもよるも、こんにち、はい、いいえ、さよなら、きん、みみ、もも、すすむ、くるま、ぬすむ、うま、うめ、おもう、まえ、ていねい、すみ、すみません、する、します、しません、おす、つみ、つる、つむ、つつむ、さんまい、けんちく、さんかく、にほん、けんさ、しんしき、まんねんひつ、さんり、こんやく、しんわ、きんえん、めんおりもの、きんいろ、あなたとわたくし。

第三 ひらがな（にごり）

がぎぐげござじずぜぞだぢづでどばびぶべぼぱぴぷぺぽ。

ぎん、じ、ばん、つづく、ぐあい、べいこく、ごい、が、えいご、はだ、はら、とどける、とろける、そで、それ、どく、ろく、りんご、けんぶつ、きんぱつ、こんど、さじ、げんき、こんげつ、ぶんがく、ばんざい、えんぴつ、でんわ、げんあん、さんぽ、さんびか、ぽち、ごご、がくせい、あご、かぐ、げんご、かぎ。いいんですか。だめです。わすれました。わかりましたか。わかりました。すきですか。きらいですか。いくらですか。しつれいいたしました。おそれいりました。かしこまりました。おねがいいたします。おあがりください。いろいろおせわになりました。あいかわらず。おやすみなさい。

第四　ひらがな（拗音）

きゃ、きゅ、きょ、ぎゃ、ぎゅ、ぎょ、しゃ、しゅ、しょ、ちゃ、ちゅ、ちょ、じゃ、じゅ、じょ、ひゃ、ひゅ、ひょ、びゃ、びゅ、びょ、ぴゃ、ぴゅ、ぴょ、みゃ、みゅ、みょ、にゃ、にゅ、にょ、りゃ、りゅ、りょ。きゃくしゃ、きょく、ぎゃく、さんびゃく、さんみゃく、しゃくなあめ、なまじゃけ、りゃく、はんにゃ、きしゃ、でんしゃ、

おちゃ、ちゃわん、じゃのめ、どくじゃ、ひゃくまん、びゃくれん、むちゃくちゃ、しゃくにさわる、しょじょ、しゅみ、しゅだん、しゅじゅつ、しんじゅく、ちょちく、じゅし、じゅしゃ、じゅけん、じょかん、じょし、にょてい、りょかん、ちゃんと。

第五　ひらがな（長音）

ああ、いい、うう、ええ、おう、くう、すう、つう、ぬう、ふう、むう、ゆう、るう、こう、そう、とう、のう、ほう、もう、よう、ろう、おう、おお。

さあ、ねえ、にいさん、ねえさん、ばあさん、じいさん、もう、どう、そう、そうですか、ふつう、きょう、でしょう、ほう、ありがとう、どうぞ、とうきょう、きのう、こうえん、きょうと、ぎんこう、じどうしゃ、いきましょう、じろう、りょこう、やすみましょう、じぎょう、かんとう、ようふく、そうとう、じつぎょうか、しゃちょう、ゆうめい、そうば、こうば、おおたけさん、おおさか、ほうきゅう、りょうり、ゆにゅう、ゆしゅつ、きゅうりょう、しゅうせん、ちょくご、しょこ、しょうこ、しょうこう、こうこ、こうこう、ここ。

第六　ひらがな（促音）

いっぺん、いっと、かっこ、かっさい、いっしょ、いっち、きっぷ、せっぷく、ちょっと、きっさ、まっすぐ、ざっし、まっちゃ、ゆっくり、がっこう、けっこう、しょっこう、いっさくじつ、あさって、げっきゅう、けっこん、せっかく、ぼっちゃん、いらっしゃいませ、かえって、たべて、のって、いって、くもって、いった、もって、もった、とって、とった、とまって、とまった、つかって、つかった、かって、かった、きて、きた、きって、きった、まって、まった、しゅっちょう、じっぷん、かかって、かかった、こまって、こまった、はいって、はいった、うって、うった、なって、なった、いっぽん、あって、あった、かってぐち、もって、もった、ごろっかげつ、しなかった、ちがって、ちがった、つくって、つくった、すわって、すわった、いったし、いそがしかった。

第七　カタカナ（ア—ノ）

アイウエオカキクケコサシス
セソタチツテトナニヌネノ。

タ、エ、キ、アカイ、アオイ、カキ、チ、テ、イエ、スキ、ウチ、タツ、ナナツ、サト、タウエ、イト、アサ、アシタ、カシタ、カオ、カウ、サス、カク、サケ、アオ、アウ、チチ、ナニ、アサイ、カコ、ウタ、エサ、キク、ケサ、カサイ、コタツ、オサカナ、オスシ、ケヌキ、アソコ、オト、カタテ、イチ、ニ、アニノカサ、アネノカサ、オイノクツ、アシタノアサ、サトコノオスシ、コノ、ソノ、アノ、コノ、テツ、ソノカキ、アノタネ、タネコノオイ、ススキ、ツキ、ケイコノクツシタ、コノタヌキ、オカノウエ、サカノシタ。

第八　カタカナ（ハ―ン）

ハヒフヘホマミムメモヤユヨラリルレロワヲン。

ホ、ハマ、ヤマ、ミヤ、ムラ、ムリ、フム、ホン、ワラ、ユリ、モリ、ヒフ、ヒモ、ヘヤ、ヨム、メン、モメン、ヨル、ヒル、マレ、マル、フロ、ワン、ヒルモヨルモ、コンニチ、ハイ、イイエ、サヨナラ、キン、ミミ、モモ、ススム、クルマ、ヌスム、ウマ、ウメ、オモウ、マエ、テイネイ、スミ、スミマセン、スル、シマス、シマセン、オス、ツミ、ツル、ツ

ム、ツツム、サンマイ、ケンチク、サンカク、ニホン、ケンサ、シンシキ、マンネンヒツ、サンリ、コンヤク、シンワ、キンエン、メンオリモノ、キンイロ、アナタトワタクシ。

第九　カタカナ（ニゴリ）

ガギグゲゴザジズゼゾダヂヅデドバビブベボパピプペポ。

ギン、ジ、バン、ツヅク、グアイ、ベイコク、ゴイ、ガ、エイゴ、ハダ、ハラ、トドケル、トロケル、ソデ、ソレ、ドク、ロク、リンゴ、ルス、ケンブツ、キンパツ、コンド、サジ、ゲンキ、コンゲツ、ブンガク、バンザイ、エンピツ、デンワ、ゲンアン、サンポ、サンビカ、ボチ、ゴゴ、ガクセイ、アゴ、カグ、ゲンゴ、カギ。イインデスカ。ダメデス。ワスレマシタ。ワカリマシタカ。ワカリマシタ。スキデスカ、キライデスカ。イクラデスカ。シツレイイタシマシタ。オソレイリマシタ。カシコマリマシタ。オネガイイタシマス。オアガリクダサイ。イロイロオセワニナリマシタ。アイカワラズ。オヤスミナサイ。

第十　カタカナ（拗音）

キャ、キュ、キョ、ギャ、ギュ、ギョ、シャ、シュ、ショ、チャ、チュ、チョ、ジャ、ジュ、ジョ、ヒャ、ヒュ、ヒョ、ビャ、ビュ、ビョ、ピャ、ピュ、ピョ、ミャ、ミュ、ミョ、ニャ、ニュ、ニョ、リャ、リュ、リョ。

キャクシャ、キョク、ギャク、サンビャク、サンミャク、シャクナアメ、ナマジャケ、リャク、ハンニャ、キシャ、デンシャ、オチャ、チャワン、ジャノメ、ドクジャ、ヒャクマン、ビャクレン、ムチャクチャ、シャクニサワル、ショジョ、シュミ、シュダン、シュジュツ、シンジュク、チョチク、ジュシ、ジュシャ、ジュケン、ジョカン、ジョシ、ニョテイ、リョカン、チャント。

第十一　カタカナ（長音・促音）

アア、イイ、ウウ、エエ、オウ、クウ、スウ、ツウ、ヌウ、フウ、ムウ、ユウ、ルウ、コウ、ソウ、トウ、ノウ、ホウ、モウ、ヨウ、ロウ。オウ、オオ。

サア、ネエ、ニイサン、ネエサン、バアサン、ジイサン、モウ、ドウ、ソウ、ソ

ウデスカ、フツウ、キョウ、デショウ、ホウ、アリガトウ、ドウゾ、トウキョウ、キノウ、コウエン、キョウト、ギンコウ、ジドウシャ、イキマショウ、ジロウ、リョコウ、ヤスミマショウ、ジギョウ、カントウ、ヨウフク、ソウトウ、ジツギョウカ、シャチョウ、ユウメイ、ソウバ、コウバ、オオタケサン、オオサカ、ホウキュウ、リョウリ、ユニュウ、ユシ、キュウリョウ、シュウセンチョクゴ、ショコ、ショウコ、ショウコウ、コウコ、コウコウ、ココ。

イッペン、イット、カッコ、カッサイ、イッショ、イッチ、キップ、セップク、チョット、キッサ、マッスグ、ザッシ、マッチャ、ユックリ、ガッコウ、ケッコウ、ショッコウ、イッサクジツ、アサッテ、ゲッキュウ、ケッコン、セッカク、ボッチャン、イラッシャイマセ、カエッテ、タベテ、ノッテ、イッテ、クモッテ、イッタ、モッテ、モッタ、トッテ、トッタ、トマッテ、トマッタ、ツカッテ、ツカッタ、カッテ、カッタ、キテ、キタ、キッテ、キッタ、マッテ、マッタ、シュッチョウ、ジップン、カカッテ、カカッタ、コマッテ、コマッタ、ハイッテ、ハイッタ、ウッテ、ウッタ、ナッテ、ナッタ、イッポン、アッテ、アッタ、カッテグチ、

モッテ、モッタ、ゴロッカゲツ、シナカッタ、チガッテ、チガッタ、ツクッテ、ツクッタ、スワッテ、スワッタ、イッタシ、イソガシカッタ。

第十二 カタカナ（外来語）

コーヒー、ビール、グラビア、ナショナル・オール・トランジスター・ラジオ、テレビ、カメラ ローヤル・オリエンタル・ホテル、メーカー、パンフレット、ユーモラス、ハイ・ティーン、キャッチ・フレーズ、バラエティー、フィナーレ、スポーツ、スキー、モーター・ボート、クランク・アップ、ナンバー・ワン、デパート、スープ、グリーン、コバルト、ホリデー・イン・ジャパン、ミュージカル・ショー、プロデューサー、ディレクター、リハーサル、ラテン・クォーター、ネックレス、ホワイト、ニューヨーク、フィラデルフィア、フランス、プール・サイド、バレエ、カクテル、クインテット、ルンバ、リズム、ガーデン・パーティー、スポット・ライト、メロディ、ステップ、シャークスキン、ダーク・グレイ、ニュース、レインコート、ジャズ・コーラス、ヌーベル・バーグ、マネジャー、アルピニスト、メガホン、スリラー、ノイローゼ、ルンペン、

アルバイト・サロン、サービス、サイン、ジャーナル、アンバランス、スキン・ローション、ハート、ジンジャー、ハワイ、ラスベガス、ヤング・リビング、ミュージック・コーナー、レコード、イタリア、ドイツ、アルパイン・ヨーデル、アコーディオン、バナナ・ボート・ソング、ファッション、シルエット、ビーチ・ウェア、シャツ、スタイル、トップ・モード、ボーイッシュ、マッチ、ストッキング、クーペ、ドライブ・コース、メニュー、チャーム、ジャム・セッション、アルバム、アンケート、ポケット、オープン・シャツ、ブラウス、キッチン、ホルモン、ジュウエル、ホームラン、ページ、グループ、Y・シャツ、アベック、ラブ・シーン、ゴムボート、ボーイ・フレンド、G・メン、ワンピース、スエーデン、ヒント、ハンドル、ホワイト・ソース、キャベツ、アラベスク、ガイド、メートル、ヒマラヤ、ガレージ、ファッション・モデル、ホープ、ファンレター、オペラ、ザ・エンド。

第十三　漢　字

火、ひ、ヒ。水、みず、ミズ。木、き、キ。土、つち、ツチ。左、ひだり、ヒダリ。右、みぎ、ミギ。耳、みみ、ミミ。

森、もり、モリ。花、はな、ハナ。石、いし、イシ。火、水、木、土、左、右、耳、森、花、石。

花、水、耳、左、火、石、森、木、右、土。

火、水、木、土、左、右、耳、森、花、石、花、水、耳、左、火、石、森、木、石、土。ひ、みず、き、つち、ひだり、みぎ、みみ、もり、はな、いし。ヒ、ミズ、キ、ツチ、ヒダリ、ミギ、ミミ、モリ、ハナ、イシ。

あいうえおかきくけこさしすせそたちつてとなにぬねのはひふへほまみむめもやゆよらりるれろわをん。

アイウエオカキクケコサシスセソタチツテトナニヌネノハヒフヘホマミムメモヤユヨラリルレロワヲン。

第十四　送り仮名

赤い。青い。黒い。正しい。新しい。暗い。赤い火。黒い木。青い花。暗い森。赤かった。青かった。黒かった。新しかった。正しかった。暗かった。赤くて。青くて。黒くて。正しくて。新しくて。暗くて。

切る。切ります。切って。着る。着ます。着て。考える。考えます。考えて。引く。引きます。引いて。晴れる。晴れます。晴れて。正しく考えましょう。赤くなるでしょう。黒くありません。青くなってしまった。着ると考えなければなりません。引けば切らなければなりません。晴れると暗くない。

第十五　てにおは

川に。川へ。先に。犬に。谷へ。谷に。糸が。糸は。字が。字は。色が。色は。心が。心は。男が。女は。

足が。足は。黒い犬へ。赤い色が。正しい心は。青い糸が。字を。心を。男を。足を。川を。糸を切る。糸を引く。心で考える。谷にいる。谷へ行く。字をみる。左の川へいく。右の石へいく。川の水をのむ。男の耳。男の心。花の色。字を先に。男を先に。女が犬を先に。黒い犬。赤い土のうえに。木のしたの暗いところに。石のしたへ。正しい字をかいてください。この女。その犬。あの川。心のなかで。耳のなかで。川のなかへ。犬を左に。男を右に。

第十六　数字

一、二、三、四、五、六、七、八、九、十、十一、十二、十三、十四、十五、十六、十七、十八、十九、二十、二十一、二十二、二十三、二十四、二十五、二十六、二十七、二十八、二十九、三十、三十一、三十二、三十三、三十四、三十五、三十六、三十七、三十八、三十九、四十、四十一、四十二、四十三、四十四、四十五、四十六、四十七、四十八、四十九、五十——九十五、九十六、九十七、九十八、九十九、百、百一、百二、百三、百四、百五——百九十九、二百、二百一、二百二、二百三——三百、四百、五百、六百、七百、八百、九百——九百九十九、千、千一、千二、千三、千四、千五——二千、三千、四千、五千、六千、七千、八千、九千——九千九百九十六、九千九百九十七、九千九百九十八、九千九百九十九。

一　二　三　四　五　六　七　八　九　一〇　一一　一二　一三　一四
一五　一六　一七　一八　一九　二〇　二一　二二　二三　二四——三〇　四〇　五〇
六〇　七〇　八〇　九〇　九一　九二　九三　九四　九五　九六　九七　九八　九九　一〇〇
一〇一　一〇二　一〇三　一〇四　一〇五——二〇〇　三〇〇　四〇〇　五〇〇　六〇〇
七〇〇　八〇〇　九〇〇——九九五　九九六　九九七　九九八　九九九。

一つ、二つ、三つ、四つ、五つ、六つ、七つ、八つ、九つ、十。

第十七　ひらがな（復習）

一、おはようございます。
二、こんにちは。
三、こんばんは。
四、いかがですか。
五、はい、ありがとうございます。
六、げんきです。
七、あなたは。
八、あいかわらずです。
九、はい。ええ。
十、いいえ。
十一、しつれいしました。
十二、ごめんなさい。
十三、ちょっとしつれいですが…。
十四、おはなしちゅうしつれいですが…。
十五、おねがいいたします。

十六、おそれいりました。すみません。
十七、すみませんでした。
十八、どうもありがとうございます。
十九、ありがとうございました。
二十、どういたしまして。
二十一、いろいろおせわになりました。
二十二、ごくろうさまでした。
二十三、かしこまりました。
二十四、おじゃまではありませんか。
二十五、おじゃまいたしました。
二十六、ごえんりょなく。
二十七、よくいらっしゃいました。
二十八、おまちどうさまでした。
二十九、どうぞおさきへ。[1]
三　十、おさきにしつれいいたします。
三十一、おあがりください。
三十二、おはいりください。
三十三、では、しつれいいたします。

三十四、じゃ、また。
三十五、またどうぞ。
三十六、ゆっくりはなしてください。
三十七、どうぞ、もういちどいってください。
三十八、ちょっとまってください。
三十九、もしもし。
四　十、おやすみなさい。
四十一、さよなら。

◆第二部◆　初級

第十八　初歩　その一

一、これはなんですか。
二、それは本です。
三、あなたの本ですか。
四、はい、そうです。
五、私の本はどれですか。
六、あれです。
七、ああ、そうですか。
八、この雑誌はだれのですか。
九、あなたのですか、あの人のですか。
十、私のです。
十一、あの建物は銀行ですか。
十二、いいえ、学校です。
十三、銀行はどこですか。
十四、あそこです。
十五、どの建物が映画館ですか。

十六、その建物が映画館です。
十七、映画はおすきですか。
十八、だいすきです。
十九、あなたは日本の映画がおすきですか。
二十、えんぴつはどこにありますか。
二十一、つくえの上にあります。
二十二、つくえはどこにありますか。
二十三、へやの中にあります。
二十四、あなたはどこにいますか。
二十五、ここにいます。
二十六、へやの中にいますか。
二十七、いいえ、そとにいます。
二十八、建物のそとにいます。
二十九、庭にいます。

第十九　初歩　その二

一、あなたは今なにをしていますか。
二、今は日本語を話しています。
三、あなたは毎日なにをしますか。
四、毎日町へ行って事務所でしごとをします。
五、そうですか。どこに住んでいますか。
六、郊外に住んでいます。
七、きのうしごとをしましたか。
八、いいえ、きのうはひまでした。
九、公園へ行って、散歩しました。
十、それから家へ帰って、本を読みました。
十一、今夜ごはんを食べてから映画に行きます。
十二、私と一緒に行きませんか。
十三、日本の映画ですか。
十四、いいえ、そうではありません。アメリカのです。
十五、映画を見てからすぐ家へ帰りますか。
十六、はい、すぐ帰ります。一緒に来てください。
十七、ありがとうございます。きっぷはもう買いましたか。

十八、いいえ、映画館（かん）で買いましょう。

十九、自動車（じどうしゃ）に乗って行きましょうか。歩いて行きましょうか。

二十、そうですね。

二十一、映画館（かん）は銀行とデパートの間にありますね。

二十二、歩いて行きましょう。

二十三、結構（けっこう）です。

二十四、次郎（じろう）をつれて行きましょうか。

二十五、この電車（でんしゃ）は銀座へ行きますか。

第二十　初歩　その三

一、おてんきがいいと毎朝散歩します。

二、けれども、雨が降ると家にいて、ラジオを聞きます。

三、アメリカでは春になると雨がよく降ります。

四、冬は寒いからあんまり散歩しません。

五、風が吹きます。雪も降ります。

六、夏は旅行するのがすきです。

七、きょねんは海へ行って、いろいろなことをして遊びました。

八、来年はまた海へ行くつもりですが、あなたはいかがですか。

九、私のやすみは秋だから、海へは行くことができません。

十、山へ行ったことはありませんから、軽井沢（かるいざわ）へ行って見るつもりです。

十一、この映画を見に行きましょうか。

十二、私は昨晩見ましたから今夜は散歩に行きましょう。

十三、私はすこし疲れていますから、ごはんを食べてから休みましょう。

十四、毎晩遅くまでしごとをすると病気になります。

十五、フランスの映画は面白いけれど、私はフランス語がわかりませんから…。

十六、フランス語もドイツ語もわかりません。

十七、なにを持って来ましたか。

十八、じびきを持って来ていますか。

十九、洗濯物(せんたく)①を取りに行ってからなにをしましたか。

二十、手紙を取って来ました。

第二十一 初歩 その四

一、昨晩私が新聞を読んでいたところへ山本さんが遊びに来ました。

二、私は窓からともだちの山本さんが来るのを見たので、立って玄関(げんかん)①へ行きました。

三、昨晩遊びに来た山本さんはある会社の社長で、財界で有名(ゆうめい)な人です。

四、山本さんの会社は海外へいろいろな品物②を輸出しています。

五、海外から輸入するものは高いので、今はあんまり輸入していません。

六、山本さんと一緒に来た人は大阪のある工場の支配人(しはい)の秋山さんでした。

七、秋本さんの工場は外国の資本を使って、海外へ輸出する物を作っています。

八、その大阪の工場の株を買った人たちがたぶんアメリカにもいるでしょう。

九、秋山さんは海外へ行くので、まず外国為替(かわせ)を調べに東京へ来たのです。

十、映画を見に行かずに家にいました。

十一、新聞を読まずに散歩しましょう。

十二、ここへ遊びに来ない③で映画館へ行ったのでしょう。

十三、秋山さんは山へ行かずに海へ行くでしょう。

十四、庭本さんは家へ帰らずに東京へ行って遅くまで散歩していました。

十五、中山さんは今夜しごとをせずに銀座へ遊びに行くつもりです。

十六、これは私の見た映画です。
十七、あそこはよく散歩に行く山です。
十八、そこは山庭さんのともだちの住んでいるところです。

第二十二　初歩　その五

一、あの人の会社は日本で株を売らないで、大山さんが海外へ行って売ることになっています。
二、あさって東京をたつことになっているので、昨晩私のところへ遊びに来たのです。
三、大山さんは海外へ行く前に、秋山さんの会社に勤めている外国為替(かわせ)に経験(けいけん)のある社員と、話をすることになっています。
四、支配人(しはい)が帰るまでは、だれかがかわり①にしごとをするでしょう。
五、終戦(しゅうせん)まではその工場は財閥(ばつ)に属していました。
六、戦争の前は私もその工場に勤めていたのです。
七、そのころ②は職工をあんまり雇(やと)っていませんでした。
八、今はこの工場で大ぜいの人が働いています。
九、けれども、職工は給料が安いのでよくストライキ③をします。
十、私は今、朝日新聞の記者なのです。
十一、経済や財政の記事を書いています。
十二、政治の記事は書きません。
十三、大山さんと秋本さんが来る前に、家内がいろいろおいしい料理を用意して待っていました。
十四、私はあさって、飛行場へ行って、秋山さんの飛行機(き)が出るまで見送るつもりです。
十五、時間に間に合うように国電に乗らずに本山さんの自動車(じどう)に乗って行きます。
十六、その自動車(じどう)は古いのによく走ります。
十七、秋山さんは英語がよく出来るから、アメリカ

で株を売るのに困らないでしょう。

十八、英語のできない人にはそんなしごとはむずかしいでしょう。

十九、私は英語の新聞を読むのに字引がいります。

二十、このことは英語でどういいますか。

二十一、あそこは毎日食事をするところです。

二十二、それは私の来た町です。

二十三、あれが社長のいそいで歩いて行った銀行です。

二十四、あれは社員が本を買った店です。

二十五、あれが私の乗っていた電車です。

第二十三　初　歩　その六

一、きのうは二人の子供たちと一緒に買物に行きました。

二、銀座まで電車に乗って行ったので十分もかかりませんでした。

三、歩いて行くと一時間もかかります。

四、ちょうど九時に銀座へ着きました。

五、買物は早くしないと店がこむから困りますね。

六、まず本屋へ行って字引を三冊買いました。

七、和英辞書を一冊、それから英和辞書を二冊買ったのです。

八、その間に友達はとなりの店へ行って靴下を二足買いました。

九、それから一緒に時計屋へはいって、時計を三十分ぐらい見ていました。

十、すきな時計が二つあったけれども、あんまり高かったので買わずに出て来たのです。

十一、一つは金の時計で、もう一つは銀の時計でした。

十二、銀のは二万円で、金のは四万円でした。

十三、時計屋を出てからデパートへ行く途中で、ミカン[1]を売っている人を見ました。

十四、大すきなミカンがこのごろ安くなったので私はそこで一ダース[2]買いました。

十五、デパートで友達は万年筆を二本買いました。

十六、大きいのと小さいのを買いました。

十七、デパートを出た時はもう十一時になっていました。

十八、銀座通りにはいろいろの面白い店があります。

十九、歩道でも物を売っている人がいるから、とてもにぎやかなんです。

二十、きょうの買物は二時間しかかかりませんでした。

第二十四　初歩　その七

一、日本という[1]国は、アメリカと違うところが多いです。

二、どんなところが違うかというと次のようです。

三、まず、日本の家はアメリカのよりも小さいようです。

四、家の中へはいる時には玄関(げんかん)で靴(くつ)やげた[2]をぬぎます。

五、靴(くつ)やげたをぬいでから上がります。

六、このごろは、靴(くつ)の上にカバーをはいて上がることもあります。

七、部屋の中にはたたみが敷いてあって、ゆかは見えません。

八、障子(しょうじ)やふすまや板戸を使って、大きい家をすきな時に別々の小さい部屋にします。

九、障子(しょうじ)はたいてい座敷とえんがわの間にあり、ふすまは部屋と部屋の間にあり、板戸は台所などにあります。

十、夜になると雨戸というものをえんがわのまわりにしめます。

十一、それはどろぼうがはいらないように、それか

らまた雨や風が家の中へはいらないようにするためです。

十二、西洋間の入口や便所の入口にはドアもあります。

十三、座敷にはとこの間があって、とこの間には掛物が掛けてあります。

十四、台所はかってともいいます。

十五、茶の間と居間[3]ではどちらが大きいですか。

十六、ふつう、居間のほうが大きいです。

十七、ふろ場や洗面所は便所と同じところにありますか。

十八、いいえ、違います。ふろ場というところは別なのです。

十九、どこで御飯を食べるか知っていますか。

二十、台所から食事を茶の間か居間へ持って来て、そこですわって食べます。

第二十五　初歩　その八

一、日本の家では夜になって寝るとき、どうしますか。

二、おしいれからふとんや夜具を出して、たたみの上に敷きます。

三、これは「床」といって、日本人は夜寝ることを「床にはいる」とか「床につく」とかいいます。

四、なるほど。アメリカ人はベッドに寝ますね。

五、日本の家がそんなに違うということは知りませんでした。

六、昔は日本では、十二月三十一日に生れた子供は次の日に二つになるということがあったのを知っていますか。

七、それは「かぞえ年」といって日本の習慣のなかでアメリカの人が一番驚くことだったと思い

ます。

八、生まれたばかりのあかんぼうはもう一歳で、それから年をとるのは誕生日(たんじょう)ではなくて新年なんですからね。

九、けれどもその習慣は戦争後かわりました。

十、あなたはアメリカ人としては日本の習慣にだいぶ慣れていますね。

十一、私は日本人に聞いてみたいことがたくさんあるけれども、あなたほど日本語ができないから困ります。

十二、まだアメリカにいたとき、日本へ来たいと思って、日本語を五、六ヵ月ぐらい勉強しました。

十三、日本へ着いて、船を降りるとすぐわかるようになりました。

十四、それからいなかへ行って、とても小さな村に住んで、二年ほど日本語ばかり話していました。

十五、私は終戦直後、進駐軍の兵隊として三ヵ月ばかり東京にいましたが、あんまり日本語は習いませんでした。

第二十六　初歩　その九

一、事務所のだれかにちょっと電話をかけたいのですが。

二、あなたの電話を使ってもかまいませんか。

三、きのう私に電話をかけた時、あなたは町のどこからかけましたか。

四、公衆電話だったので、お金を入れなければなりませんでした。

五、長距離をかける時にお金を少ししか持っていなかったら困るでしょう。

六、ダイヤル式電話は便利ですが、番号を回す時よく間違います。

七、この電話は古い電話で、ダイヤルがないから

受話器をはずすと交換手の声が聞えます。

八、日本の交換手は私にはわからない程ていねいなことばを使って話します。

九、例えば、交換手が「何番をお呼びですか」といったらそれはどういう意味ですか。

十、それは「何番を呼びますか」という意味で、「何番へおかけになるんですか」ともいいます。

十一、そうしたら、「日本橋の四〇七〇」というようにいったらいいでしょう。

十二、交換手が「お話し中でございます」といったら受話器を掛[1]けて、しばらく待ってからもう一度かけて見たらいいでしょう。

十三、家内は女中に、あんまり長く電話で話してはいけないといわなければなりません。

十四、ある時には、電話をかけるより電報を打つほうがいいこともあります。

十五、今晩神戸へ長距離電話をかけるつもりでしたが、手紙を書いたほうがいいでしょう。

第二十七　初歩　その十

一、きのう佐藤牧師さんにお会い致しました。

二、どちらでお会いになりましたか。

三、教会の前でございました。

四、町へ買[1]物においでになるとおっしゃいましたから一緒に歩いて参りました。

五、いつか私の家へお遊びにいらっしゃいませんかとお誘い致しました。

六、牧師さんはこのごろお忙しくていらっしゃるでしょう。

七、そのようなごようすです。けれども来週の月曜日の晩、お暇でいらっしゃるそうですから家へ遊びにおいで下さいます。

八、あなた方もおよろしかったらいらっしゃいませんか。

九、恐れ入ります。残念でございますが月曜日は

母の誕生日(たんじょう)でございますので、私共は両親と一緒に芝居へ参るつもりでおりますから…。

十、なんというお芝居でございますか。

十一、「母」という芝居でございます。

十二、それは面白うございましょうね。②

十三、ことしのお休みにはどちらへおいでになりますか。

十四、宮の下へおいでですか、軽井沢へおいでですか。

十五、去年は山へ参りましたから、ことしは海へ参りたいと存じます。

十六、どこで会いましたか。

十七、教会の前でした。

十八、町へ買物にいくといったから一緒に歩いて行きました。

十九、いつか私の家へ遊びに来て下さいと誘いました。

二十、牧師さんはこのごろ忙しいでしょう。

二十一、そうです。けれども、来週の月曜日の晩、時間があるから家へ遊びに来てくれます。

二十二、あなたがたもよかったらどうぞ。

二十三、ありがとう。残念ですが月曜日は母の誕生日(たんじょう)なので、私たちは両親と一緒に芝居を見に行くつもりですから…。

第二十八　初歩　その十一

一、鎌倉へおいでになったことがおありになりますか。

二、まだございません。あそこの海岸はいかがでございますか。

三、海岸はよろしゅうございますが、夏はだいぶこんでおります。

四、伊豆半島にはいい海岸がたくさんございます。

五、伊豆方面の案内書が二冊ございますから一冊

さし上げましょう。
六、ありがとうございます。この地図で伊豆半島を見せて下さいませんか。
七、ちょっと拝見致しましょう。
八、御覧下さい。こちらは鎌倉で、そちらは伊豆半島でございます。
九、少々お待ち下さい。これより大きい地図を持って来て、お目に掛けます。
十、伊東というところをご存じですか。
十一、はい。いつか病気になったとき三ヵ月間そこへ参って居りました。
十二、その間、なにをなさっていらっしゃいましたか。
十三、毎日お薬を頂いて休んでばかり居りました。
十四、この大きい地図を拝借致したいのですが…。
十五、どうぞご遠慮なく。
十六、兄、お兄さま。姉、お姉さま。弟、弟さん。妹、妹さん。兄弟、ご兄弟。父、お父さま。母、お母さま。
十七、家田牧師のお宅でいらっしゃいますか。
十八、さようでございます。私が家田でございますがどなた様でいらっしゃいますか。
十九、スミス[1]と申しまして、アメリカの宣教師でございます。

第二十九　初　歩　その十二

一、お宅の正雄さんは兵隊におなりになるそうですが…。
二、大学にはいることになっていましたが、勉強がきらいなので兵隊になることにしました。
三、お兄さんのお子さんも兵隊になられましたね。
四、そうです。甥(おい)の話によるとあんまり面白い生活ではないそうです。
五、人によって違いますが軍隊の生活のすきな人

もあるようです。

六、予備隊の生活について昨晩の新聞に記事が出ていました。

七、兵舎では兵隊のきらいな仕事をいろいろさせますね。

八、部屋の掃除をさせたり、窓を洗わせたり、洗濯をさせたり、時々は料理をさせたりするそうです。

九、息子がもし、洗濯をさせられたら本当に驚くでしょう。

十、それから料理などもさせられたりしたら皆が驚いてしまうかも知れません。

十一、なんにも料理ができないわけではないんですが…。

十二、ただ、家の仕事などはしたことがないから、そんなことをさせられたらさぞ困るに違いありません。

十三、航空隊にでもはいることになるでしょう。

十四、甥(おい)は海軍にはいりたがっていたのですが、とうとう陸軍になりました。

十五、歩兵はよく歩かせられるので閉口するそうです。

十六、でも軍艦だと沈む恐れがありますね。

十七、軍艦が沈んだら死ぬより仕方がありません。

第三十　初歩　その十三

一、お宅のお子さんは兵隊に取られたそうですが…。

二、そうです。航空隊にはいりたがっていたのにとうとう歩兵になってしまいました。

三、私が兵隊だった時にはあんまり歩かせられて、閉口したものです。あなたは海軍でしたね。

四、違います。陸戦隊の軍曹(そう)でした。戦前は海軍の将校になりたくて、大学にはいりましたが勉強があんまりすきではなかったのでやめて、戦

争になってから陸戦隊にはいったのです。

五、それならば軍艦に乗ったことがあるでしょう。

六、よく乗りました。或る時南洋にいましたが、陸戦隊の乗っていた軍艦は爆撃されて沈没してしまいました。おぼれそうになったところへ小舟が見えて、そこまで泳ごう[1]としたけれども、足が悪くて、そこまでは泳げませんでした。

七、それは大変でしたね。それからどうしましたか。

八、友達に見つけられて助けられました。あなたも南洋でしたか。

九、いいえ、中国でした。四年ぐらいいました。

十、中国でもたいへんでしたね。

十一、そうです。面白いこともなかったというわけではありませんが、普通は人を殺させられたり、将校に叱られたりしていたから、軍隊はだいきらいになりました。上海にいた時には夜になると町へ行って、酒を飲んで騒いだものです。あるところであんまり酒を飲み過ぎて、二、三時間寝たあとで起きて見ると、ズボンに入れて置いたお金を盗まれていました。

十二、それはいけませんでしたね。

十三、お金だけ取られたのではありませんでした。両親からもらった金の時計も取られました。

十四、泥棒に物を取られるのは馬鹿(ばか)らしいですね。とにかく兵隊は戦争がきらいになって、酒を飲んで騒いだりするものですね。

十五、そうです。それから酒を飲むと女に会いたがって、いろいろ悪いところで遊んだりするので、お金や時計などを盗まれてしまうのです。

十六、それはそうと、アメリカの軍隊についての記事が新聞に出ていましたが、それによるとアメリカの軍隊には女の人もはいられるそうです。

十七、そうですか。私のはいっていた陸戦隊に女の人がいたら、面白かったに違いありません。

◆第三部◆　中級

第三十一　しょうぶとあやめ

まぶしいような新緑の五月①。青空を背景に誰②しも思いうかべるのが、鯉のぼり、そしてしょうぶとあやめ。

端午の節句としょうぶとは、最初から深いつながりがありました。

端午の節句のいろいろな行事は、災難や病気がよりつかないようにという目③的ではじめられたようです。

しょうぶは、ご存じのように非常に強い香りをもっています。昔から、中国や日本で五月五日にしょうぶ酒をつくった④り、しょうぶ湯には⑤いったり、あるいはその剣のような葉を門の上にかけたり軒にさしたりするのは、このしょうぶの強い香りが邪気や病魔を追⑥いはらう力をもっていると信じられていたからです。

枕の下にしょうぶをしいたり、かつらにして頭にかぶったりしたのも同じことです。錦の袋や美しい

糸で香料をつつんだ薬玉も、もとはしょうぶやよもぎをたばねたものからはじまったといわれます。

この端午の節句と関係の深いしょうぶは、花は美しくありません。花の美しいのは、はなしょうぶですが、⑦じつはしょうぶが、さ⑧といも科の植物であるのに対して、はなしょうぶはあやめ科に属していて別の種類のものです。

あやめ科のものには、はなしょうぶのほか、あやめ、かきつばた、いちはつ、きしょうぶなどがあり、みな美しい花をつ⑨けます。

そのうちで最も豪華な花をみせてくれるのははなしょうぶです。花びらも大⑩へん大きく、横にひろがりをもっています。

かきつばたとい⑪えば、江戸時代の画家尾形光琳がえがいたかきつばたがあります。⑫

金びょうぶにえがかれたかきつばたの花の群青色と葉の緑色は、すばらしい装飾的⑬効果を生んでいます。

第三十二　紙芝居屋さんの話（一）

一日一円貯金を四年間もつづけ、たまったお金はそっくり不幸な人々におくっている積①善グループがある。その人たちは東京板橋の紙芝居屋さんで、武井勇作さん(五六)②、中川三郎さん(六三)、近藤正勝さん(六三)(仮名)の三人。③

小春日和のある日、武井さんのお宅を訪ねた。みんな思ったよりお年寄。この道三十年、孫が二、三人もあるというおじいち④ゃんばかり。あたたかな陽ざしをうけた縁側で武井さんたちは、積善貯金についてこう話してくれた。

「この商売はお天気稼業、雨が降ったら、やすむより仕方がない。昔はそんなときには『一合会』というのをや⑤ってましてね。お酒を一合買ってきて、みんなでチビリチビリとや⑥りながら、雨空をながめるのが通例でした。或る雨の日、な⑦んの話から出たのか、ひょっくり誰いうともなく、『世の中にはわ⑧しらより気の毒な人がいる。そんな不幸な人々をなぐさ

めるような何かよいことをし[9]ようじゃないか』といい出し、みんな意気投合しましてね。早速、次の日から、働いた日に、その日の収入のうちから、一人一日一円ずつ貯金することにしました。

はじめは七、八人でやっていましたが、テ[10]レビにおされて、だんだんこの商売も収入が減り、一人、二人と転業していく人がふえ、今ではわしら三人が残りました。

ですから、年五百円くらいしかたまりませんが、第一回目は近[11]くの保育施設の子供たちに千五百余円、第二回目は婦人更生施設へ八百余円、第三回目は伊[12]勢湾台風で被害をうけた子供たちへ六百余円と、今まで三回寄付しましたが、寄付した先では大へん喜んでくれましてね。」語気にだんだん熱もおびてきた。

第三十三　紙芝居屋さんの話（二）

これがわしらの貯金箱です、といってみせてくれた箱は手あかで黒[1]ずんだ荒木のみかん箱、表には『積[2]善の家には余慶あり、積善の集い』と書かれてある。大きな貯金箱である。箱に一パ[3]イためたら一万円近くも入るだろうか。

この人たちのことはA新聞でも街の佳話としてとりあげられ、全国に報道されたが、このことをきっかけとして、自分たちだけの行為にとどまらず「一円貯金積善の箱のお勧め」という刷り物をつくって、全国によびかけている。

早速、下[4]関からは七十才になるおばあさんから、手紙にお金二百円を添えて送られてきたそうである。

「みんなが仲良くくらすことがわしらの理想です。お客さんの子供たちがケンカをしているのをみると、胸がいたくなります。

わしらがやっているのは売名のためではありません。一日一円なら貧乏人でもそんなに苦痛はないはずです。たとえば十[5]二円の玉子を十一円のに倹約すればいいじゃないですか。一円は少額ですが、全国で実行すれば、大へんな額になるでしょう。

だれもが一円貯金をする気持になれば、世の中も、もっと明るくなるんじゃあないでしょうか。」

このように語る武井さんたち[6]の老いたひとみは「よいことをしている」のだという誇りと希望に、明る

く輝いていた。東京の片隅に生まれた積善貯金は、この紙芝居屋さんたちの⑦タイコのように、やがて全国各地で、元気よく「ドンドコ」「ドンドコ」となりひびくことだろう。

第三十四「ちょっと切って下さい」

①長電話のことは②いくどか話題になっていたけれど、もう一度書きたい。先日息子が入院しているとき、病院で私は家に急用を思い出した。待合室の公衆電話に十円玉を持って行くと女の人が一人かけていた。その人は電話機の前で③頭を下げながら「ではそういうふうに、よろしくおねがいします」としゃべっている。④この分なら話も終りらしい、と側に⑤立っていたのだがなかなかそうではない。

「⑥それからあのう、○○さんはどういたしましょうか。そうでございますね。いいえ、でもあんまり、いいえ、はい、はい、この間おっしゃった、あれにしましょうか。ええその方が、いいえ、やっぱり、でも、あのう」などと延々とつづき、又「ではそういうことにしてくださいませ」と終りそうになっては「それから、あのう」と⑦きりもなくつづくのだ。なんでもお見舞いのお返しの品や、世話になった看護婦さんのお礼の品などをきめているらしいのだが、一つが済むと次のことを思い出す。誰でも電話でも⑧のごとを相談する時はあるし、用事によっては長電話にもなる。しかし公衆電話だということを⑨考えてもらえないのだろうか。私は、十五分待っても切れないので、仕方なく三階にあるもう一つの公衆電話まで階段と長い廊下を⑩息を切らして飛んで行った。するとここにも女の人が一人。

「⑪それがあんまりひどいじゃないの。私に対して、⑫あの人ったらこんなことをいうんですもの⑬。ええ、今晩ゆっくり話すけ⑭どね。⑮あんまりくやしいから…」⑯とかなんとか、ここは深刻な話らしく、私が待っていることも気がつかずにまくしたてている。しびれを切らして一階にもどると、⑰なんとさっきの買物の相談はまだつづいているではないか。とうとう私の「急用」は果せないままに時間が過ぎて間に合わなかった。

こういう時「ちょっと一度切っていただけません

か。私は急用だし、すぐすみますから」といってもいい習慣をつくってはどうだろうか。又公衆電話に限らず、⑱自宅どうしでしゃべっていても、誰かがほかから急用でかけているかも知れないから、間で相談して切って見るのも親切なことだと思う。電話が発達して世の中がもっと便利になるためには、使う方も⑲心を配らなければなるまい。

第三十五　六兵衛さんの羊

むかしある高い岩山のふもとに六兵衛さんというおじいさんが住んでいました。①六兵衛じいさんの家には可愛い十四の羊がいました。毎日毎日六兵衛じいさんは羊たちのために山へ行っては②青いおいしい草をたくさんとってきました。③というのも、羊たちを山へはなすと、恐ろしい狼に食べられてしまうかも知れないからです。もうだいぶ前のことですが、白という羊が一匹で山へ行って、狼におそわれ、朝方まで勇敢に闘ったのですが、太陽が東の空に昇った時とうとう力つきて白い体を真赤にそめてたおれてしまったことがありました。羊たちが山へ行きたいと言いだすと、六兵衛じいさんはきまってこの話を聞かせて羊たちをなだめるのでした。

チビ、これはいま六兵衛さんにとって一番可愛い子羊でした。チビは勇ましく闘って死んだ白の話を聞くたびに若い血を④わくわくさせました。

「山へ行きたいな。高いところには、あんなにおいしそうな草がたくさんあるし、山は自由で⑤広々としている。」

ある日、六兵衛じいさんは羊小屋の高窓をしめ忘れてしまいました。チビは思いきって窓を飛び越え、山へ出かけました。山は広くて自由でした。じいさんの草よりもっと柔かく、もっとおいしい草がたくさんありました。日が西に傾き、風が冷たくなってきたとき、チビはずっと高いところに登っていました。やがてとっぷりと日が暮れ、ふもとの方に六兵衛じいさんの家の灯が光っているのを見て⑥寂しくてたまらなくなりました。そこでチビは⑦「メエエ」と鳴いてみました。もうあたりはまっくら。とても山を降りることはできません。そう思った時、いつか六兵衛じいさんにきいた狼のことを思い出し悲しく

なってもう一度「メエエ」と鳴いてみました。そうして、チビは白のように勇敢に闘う決心をしました。冷たい風が「ウォーン」と狼の声を運んできました。狼が現われたとき、チビはさほど驚きませんでした。頭を低くさげ小さな角をふりかざして勇ましい闘いがはじまりました。チビは勇敢でした。夜⑧っぴて闘いました。

やがて東の空が明るみ、星も六兵衛さんの灯も消え狼は去りました。チビの白い毛は真赤でした。太陽が登った時、チビは小⑨さくかすんでいる六兵衛さんの家に向って「メエエ」と鳴きました。そして力つきたチビは草の上にばったりたおれもう鳴き声を立てなくなっていました。

第三十六　年中行事（一）

日本には古来年中行事がある①。年中行事の生②ずるのは季節のうつりゆきが農業などの上にすぐ影響するし、それが国民生活の上に現れて種々の行事が生③ずるのである。五④穀の実りゆたかなことを祈って種種の祭りが行われる。春の花祭りや雪祭りもそれ⑤であり、秋の祭りは五穀の豊熟を喜ぶ祭りである。こういう行事は庶民の生活からはじまって貴族の生活に及び、更に宮廷の行事や儀式になってゆく。それと反対の場合もあるが、多くは下から上へと及んでゆく。

こういう行事は上代にも多少存⑥しているが、年中行事としてほぼ定まって来たのは平安時代に⑦なってからである。こういう行事の起原を見ると信仰に関するものが多いが、次第に遊楽的性質が多くなってゆく。いわゆる年中行事は一年の間における季節を背景とする遊楽行事という性質を有して来るのである。そうして宮廷と貴族と庶民のそ⑧れぞれの生活がこの年中行事によって結びつけられてゆく。こういうことを年中行事絵巻などを見て感ずるのである。

それは近⑨世から近代にかけても大体う⑩けつがれている。それぞれの生活の変遷によって廃せられたり、新しく生じた行事もあるのであるが、年⑪の始の行事や雛の節句や瑞午の節句、七夕の節句、盂蘭盆、月見、菊見、除夜の鐘などはそのまま残っているが、近代になっても、私どものころまでに残って

いた行事も次第に失われてゆくものもある。新年の行事にしても、門松など次第にすたれてゆく運命にある。戦後ではクリスマスの行事などその本来の意味とは異なったものではありながら随分盛んに行われているようである。

第三十七　年中行事（二）

古い行事のすべてをそのままに行うことは生活様式が異なってきた今日、無理であろうし、そのまま行う必要もない。新しい生活に即した行事が①これに変って生じてくることも意義があろう。②ただこういう年中行事には国民感情の中にしみこんだ点があり、それによって伝統のよいものを思い出す機縁に③はなるであろうから、④それとしての意味はあると思う。年中行事にはその国の歴史を背景におくのみでなく、風土とも結びついていることも多いのであるから、生活と密着していることも認めなくてはならない。そうして行事の中でも生活や職業に密着したものも多いことは前にものべたが、近代になると一層職業に密着した年中行事が多くなってくる。遊楽的な行事と職業的⑤な行事とがいろいろな点で結びつくのである。ただ古い時代では職業的行事は農業に結びつく点が多かったが、近代になって職業が多くわかれてくるにつれて職業的な行事もそれぞれの職業によって異なって来る。

そこで私自身の職業から来る年中行事としては遊楽を主とする年中行事とは別な行事がある。そうして職業からの行事の方に遊楽を主とする行事も引きずられてゆき⑥がちである。学校を中心とする生活をしていると一月から三、四月に⑦かけての生活があわただしく落ちつかないものになりがちである。どの学校でも卒業生を送り、新入学生を迎えるということが一年中で最も大きな行事であることには変りはない。それにともなって学年試験と入学試験とがある。そうして大学では学年試験の一つとして卒業論文がともなうのである。

しかし七月八月の夏休みは学校生活をするものにとって何より心ゆたかな年中行事である。一学期の最後の講義を終った時ほど心のくつろぎを感ずる瞬間はない。それは私の⑧何十年か繰返した経験である。

清少納言ならばこの心持をどんな言葉で表わしたろうかなどとも思って見るのである。

第三十八　唐人お吉の恋

唐[1]人お吉の実説[2]として伝えられているところを見ますと、お吉は天保十二年（一八四一）十一月に伊[3]豆国下田町に生まれました。父は船大工で市兵衛といい、お吉はその次女でした。七才の時から人手によって育てられ、やがて十四才の時に芸[4]妓となったのです。

そして、米国[5]の使節、ハリスの求めにより、幕吏の謀らいによって、恋人の鶴松との仲をさかれ、ハリスの侍妾となったのです。それからのお吉は、ハリスによく仕えましたので、ハリスに深く愛されるようになりました。しかし町の人々は、お吉を盛んに嘲笑する有様だったので、お吉はむやみにお酒を飲んで、その憂さを晴らそうとしました。又酒の上では、自らも狂ったように世と人を罵る、といったようになりました。

やがて明治元年の頃、お吉は鶴松との旧情を温め、下田の町で同居しましたが、酒乱の癖がこうじてついに別居してしまいました。その後お吉は貸座敷などを営んだこともありましたが、これも酒乱のために[6]家計が整わず、更に酒乱乱酔はつのるばかりとなり、病苦と貧困の内に晩年を送ったのですが、明治二十三年（一八九〇）ついに稲生沢川に身[7]を投じて死にました。その時お吉は五十才であったといいます。

お吉の不幸は、幕吏によってハリスの妾として白羽の矢を立てられたところに発しますが、たまたま黒船来船、下田港の開港、攘[8]夷開港の世論[9]の渦、この大きな時代の風潮の中に、まるで花椿[10]のように咲いた一輪の美女お吉のたどった運命がまことに哀れに悲しい物語として人々に伝えられているわけなのです。

第三十九　夏目漱石の「虞美人草」

文豪漱石の作風は当時「新浪漫派」にぞくするものといわれ、同じ主義の森鷗外とともに明治文壇の

双鴛的存在でした。彼がもっとも得意としたのは、「対人関係」の描写で、「心」「道草」「明暗」などは人間の利己心を微妙についたものであります。そして、彼の小説の特長は、いわゆる説明的な手法が心[1]憎いまでに作品中に駆使されていることでしょう。「虞美人草」は明治四十年の六月から秋（十月末）まで、朝日新聞の連載小説として掲載されたもので、この作品発表を機に漱石は大学と高[2]校に教[3]鞭を執っていたのをさらりと投げすてて、朝日新聞に入社しました。当時としては相当センセーショナルな事件であったことはもちろんです。そんなことがあってか「虞美人草」が新聞に連載されることがきまるや[4]、当時の三越呉服店が虞美人草浴衣を売り出したり、宝石店では虞美人草指輪を売り出すほどの人気、いよいよそれが新聞にのりはじめると、鉄道の駅の新聞売子は「漱石の虞美人草、漱石の名小説だ[5]アーい」と叫んで新聞を売りあるいたものです。い[6]かにこの作品が大衆にアッピールしたかはご想像に難くないでしよう。

主人公…と、いうよりも、ヒロインの名は藤尾。「紫[7]の濃き一点を…鮮やかに滴らしたるが如き」美人で、非常に自尊心の強い女性。この藤尾の心を射[8]止めんものと競いあう男性二人。一人は東京帝[9]大恩[10]賜の銀時計組の小野さん。小野さんは文学者志望で目下、博士論文の研究に精を出す秀才。金ぶち眼鏡にキッドの短靴という、ちょっときざっぽすぎるほどのモ[11]ダンボーイである。他の一人は、藤尾の兄甲野さんの無二の親友である宗近さん。宗近さんは小野さんとは反対にい[12]たってらい落な明るい性格の青年で、これまた外交官試験をとるために勉強中である。小野さんとちがって身なりかまわずのイガグリ頭だ。この三人を中心にしぜん読者の興味は、藤尾を誰が射落すかという点に集中される。

第四十　埴輪の概念

埴輪[1]とは古墳時代全期に亙ってさかんにつくられ、墳墓にたてられた人馬の形をはじめ、その他種々の器物の形をうつした素焼の土製品である。専ら高い土盛りの墳墓、即ち高塚古墳の表土の外部施設とし

て用いられている。墳丘をとりまいて立てならべられた埴輪円筒と、特別の配列のもとにならべられた形象埴輪とが[2]ある。埴輪円筒は古墳時代前期[3]から墳丘のふもと又は傾斜面の段或は上縁などにたてられて、墓域の境界とも、盛り土の土崩れを防ぐ土どめ、また装飾、或は境界と装飾をかねた玉垣風のものともいわれておって、幾百個という小古墳から、仁徳天皇陵[4]の如き大古墳では二万個以上の大量がつくられておる。形象埴輪は墳墓の主要な位置に[5]特別に配列せられ、葬祭の所用のために役立てられたもので、人の形をうつした埴輪人物像及び馬その他の動物をかたちづくった埴輪動物像と、靫や盾、大刀や甲冑などの武器、武具をはじめ、さしばときぬがさなどの儀礼用の諸器具にいたるまでの種々の器物をつくった器財埴輪と呼ばれるものと、家屋、舟の如きものがある。[6]これはわが国古墳にだけ存在するもので、中国の漢、六朝時代の墳墓にうずめられた明器泥像や、外部にたてならべられた石人石獣などと何らかの間接的な関係をもっていると見[7]られてもいるが、わが国風土の上に生れた特殊なものといってよい。

形象埴輪のうち家が早く、次いで器財埴輪の一部は畿内で古墳時代前期後半につくり始められ、ついで人物埴輪がつくられた。はじめはすぐれた大形の立派なつくりの盾、靫、鞆、などの武具ときぬがさなどで埴輪人物像は司祭の巫女の像と見られるものと盛装の男子で、数もい[8]たって少ない。古墳時代中期末から後期になると全国的には著しくなるが、かえって畿内では極めて少ない。特に関東地方できわめて盛んにつくられ、畿内のものにならいながら器財埴輪は形式にながれ、埴輪人物像には、盛装の男女や武装男子像の立派なつくりのものとともに農夫や子守、あるいはおどる男女など、民衆的な題[9]材が多くなり、製作する人々の生活環境のゆたかなバラエティに取材したものがふえてくる。それにしてもその中には畿内の埴輪製作の技倆に勝るとも劣らない出来のものも決[10]して少なくなく生彩にとんでいる。一[11]方北九州の埴輪は生彩を欠き、数も多くないが、一部の立派な大古墳には石人や石獣や石製の器財が加えられているというふうな地方色が見られる。石人や石馬は山陰の古墳にも希にある。関東平野という大舞台と古墳時代後期という時代とを背景として狂い咲いたような関東の形象埴輪、特に埴輪人物や

動物像は関東周辺に限らず根ぶかく東北へ、それがまた一旦おとろえた畿内を始めその周辺地域にも及んだが、既に東海[12]の孤島のあわいまどろみも、西からひびく払暁の鐘にさまされ、歴史の黎明にてらしだされて仏教美術にあとをゆずることともなった。しかし吾々祖先のうんだ[13]この形象埴輪はいつまでも吾々とともに生き、健康な心の糧を与えつづけるにちがいない。

第四十一　古伊万里という磁器

磁器というものは、粘土を焼いて造った土器や陶器から、さらに進歩発達したやきものでありまして、磁鉱を粉末にして、これに工作を加え、さらに高火度で焼いているのが磁器であります。これを歴史的には、「古代の土器」「中世の陶器」「近世[1]の磁器」というように位置づけることができましょう。そしてその磁器を装飾する方法としましては、素地に上釉だけを被幕した「白磁[2]」、青磁釉を加えた「青磁」、瑠璃釉を加えた「瑠璃」、鉄褐釉を加えまたは絵付して上釉を加えた「鉄砂」、呉須鉱で絵付して上釉を被せた「染付」、銅釉で絵付して上釉を被せた「辰砂」、上釉の上にさらに色釉で絵付した「色絵[3]」(赤絵)などが行なわれ、可能とおもわれるあらゆる技術が駆使されております。したがって表現技術のうえでも、土器や陶器よりもさらに進歩の跡が窺えるものであります。

そのように、すぐれたやきもの[4]である磁器は、はじめに十三世紀ごろ中国で発明されたものでありますが、日本には、その技術は江戸時代の初期に、朝鮮半島を経て伝承しております。半島から帰化[5]した技術者が、佐賀県有田の泉山の地[6]に良質の磁石をみつけ出したのは元和二年(西紀一六一六年)といわれております。陶土よりも焼き上りの白く美しい良質の素材を得てから、磁器を造る産業は、この地方に非常な速度で発展し膨張してゆきました。はやくも寛永十四年(西紀一六三七年)には、鍋島藩令によって、増える技術者を制限しようとしたくらいですから、その[7]産業の膨らみは想像できます。以来、永い年月に亘って、多少の消長はあったと致[8]しましても、今日もなおこ[9]の地では磁器の生産が続けられ

ているのですから、これまでに日本各地はもとより諸外国にまで輸出するに及んだその製品の量の夥ただしさは、言語に絶するものがありましょう。そして、この地方のこれらの製品は、すべて近くの伊万里港から遠隔[10]の地に運ばれましたので、伊万里焼という名で親しまれております。いま、古伊万里と呼ばれているやきものは、伊万里焼のうち、その草創期に朝鮮から帰化した技術者によって試みられたとみられている李朝風の染付磁器を、主として指している場合と、次に、中国の明清代の色絵磁器の影響をうけての後に、伊万里独自の文様構成が確立した江戸時代中期の色絵磁器を指している場合[11]とがありますが、日本の陶磁器に冠称される「古[12]」という文字は、時代の設定がすべて曖昧で、厳密さに乏しく、「古伊万里」とてその例外ではありません。近年は、いままで藍古九谷と呼ばれていた美しい染付磁器が、有田地方の古窯趾から出土することによりまして、や[13]かましい色絵古九谷の一部が古伊万里に編入されなければならぬという結果を招き、併せてその副産物として、草創期の染付磁器が趣味家の脚[14]光をあびておりますが、古くは型[15]物と呼ばれる伊万里独自の完成した文様構成の色絵磁器をはじめとして、元禄を中心とした時代の絢爛とした色絵磁器が賞美されていたことであります。また古伊万里というものについての印象を欧米人の間では深くこのような作品に置いておりますし、熱愛もしているようであります。

第四十二　近世初期風俗画

近世初期というのは十六世紀半頃より十七世紀後半に及ぶ、かれこれ一世紀半にわたる期間である[1]。この期間に作られた風俗画は庶民階級の抬頭期に相当するため、その旺盛な生活力と民族精神を反映して、豪華華麗な作風を示し、他の時代に見られぬ特殊な雰囲気を示している。風俗画は遠[2]く平安時代にすでにその発生を見たと予想されるが、その風俗画に登場して来る人物は多くは貴族であり、決して近世初期の風俗画の様に庶民達ではなかった。風俗画が庶民の生活風俗を描くことを主眼としたことは庶民の生活の向上とその社会的抬頭という前提がなけ

ればならない。一五四三年に来航したポルトガルとの貿易や室町幕府の封建制度の崩壊とそれにともなう自由社会の発生、城を中心とする城下町の発展などが庶民の解放と生活向上となって現われたと思③われる。この自由で新しい庶民の抬頭が画家の眼④にとまり、それが風俗画を生んだと思われる。中世の暗い社会から解放された民衆は野外遊楽をはじめ祭礼競馬など自らもとめて屋外に密集することが好きであったが、この傾向を爆発させたのは豊国神社臨時祭礼であった。秀吉の七回忌にあたる慶長九年八月十五日には豊国神社では盛大な臨時大祭が行なわれた。この盛儀を克明に描写した屏風が二双あり、狩野内膳の筆⑤になる豊国神社本⑥が最も有名である。そこには伝統的な形式はみじんもなく、当日の盛儀の客観的説明に終始するい⑦わば記録画である。祭礼と共に京都庶民の享楽の対象は四条河原の歓楽境であった。四条河原は昔から、田楽、猿楽などが行なわれ、又賤民達による雑芸も常に行なわれていたが慶⑧長期を迎えるに及んで様相を一変した。慶長八年出雲神社の巫子阿国が最初に歌舞伎を興行し、やがてそれを模倣する女⑨歌舞伎等が四条河原に舞台をもうけ、同じ河原にこの外、当時ポルトガルから伝来した珍しい孔雀、洋犬などの見世物小屋が出来、四条の河原は京都庶民の常設歓楽街と化したが、この有様を描写した風俗画屏風が少なくとも四点製作された。これらに蝟集した民衆の生態は享楽に耽溺した赤裸々な姿であって、一種の頽廃的雰囲気をもっている。近世初期の風俗画を内容的に考察すると、野外遊楽、年中行事、祭礼図⑩、競馬図、犬追物、洛中洛外、四条河原遊楽、歌舞伎、庶民日常生活、婦女図、舞踊図等に分類し得る。風俗画の発生からその完成まではその鑑賞者は大部分が大名武家であったと推定される。しかし庶民階級が経済的に安定し、生活が向上して来ると共に庶民が彼等自身の生活を描いた風俗画へ興味をもち始めるとこれ等の鑑賞者の一群に庶民自身も参加する様になる。需要の増加は必然的に同一主題の作品の多量化をきたし、それに応ずるために、特殊な作家群の登場をうながしたのである。第一線から脱落した画人達は画房を作り、その工房内で共同して風俗画を描いたと推定される。作品の形式も六曲大屏風より中屏風、小屏風、二曲屏風、掛物と各種の型が作られる様になる。描法も

柔軟で自由な人体美を表現する様な色彩と線描が要求されて、頽廃的な顔面表情をたくみに描くために独特な様式が案出された。日本の近世初期風俗画の全般を眺めるとき、うつぼつ[11]として起った民族意識の[12]力強さとやっと解放された民衆の喜びの声がはげしく聞える様である。

（近藤市太郎著　東京便利堂　三十二年発行「近世初期風俗画」より抜萃）

第四十三　唐招提寺

上古の寺院は学校に外ならない。それは全寮式の学校であった。門を入れば正面に朝礼のための御堂（金堂[1]）が見え、その背面に合併教室（講堂）が重なり、更に後方には食堂（食堂）がある。この三つの建物を東・北・西の三方から囲っているのは寄宿舎（僧房）である。それは日常起居の場所であり、個別的な生活指導の教室でもある。教室に接近して書庫（経楼）と時計台（鐘楼）が設けられる。以上の建物を中心部として更に外部には炊事場（庫院）・風呂場（浴室）・便所（僧厠）・校宅（小子房、後の[2]塔頭）等が適当に配置され、また別に神聖な一郭をかぎって特別な式場（戒壇）とし、入学宣誓[3]や進級式を執り行うのである。こうした施設の面における学校と寺院との相関性を今なお目のあたり示しうる場所として、奈良市五条町にある唐招提寺ほど適当なところはないであろう。唐招提寺または「建初律寺」[4]ともいい、もと平城右京五条二坊の地で、天武天皇の皇子新田部親王の旧宅地に、戒律を広め、以て[5]国家を保護せん[6]という聖武・孝謙両帝の勅願によって、唐僧鑑真により天平宝字三年（七五九）に創立された。中国の四分律宗中、南山宗の系統をうけ、戒律を軸として諸学を研修する律寺で、現在、日本律宗の総本山であり、南都七大寺[7]の一つで末寺約三〇を統轄している。

開祖鑑真大和上[8]（六八八—七六三）は過海大師と称し、唐揚洲大明寺の高僧。聖武天皇の御招きによって十二カ年の辛苦の後、[9]身は盲目となりながらも初志を捨てず、天平勝宝五年（七五三）に来朝した。日本伝戒の初祖であり、聖武・孝謙・淳仁三帝の戒師[10]であり、医薬の達人でもあった。初め東大寺の戒壇院を建て、のち[11]当寺を建立し、天平宝字七年（七六三）七十六歳[12]を以て示寂された。当寺は、受戒学律[13]してから自宗を学ぶという僧規と、開祖の偉業をついだ弟子思託・法載・如宝及び如宝の弟子豊安等の学徳とによって規模次第に拡張し、寺門[14]大に興隆した。平安末より鎌倉期には戒律復興運動[15]のあとを受けて、大悲菩薩覚盛が中興の[16]業を成就した。当寺が「海東無隻の大藍」と称せられたのはこの

時である。のち永正三年（一五〇六）、慶長元年（一五九六）の地震によって堂舎十数棟倒壊の厄にあった。しかし江戸時代に入って漸次復興に向かい、元緑年間将軍綱吉公の帰依により、伽藍はほとんど旧観に復して[17]「絶塵の名刹」と称せられた。幕末のころ東塔雷火にかかり、また開創以来千余年の後はじめて火を発して戒壇院・西室・開山堂炎上し、復旧の事成らないうちに明治維新となり、排仏毀釈の[18]余波を受けて殿堂汚損の悲境におちいったが、しかもなお現在保有する名宝中、重要文化財（旧国宝）に七〇件、新国宝に一四件、重要美術品等数多く、以て往時の盛観をしのぶに足り、日本屈指の巨刹たるに恥じない。

（当寺発刊案内記による）

第四十四　文楽人形芝居の本質

文楽の人形芝居は太夫・三味線・人形の三者の綜合芸術である。ところが一方には、文楽の人形芝居は義太夫が中心だと主張する人があるかと思うと、[1]人形あっての文楽だと反対する人もある。これを歴史的に一瞥してみよう。人形を遣うことは平安時代に記録が見えているから千年も前にあったことがわかる。三味線は永禄年中に琉球から堺に渡って来た蛇皮線がもとだから、四百年前のことである。そして慶長の初めごろ、今日の人形芝居の基礎ができた。この人形芝居が市民の鑑賞に堪えるようになったのは作者近松門左衛門と竹本義太夫と三味線竹沢権右衛門と人形の辰松八郎兵衛とが現われて、竹本座を起した貞享・元禄のころだと考えられる。今から二百数十年前のことである。当時の人形の操法は主として着物の裾から両手を入れて遣う[2]一人遣いで、人形も二[3]尺に足らぬ小さなものであった。しかしこの人形では所作事[4]に適しても、足がうまく動かせず、坐るにも都合が悪いので人形のうしろから手を入れて遣う人形の操法が工夫された。これが今日でも文楽の人形に残る形式である。ところが一人では、どうしても、せいぜい、[5]首と右の手だけしか遣えないので、今日のように[6]主遣い（三人の中心になる人）が高下駄をはいて、左手で人形の首を、右手で人形の右手を遣い、左遣いが人形の左手を遣い、足遣いが人形の両足を遣う三人遣いの形式は今から二百二十年前から始まった。こうして相当大きい人形も自由に操られるようになって今日の文楽人形の基礎ができ上った。

文楽の人形芝居が義太夫も三味線も人形も協力して子供の世界から離れて、外国の人形芝居とはちがった別の道を辿ったところに現在の文楽座の悲劇がある。大人が不器用な人形の動きに満足できなくなると、ますます人形遣いが苦しくなる。前に書いたように三人遣いを案出し、人間の動作にどこまでも近づこうとする。

手足が動き、指が動き、物を握り、目が閉じ、明き、横目をし、眉が動き、口が開いたり閉じたりするようになった。だが人形がいくら人間に近づこうとしても所詮人形は人形である。これを忘れると人形の自殺行為となる。着物を縫う真似や三味線を弾く真似をどんなに巧みに模倣しても、遂には観客に飽きられてしまう運命にあるので、人形は人間にできない世界を描くことのできる特色を発揮すべきであろう。人形は現実を美化し、浄化する。現実では濃厚すぎる濡れの場面も、卑猥な演技も、残忍な殺しも、他愛ない道化た動作も、[7]罪なく楽しくほほえましく見物することができる。人形芝居はどの芝居よりも純粋に第三者の立場から舞台を眺めさせてくれる。そのうえ俳優は持[8]って生れた肉体や、年齢、性の束縛があるが、人形の世界ではそれがない。人形には役々に応じていろいろな首が用意されていて、それらの首は端的にその役の精神を表現することができる。そのうえ人間では到底できない思い切った激しい動作も可能である。文楽の人形はどこまでも人形である。人間の模倣に終ってはならない。

第四十五　森有礼における教育人間像

森有礼の思想を、明治十年頃までの、人格的主体としての個人を基軸とした近代的人間観[1]と、明治十年代より彼の死（明治二十二年）にいたる時期の、国家、あるいは、国体を基軸とした国家主義的人間観とにおいて、あとづけることができるが、一人の人間の約二十年間にわたる活動期の前半と後半とに、こうした全く相反する思想を発見することは、何を意味するのであろうか。別の表現をとれば、森の後半の教育思想に発見するところの国家を基軸とし、国家目的に最も忠実に奉仕する人間を教育目標とした「教育人間像」と、彼の前に見る「個人」とはどういう関係にあるのであろうか。この問いをたずさえて、森有礼における教育人間像の問題に焦点をおきつつ、森の思想の本質を問うてみたいと思うのである。

第一に、森の思想における前半と後半との相違は転向の一つのタイプ[2]と見るべきであろうが、これはどういう性格の転向であろうか。そこで問題となることは、前半と後半とにおける森の思想の本質は果[3]して変化したのであったろうかということである。現[4]

象においては、確かに、徳富蘇峰も云うように全く相反するものを見るのであるが、それにもかかわらず、私には、森の思想の本流は転向を持ったのではなくて、一本の流れを保ちつづけたと云えるの⑤ではないかと思えるのである。「その本流とは何か。それは、近代的人間観と国家主義的人間観という二つの相反する⑥かのように思える思想が彼の中に共存していて、彼自身、矛盾⑦を感じないというところにあるのではないであろうか。云いかえれば、西欧世界、あるいは、西欧文化によって象徴されたところ⑧の近代的人間の在り方にむかって解放を求めた自己が、実は未だはっきりとは個人として独立せず、日本国と未分化の、あるいは、それと同一化したところの自己の把握⑨でしかなかったということなのではなかろうか。」

明治初期の自由思想は、幕藩体制の下にある封建制を打破して、統一国家体制の下にある半封建的な絶対主義国家を建設するための維新の改革的動向に根ざすものであった。その闘争⑩過程においてこそ半封建的な独占勢力・寄生地主勢力と小ブルジョア・貧民勢力とは、共にこぞって自由を——西欧的、近代的な自由を導入し、かつ、高唱するのであり、主観的にも夫々自己を裏切ってはいないのである。しかし、この改革過程がより進んで、絶対主義支配権力と下からのブルジョア的進化の勢力との間における真の民主革命をめぐる闘争に移行するや⑪、西欧的、近代的自由は、絶対主義のお仕着せの自由として裁断されてしまう。お仕着せの自由は、絶対主義国家という体制の内における既成秩序を運行させてゆくに足るだけの循環形態を意味するものにすぎなくなるのである。森有礼の「自由」とは、こうした維新政府のもとにおける、変貌してゆく「自由」を、鋭利な官僚の頭脳に明敏に反映し、それを先⑫んじて弘報したにすぎなかったものというべきではなかろうか。

森の文教政策がうち出した教育は、富強な国家の形成に役立つことで足りる国家の道具としての人間像の形成である。そこには、個性の尊重、自発性の育成、人格としての人間の自己完成というような近代教育思想の特色としての人間観の入りこむ余地はなかった。そしてその採用した教育方法が軍隊式の一律主義、一つの型にはめて人間を鋳造する器械⑬的人間的製造法にすぎなかったことも、真の意味における近代的人間観の欠如を物語るものと言えるであろう。

アジア各国における教育の進歩の緩慢さと比較する時、日本における教育の驚くべき徹底普及には、森の貢献は見逃せないものであると言えよう。⑭明治十二年の自由教育令の挫折が、反動勢力

の圧迫にもよるが、また同時に、自由主義思想と方法による文教政策を挫折[15]させずにおかない民衆の意識の低さをも実証するものであったことを考える時、森のような強引さも一面、必要であったのかもしれない。しかし、日本国民の人間形成という最も重要な課題が上にみたように国家の目的に従属せしめられ、それに奉仕する道具としての教育人間像の鋳型と、それによる器械的製造法とによって性急に処理されたことは、近代日本における「人間喪失」の悔を長く残す結果となったと考えられるのである。

第四十六　福沢諭吉における神観

福沢諭吉はどのような神観[1]、即ち、宗教観を持っていたのであろうか。彼が幼少時代から信仰に対しては懐疑的であり、信仰対象の正体を見きわめようとする実証的精神にあふれていたらしいことは、その自伝[2]にも見られるところである。殿様の名の書いてある反故[3]を平気で踏む諭吉は、また、殿様の名のある御札を踏んでみるが、「『[4]ウム何ともない、[5]コリャ面白い、今度は之を洗手場に持って行って遣らう』と一歩を進めて便所に試みて、其時[6]は如何あらうかと少し怖かったが、後で何ともない。『[7]ソリャ見たことか』」と考える。また、稲荷様の御神体を見てやろうと隣家の社[8]の中に這入ってしらべてみると石がはいっている。それを捨てて、別の石を入れておいたが、何のこともなく、人々は初午[9]で幟を立てたり、太鼓を叩いたり御神酒をその石にあげたりしているのをひとりおかしがる。「幼少の時から神様が怖いだの仏様が有難いだの云ふ[10]ことは一寸[11]ともない。卜筮呪詛一切不信仰で、狐狸が付く[12]と云ふやうなこと[13]は初めから馬鹿にして少しも信じない。」福沢はこうして日本の神々[14]を彼の実証性によって克服してゆく少年であった。彼は少年時代、故郷中津で豊後の儒者として知られた帆足万里に数学を学んだことも彼の実証性を育てる働きをしたであろう。緒方塾での解剖、西洋物理化学への傾倒も実証性を更に助長したであろう。彼は日本社会にある諸々の宗教的、或は社会的、政治的偶像を拒否した。この地上的権力のシンボルとしての諸々の偶像の粉砕こそ、旧い封建的な社会的規範を破壊して新しい文明の進歩[15]への道をきりひらくものであった。彼の実証性がそれを可能とした。

しかし、彼のこの実証性は、民間に信じられて来た諸々の迷信的神々の克服[16]のみならず、西洋合理主義の基盤に見出すところのキリスト教の神をも含めて、あらゆる意味における「神」と名のつくものを超克することを確信するところの合理主義であった。福沢にとっては、人智の深浅によって、神の性質は決るのであり、「人力」、或は「自力」の範囲の拡大は神の領域の縮小を意味した。

「古[17]より工風発明と称するものは悉皆、造化の領分を犯して之を人力の範囲に入ることなり[18]。即ち自力を用ると他方に依頼する[19]との界[20]なり。神の性質は人智の深浅に由て[21]異なる可し[22]。人力の及ばざる処は即ち神の位する処なり。衆神論も一神論も左まで別異あることなし[23]。一神論は稍人智の進みたるもの。」

西洋文明をいち早くとり入れた文明開化の先覚としての福沢は、その西洋文明の基盤をなすキリスト教は排除した。彼にとってはキリスト教も諸々の迷信も変りがないものと感じられていたことは、次の文章でも明らかである。「今の西洋人の考は、上帝の所在を近きに見るが如し[24]。飯を喰ふ[25]にも上帝を念じ、婚礼をするにも上帝を念じ、師を出す[26]も議事の席に就くにも、ゴット[27]〱と唱立る其有様は、府下の愚民が水天宮様を信じ、田舎の百姓が御門跡[28]を願て、心事の裁判を為すに異ならず[29]。」更に彼は西洋人の信仰を次のようにも評している。「英人の亜米利加[30]に移て、法を作り社会を結ぶの趣は、全く宗教に基くものなり。就中其コンネクチコットの律に、ゴットの外に信心する者は死刑に処すとあり[31]。西人は宗教を奉ずるにも自から殺伐なり。」

第四十七　歴史の見方としての二つの傾向

啓蒙主義は十七世紀前半から十八世紀のほとんど全期を占めた一大解放運動である[1]。それは人間活動のほとんどすべての部門に影響を与え、相次いでヨーロッパの多くの国民の間に起った。この運動において支配力をもったものは理性である[2]。啓蒙思潮によれば、理性は[3]いかなる人間にも素質として必ず存在している。それを覚醒させることは困難でない。従って、理性から出発して一つの新しい文化の基礎を誘導することができるとした。特にフランスでは、正しい思考には当然に、正しい行動が伴うとされたので、啓蒙主義者は知識と行為とについて合理主義の立場を採った。これがさらに政治的となって、十八世紀のフランス啓蒙運動を特徴づけている。そこでは、思考の過程は自己目的ではなく、終局の目的——合理的な知識に基いて生活実存を全く改変すること——を達成するための従属的な手段である。フランス大革命に頂点を見出した「革新」の衝動に支配されて、啓蒙主義者はあの終局の目的を促進するか妨害するかによってすべての生活現象を価値[4]がありまたはないとした。この実際的な有用性という見地から、

彼らは伝統と権威とを疑いかつ吟味し、すべての事物、それ自体として価値のある事物をすらも、生活のために有用かどうかの問題として取扱う傾向があった。在来の神学説を信奉していた愚夫愚婦の知識を近世自然科学の研究成果に拠[5]って改説しようとした。それ故に、啓蒙思想家は哲学の研究成果を普及させ、機械論的・数学的な方法や因果関係の概念を借用して、人間社会についての先験的かつ精密な「法則」を知ろうとして個々の研究成果を一般化し、理性がすべての人間に素質として存在するということから国境の区別もなしに人間性を強調し、世界公民主義を唱道した。啓蒙思潮は理性のみを一方的に強調して、他の精神力とくに情意を後退させ、その意義を過小に評価した。感情その他の構成的な精神力を以て理性を補充することをしなかった。しかしこういう啓蒙思潮を補充したのは浪漫思想である。これは非合理的なものの理解へと進んだ。浪漫思潮は歴史感覚を多分にもっていた。しかし、その歴史観は啓蒙思潮のそれと同様に一方的である。多くのドイツ浪漫主義者はドイツ皇帝時代における家父長支配的な統治状態を絶対的なものと考えた。新ドイツ帝国建設までの十九世紀ドイツ人には政治的統一が「あこがれ」であった。[6]よりよいものと思われた一定の過去、すなわち「中世」に偏愛をもつといわれ得る限[7]りで、浪漫主義者は歴史観として欠点をもっている。

理性[8]と情意、一般性と特殊性、全体(社会・国家)と部分(個人)、これからの関係について以上略述した二つの思潮の長短は、必要な条件の変更を加えれば、現代日本の思想界にもあてはまる。とりわけ若い世代には「啓蒙主義的」な歴史の見方が支配的に表面に現われているのではなかろうか。思想史の変遷を反省して、一時的な傾向を一時的なものと認識するときにのみ、現在及び将来の正当な観察をなしたことになると思われる。

第四十八 「虞美人草」のあらすじ

藤尾のところへ、足繁く通う小野さん。どちらも、良い①意味での気取り屋だ。藤尾は母親の教育が採算主義にかたよっていたた②めか未来の男性を選ぶにも、いたって計算高い。そんなところから、外交官試験に落っこって目下、再勉強中の宗近さんよりも、帝大を優等で出て博士号が目の前にぶらさがっている小野さんを意中の人として選んだのだった。

甲野さんは、若い哲学者である。藤尾とは異③母兄妹なので、家の中がとかくうまくゆかない。その境遇に同情したのが、宗近さんの妹の糸子さんである。この女性は素直で純情なのがなによりの取柄。二人はいつしか互いに愛情をよせあう仲になってゆく。

さて、そうなると問題は小野さん。じつは小野さんにはほぼ婚約者という形で学生時代世話になった恩人孤堂先生の一④人娘小夜子さんがいる。彼女は小野さんを未来の夫と信じきっている。その孤堂⑤親娘が、⑥縁組みを一日も早くと、京都から東京にで⑦てきたばかりである。

そんなある日の夜。小野さんは孤堂親娘をつれて博覧会のイルミネーション見物にいったところ、たまたま来あわせていた藤尾

にみられてしまった。藤尾は表面ではそしらぬ顔。が、心はおだやかではない。でも、後日、小野さんの懸命な弁解で、藤尾もようよう納得した。

かくするうちに、宗近さんのところにも明るいニュースが訪れてくる。外交官試験の合格通知だった。勇躍して藤尾との間の縁談を進めようとするが、甲野や糸子は頭⑧をタテにふらない。宗近さんにふさわしくない藤尾の性質を知っているからだ。

一方、小野さんは卑怯にも小夜子さんとの婚約を友人浅井の仲だちで破約しようとする。これを浅井から聞いた宗近さんは、すっかり怒ってしまう。宗近さんの結論は、小野さんと小夜子さんを藤尾の前に連れていって事の成りゆきをぶちまけることだった。そのラスト・クライマックスを原文のまま紹介してみよう。

「⑨小野さんは漸く口を開いた。『宗近君のいうところは一々本当です。これは私の未来の妻⑩に違いありません。——藤尾さん、こんにちまでの私は全く軽薄な人間です。あなたにも済みません。こんにちから改めます。真面目な人間になります。どうか許して下さい。・・・』藤尾の表情は三⑪たび変った。破裂した血管の血は真白に吸収されて、侮蔑の色のみが深刻に残った。・・・『ホヽヽヽ』ヒステリ性の笑は窓外の雨を衝いて高く迸った。・・・『じゃ、これはあなたに不用なんですね。⑫ようござんす。宗近さん、あなたに上げましょう。さあ』白い手は腕をあらわに、すらりと延びた。時計は赭黒い宗近君の掌にし⑬っかと落ちた。宗近君は一歩を煖炉に近く大股に開いた。⑭やっという掛声とともに赭黒い拳が空に躍る。時計は大理石の角で砕けた。『藤尾さん、僕は時計が欲しいために、こんな酔興なじゃまをしたんじゃない。・・・こう壊してしまえば僕の精神は君らに分るだろう。・・・なあ甲野さん』・・・呆然として立った藤尾の顔は急に筋肉が働かなくなった。手が硬くなった。足が硬くなった。中心を失った石像のように椅子を蹴返して、床の上に倒れた。」こうして自尊心を傷つけられた藤尾が最後に選ぶ道は「死」でしかなかったのである。

第四十九　芥川竜之介の「偷盗」あらすじ（一）

王朝末期の京①の都、都とはいえ打続く飢饉、疫病の流行で見るかげもなく荒れはて、死人が路上に満ちていた。過②ぎさった時代の面影をわずかに残すのは、時たま通り過ぎるはなやかな女乗りの牛車だけである。巷には盗賊の群が横行し、目ぼしい家に押し入っては盗み、人殺し、火つけを事としていた。

太郎と次郎の兄弟はそんな盗人の群の一③員だった。彼等の仲間の御頭は沙金と呼ばれる美しい若い女である。沙金はその昔猪熊

のお婆が宮[4]中に仕えていた頃、身分違いの男にいどまれて生んだ娘で、たぐい稀れな美貌と世[5]にまたとない醜い心を持っている。太郎と次郎は生れついての盗人ではなかった。それが沙金の誘惑[6]にのって身を落し、今では、悪事もなれれば仕事と同じ、と思うようになってしまっている。

　太郎は隻眼で、醜いあばた顔なのにひ[7]きかえ、次郎は日に焼けているとはいえ、目鼻だちのととのった美しい顔をしている。七年ばかり前の痘瘡が兄には重く、弟には軽かったのである。兄弟ともに沙金の魅力に心をうばわれ、兄弟であるがゆえに二人の苦しみは大きい。

　七月のある夜、彼らの一団は藤判官の屋[8]敷に押し入った。中の様子は例[9]によって、沙金が下女[10]に住み込んで探ってあった。月はまだ上らない。一面の闇の中に加茂川の流れがかすかに白くひかっているばかりである。黒い水干に太刀をはき、やなぐいを背負って弓を杖についたあでやかな沙金を中心に藤判官の屋敷の表門から襲った盗賊の群は、思いがけず中から一せいに射出された矢にまずたじろいだ。屋敷は手薄[11]のはず、全く思いがけないことである。瞬くまに何人かが倒れた。一度はたじろいだが、「御頭に怪我をさすな、射ろ。射ろ。味方の矢にも鏃（やじり）があるぞ。」との声にたちまち盗人の中からも矢叫びの声があがった。それからは闇の中で敵味方入りみだれての乱闘となった。しかしこのさわぎの中で沙金は冷然と矢の飛びかうのをながめて立っていた。沙金の養父猪熊のお爺も手負いとなり猪熊のお婆は死んだ。

　裏門から押入った太郎を中心とする仲間もさんざんだった。打入る前、沙金は太郎にうまや[12]につながれている陸奥出の馬を盗むように命じてあった。太郎は一人門の中にはいり多勢の敵にかこまれながらも遮二無二血路を開いて盗み出したが、その時はすでに仲間は、人ばかりでなく放たれたたくましい狩犬にまで悩まされ、かなわず[13]と見て引きあげた後だった。

　[14]これは実は、沙金がその夜の押込みを敵に内通してあった結果なのだ。仲間では次郎だけが知っていた。沙金は次郎に「太郎さんを殺すため」といった。一人で馬をとるように命じたのもそのためだった。「太郎さんを殺してよいのなら、仲間なんぞ何人殺したってよいでしょう」という沙金にひかれる心と、兄弟の情にはさまれて次郎は苦しんだが、やはり女にまけたのだった。

第五十　芥川竜之介の「偸盗」あらすじ（二）

一目散[1]に馬をとばして行く太郎の目に映ったのは、狩犬と、そして血のにおいに集まって来た飢えた野犬のおびただしい群にか

こまれて悪戦苦闘している弟だった。兄弟は一瞬目を見あわせた。太郎の心の中で何ものかが「走れ、走れ」とささやいている。弟が死ぬ、それは沙金ゆえにいつか自分がしなければならないことを犬がかわってしてくれるのである。太郎は羅生門目ざして一町、二町馬をとばした。

するとたちまちまた胸の中にあふれて来たもの、それは肉身の情[2]である。太郎は狂気のように弟の名を呼ぶと馬を返した。

「次郎。」

近[3]づくままに彼は叫んだ。次郎は馬上の兄の目に今まで知らなかった、ほとんど憎しみにも近い愛情を見た。群る犬の中に馬を乗り入れて弟をひきずりあげた太郎はふたたび風のように走った。次郎は兄の胸にすがりついて、母の膝にいるような限りない安息を感じていた。

半時の後、二人は人通り[4]のない朱雀の大路を静かに馬を進めて行った。

その頃、羅生門[5]では仲間たちが傷の手当をしていた。猪熊のお爺の傷は深く、死ぬのを待つばかりだった。仲間に散々からかわれ、こずかれて、自分が死ぬということをとめどもなく考えていた。その時上で猫の鳴くような声がした。仲間の一人が上ってってみると沙金の下女の阿濃が父親のわからぬ子を生んでいた。身重だからと、阿濃は一人羅生門に残っていたのである。上っていった仲間が子供を抱いて降りてくると、猪熊のお爺がその子を見せてくれといった。無造作につ[6]きつけられた赤ん坊を大きく見開いた目で見つめるお爺の顔がかわった。涙を流しながら、口もとには不思議な微笑が浮んだ。「この子は――この子は、わし[7]の子じゃ[8]。」そっと赤ん坊の指にふれた手が力なく落ちかかり、お爺は死んだ。

翌日、猪熊の或る家で沙金がむごたらしく殺されていた。奥にいた阿濃は傷一つ負っていなかった。検非違使庁で調べられた阿濃からきき出したところによると、夜[9]ふけて太郎と次郎の兄弟と沙金がはげしくいい争っている声で目がさめた。しばらくすると次郎がい[10]きなり女に切りつけた。逃げようとする沙金に今度は太郎が刃を加えたらしい。やがて女の息がとまると兄弟は急に抱き合って長[11]いこと泣いていた。

それから十年余りたって、尼[12]になって子供を育てていた阿濃は、丹後守何某の随身で驍勇の名の高い男が通るのを見てあれが太郎だと人に教えたことがある。それが本当に太郎であるかどうかは誰にもわからないが、ただその男にも弟があってやはり同じ主人に仕えているということだった。

筆者紹介　芥川竜之介（明治二十五年――昭和二年）大正中期から大正末期の文芸思潮である理知主義の代表作家である。夏目漱石の弟子の一人。大正三年の処女作「老年」以来、最初から完成した

作風を見せた。カミソリのように鋭い理知の目で物事を自分からつきはなして見つめ、一つ一つ宝石のようにみがきあげられた言葉と文で、実に多種多様な題材を扱った。彼によってはじめて日本に本格的な短編小説が作られたといってよい。しかしあまりにも完成されていたことは、同時に行きづまりでもあった。彼は健康を害し、神経衰弱に悩まされ、昭和二年自殺した。

第五十一　三島由紀夫の「潮騒」から

歌島（一）

歌島は人口千四百、周圍一里に充たない小島である。

歌島に眺め①のもつとも美しい場所が二つある。一つは島の頂き②ちかく、北西にむかつて建てられた八代神社である。

ここからは、島がその灣口に位③ゐしてゐる伊勢海の周邊が隈なく見える。北には知多半島が迫り、東から北へ渥美半島が延びてゐる。西には宇治山田から津の四日市にいたる海岸線④が隱見してゐる。

二百段の石段⑤を昇つて、一雙の石の唐獅子に戍られた鳥居のところで見返ると、かういふ遠景にかこまれた古代⑥さながらの伊勢の海が眺められた。もとはここに、枝が交錯して、鳥居の形をなした「鳥居の松」があつて、それが眺望におもしろい額縁を與へてゐたが、數年前、枯死してしまつた。

まだ松のみどりは淺いが、岸にちかい海面は、春の海藻の丹のいろに染つてゐる。西北の季節風が津の口からたえず吹きつけてゐるので、ここの眺めをたのしむには寒い。

八代神社は綿津見命を祀つてゐた。この海神⑦の信仰は、漁夫たちの生活から自然に生れ、かれらはいつも海上の平穩を祈り、もし海難に遭つて救はれれば、何よりも先に、ここの社に奉納金を捧げるのであつた。

八代神社には六十六面の銅鏡⑧の寶があつた。八世紀頃の葡萄鏡⑨もあれば、日本に十五六面しかない六朝時代の鏡のコピイ⑩もあつた。鏡の裏面に彫られた鹿や栗鼠たちは、遠い昔、波斯の森のなかから、永い陸路や、八重の潮路をたどつて、世界の半ばを旅して來て、今この島に、住みならへてゐるのであつた。

眺めのもつとも美しいもう一つの場所は、島の東山の頂きに近い燈臺である。

燈臺の立つてゐる斷崖の下には、伊良湖水道の海流の響きが絶えなかつた。伊勢海と太平洋をつなぐこの狹窄な海門は、風のある日には、いくつもの渦を巻いた。水道を隔てて、渥美半島の端が迫つてをり、その石の多い荒涼とした波打際に、伊良湖崎の小さな無人の燈臺が立つてゐた。

歌島燈臺からは東南に太平洋の一部が望まれ、東北の渥美灣を

へだてた山々のかなたには、西風の強い拂曉など、富士を見ることがあつた。

名古屋や四日市を出港し、あるひはそこへ入港する汽船が、灣内から外洋にちらばつた無數の漁船を縫つて[11]伊良湖水道をとほるときに、燈臺員は望遠鏡をのぞいてゐて、いちはやくその船名を讀んだ。

レンズの視界に、三井ラインの貨物船、千九百噸の十勝丸が入つてくる。菜つ葉服の船員が二人、足踏みをしながら話してゐるのが見える。

しばらくして又、英國船タリスマン號が入港する。上甲板で輪投げをしてゐる船員の姿が鮮明に小さく見える。

燈臺員は番小屋の机に向つて、船舶通過報の帳面に、船名と信號符號と通過時分と方向とを記入する。それを電文に組[12]んで連絡する。そのおかげで港の荷主は、はやばやと準備にかかれるのであつた。

午後になると燈臺のあたりは、沒する日が東山に遮られて、翳つた。明るい海の空に、鳶が舞つてゐる。鳶は天の高みで、兩翼をためすやうにかはるがはる撓らせて、さて下降に移る[13]かと思ふと移らずに、急に空中であとずさりをして、帆翔に移つたりした。

第五十二　三島由紀夫の「潮騷」から

歌　島(一)

日が暮れはてた[1]ころ、一人の漁師の若者[2]が、手には巨きな平目をぶらさげて、村から燈臺へむかふ登り一方の山道を急いでゐた。

一昨年新制中學を出たばかりだから、まだ十八である。背丈は高く、體つきも立派で、顏立ちの稚なさだけがその年齢に適つてゐる。[3]これ以上日燒けしやうのない肌と、この島の人たちの特色をなす形のよい鼻と、ひびわれた唇を持つてゐる。黒目がちな目はよく澄んでゐたが、それは海を職場とする者の海からの賜物で、決して知的な澄み方ではなかつた。彼の學校における成績はひどくわるかつたのである。

今日[4]一日の漁の仕事着のまま、死んだ父親の形見のズボンと粗末なジャンパアを身に着けてゐる。

若者はすでに[5]深閑としてゐる小學校の校庭を拔け、水車のかたはらの坂を上つた。石段を昇つて、八代神社の裏手に出る。神社の庭に夕闇に包まれた桃の花がしらじらと見える。そこから燈臺まで十分足らず登ればよいのである。

その道は實は崎嶇としてゐて、馴れない人は晝⑥でもつまづくだろうが、若者の足は目をつぶつて⑦ゐても松の根や岩を踏み分けて行くことができた。今のやうに、ものを考へながら歩いてゐてさへ、つまづかない。

先刻、まだ殘照のあるうちに、若者をのせた⑧太平丸は歌島港にかへつた。若者は船主ともう一人の朋輩と一緒に、毎日このエンヂンのついた小舟に乘つて漁に行くのである。港へかへつて、組合の舟に漁獲を移して、濱へ舟を引きあげてから、燈臺長の家へ⑨もつてゆく平目を手にさげて、若者が家へひとまづかへらうとして濱づ⑩たひに來たときに、暮れかけた濱は、まだ多くの漁船を濱へ引き上げる掛聲でさわがしかつた。

一人の見知らぬ少女が、「算盤」と呼ばれる頑丈な木の枠を砂に立て、それに身を凭せかけて休んでゐた。その枠は、⑪巻揚機で舟を引き上げるとき、舟の底にあてがつて、次々と上方へずらして行く道具であるが、少女はその作業を終つたあとで、一息入れてゐるところらしかつた。

額⑫は汗ばみ、頬は燃えてゐた。寒い西風はかなり強かつたが、少女は作業にほてつた顔をそれにさらし、髮をなびかせてたのしんでゐるやうにみえた。綿入れの袖なしにモンペを穿き、手には汚れた軍手をしてゐる。健康な肌いろはほかの女たちと變らないが、目もとが涼しく、眉は靜かである。少女の目は西の海の空をじつと見つめてゐる。そこには黒ずんだ雲の堆積のあひだに、夕日の一點の紅ゐが沈んでゐる。

若者はこの顔に見覺⑬えがない。歌島には見覺えのない顔はない筈だ。他者は一目で見分けられる。⑭と謂つて、少女は他者らしい身裝はしてゐない。ただ、海に一人で見入つてゐるその様子が、島の快活な女たちとはちがつてゐる。

若者はわざわざ、少女の前をとほつた。子供がめづらしいものを見るやうに、正面に立つてまともに少女を見た。少女はかるく眉をひきしめた。目は若者のほうを見ずに、⑮じつと沖を見つめたままであつた。

無口な若者は、検分がすむと足早にそこを立去つた。そのときはただ好奇心を充たされた幸福にぼんやりしてゐて、さて、こんな失禮な検分が彼の頬に羞恥を呼びさましたのは、ずつとあと、つまり、燈臺へゆく山道をのぼりかけてゐる時になつてであつた。

第五十三　三島由紀夫の「潮騷」から

歌島 (三)

若者は松並木のあひだから、潮のとどろきの昇つてくる眼下の

海をながめた。月の出前の海は①大そう暗かつた。

出會頭に丈の高い女の妖怪が立つてゐるといふ傳說のある「女の坂」を曲ると、燈臺の明るい窓が高く見えはじめる。その明るさは若者の目にしみた。村の發電機は久しく故障で、村ではランプの光りしか見ることがなかつたから②。

かうして燈臺長のところへたびたび魚を届けに行くのは、燈臺長に恩義を感じてゐるからである。新制中學の卒業の際、若者は落第して、もう一年卒業を引き延ばされさうになつた。燈臺のちかくへいつも焚付けの③松葉をひろひ④に行くので、燈臺長の奥さんと近づきになつてゐた母親は、息子の卒業を引き延ばされては⑤、生計が立ちゆかないと奥さんに愬へた。奥さんは燈臺長に話し、燈臺長は昵懇の校長に會ひに行つた。おかげ⑥で若者は、落第を免かれて、卒業することができたのである。

學校を出て、若者は漁に出る。ときどき燈臺へ獲物を届ける。買物の用を足してあげる。さういふことから、燈臺長夫婦に大そう可愛がられるやうになつた。

燈臺へ昇るコンクリートの段々の手前に、小さな畑を控へた燈臺長の官舍があつた。厨口の硝子戸に奥さんの影がうごいてゐる。食事の仕度にかかつてゐるらしい。若者はそとから聲⑦をかけた。奥さんは戸をあけた。

「おや、新治さんね」

黙つてさし出された平目をうけると、奥さんは高い聲でかう呼んだ。

「お父さん、久保さんが⑧お魚を」

奥から燈臺長の質朴な聲がかう應へた。

「⑨いつもいつもありがたう。まあ上つてゆきな⑩さい、新治君」

若者は厨口に立つてもぢもぢしてゐる。平目はすでに、白い琺瑯の大皿に載せられてゐる。かすかに喘いでゐるその鰓からは、血が流れ出て、白い滑らかな肌に滲んでゐる。

若者の祈り

⑪二百段を一氣に昇つても、すこしも波立たない若者の厚い胸は、社の前にあつて謙虛に傾いた。⑫十圓玉を賽銭箱に投げ入れた。思ひ切つて、もう一つ十圓玉を投げ入れた。庭にひびきわたる柏の音と共に、新治が心に祈つたことはかうである。

「神様⑬、どうか海が平穏で、漁獲はゆたかに、村はますます榮えてゆきますやうに！　わたくしはまだ少年ですが、いつか一人前の漁師になつて、海のこと、魚のこと、舟のこと、天候のこと、何事をも熟知し何事にも熟達した優れた者になれますやうに！　やさしい母とまだ幼ない弟の上を護つてくださいますように！　海女の季節には、海中の母の體を、どうかさまざまな危険からお護り下さいますやうに！…それから筋ちがひのお願ひ

のやうですが、いつかわたくしのやうな者にも、氣立てのよい、美しい花嫁が授かりますやうに！・・・たとへば宮田照吉のところへかへつて來た娘のやうな・・・」

風がわたつて來て、松の梢々はさわいだ。社(やしろ)の暗い奥にまで、そのとき吹き入(い)つた風が森厳な響きを立てた。海神は若者の祈りを嘉納したやうに思はれた。

新治は星空を仰いで、深い呼吸をした。そしてから思つた。

「こんな身勝手なお祈りをして、神様は 俺に罰を お下しになつたりしないだらうか。」

宏からの旅信

宏から速達の旅信が來た。普通郵便では本人の歸島のはうが先になるかもしれないので、京都の清水寺のゑはがきに、[14]見物記念の大きな紫いろの判を捺して、[15]速達にしてよこしたのである。母親は讀まない[16]さきから、速達なんか勿體ない、このごろの子供は金の有難味を知らない、と云つて怒つた。

宏のはがきには、名所舊蹟のことは何も書かれず、はじめて行つた映畫館のことばかり書いてあつた。

「京都で[17]さいしよの晩、自由行動がゆるされ[18]たから、近くの大きな映畫館へ、[19]さつそく宗やんと勝やんと三人で行きました。とてもりつぱで、御殿のやうです。ところが椅子がとてもせまくて、固くて、腰かけると、とまり木にとまつたやうで、尻(けつ)は痛いし、ちつともおちつきません。しばらくすると、うしろの人が、坐れ、坐れ、といひます。坐つてゐるのに、へんだね、と思つたら、うしろの人がわざわざ教へてくれました。それは折疊椅子で、下ろすと、椅子になるのです。三人は失敗して、頭[20]をかきました。おろしてみたら、フワフワした、天皇様の坐るやうな椅子で、[21]お母さんも一度こんな椅子に坐らしてやりたいと思ひました。」

[22]新治にこの葉書を讀んでもらふと、おしまひの一句で母親は泣き出した。それから葉書を佛壇に[23]あげて、一昨日の嵐で旅行中の宏に何のさしさはりもなかつたやうに、また明後日の歸島の日まで宏の身に何事もないやうに、新治も一緒に祈[24]れと強ひた。しばらくして、思ひ出したやうに、兄は讀み書きが全く下手で、弟のはうがよほど頭がいい、と惡態をついた。頭がいいといふことは、つまり、母親を氣持よく泣かすことができるといふことなのである。早速宗やんの家と勝やんの家へ葉書を見せに行き、そのあとで新治と錢湯へゆくと、湯氣のなかで郵便局長の奥さんに會つたので、母親は裸の膝をついて、速達をきちんと届けてくれたお禮を言つた。

第五十四　川端康成の「雪國」から（一）

島　村

島村は東京の下町育ちなので、子供の時から歌舞伎芝居になじんでゐたが、學生の頃は好みが踊や所作事に片寄つて來て、さうなると一通りのことを究めぬと①氣のすまないたちゆゑ、古い記録を漁つたり、家元を訪ね歩いたりして、やがては日本踊の新人とも知り合ひ、②研究や批評めいた文章まで書くやうになつた。さうして日本踊の③傳統の眠りにも新しい試みのひとりよがりにも、當然なまなましい不滿を覺えて、もうこの上は自分が④實際運動のなかへ身を投じて行くほかないといふ氣持に狩り立てられ、日本踊の若手から誘ひかけられた時に、彼は⑤ふいと西洋舞踊に鞍替へしてしまつた。日本踊は全く見ぬやうになつた。その代りに西洋舞踊の書物と寫眞を集め、⑥ポスタアやプログラムの類まで苦勞して外國から手に入れた。異國と未知とへの好奇心ばかりでは決してなかつた。ここに新しく見つけた喜びは、目のあたり西洋人の踊を見ることが出來ないといふところにあつた。その證據に島村は日本人の⑦西洋舞踊は見向きもしないのだつた。西洋の印刷物を頼りに西洋舞踊について書くほど安樂なことはなかつた。見ない舞踊などこの世ならぬ話である。これほど机上の空論はなく、⑧天國の詩である。研究とは名づけても勝手氣儘な想像で、舞踊家の生きた肉體が踊る藝術を鑑賞するのではなく、西洋の言葉や寫眞から浮ぶ彼自身の⑨空想が踊る幻影を鑑賞してゐるのだつた。見ぬ戀にあこがれるやうなものである。しかも、時々西洋舞踊の紹介など書くので文筆家の端くれに數へられ、それを自ら冷笑しながら職業のない彼の心休めとなることもあるのだつた。

さういふ彼の踊の話が、女を彼に親しませる助けとなつたのは、その知識が久し振りで現實に役立つたともいふべきありさまだつたけれども、やはり島村は知らず識らずのうちに、女を西洋舞踊扱ひにしてゐたのかもしれない。

駒　子

日記の話よりも尚島村が意外の感に打たれたのは、⑩彼女は⑪十五六の頃から、讀んだ小説を一々書き留めておき、そのための雜記帳がもう十冊にもなつたといふことであつた。

「感想を⑫書いとくんだね？」

「感想なんか⑬書けませんわ。題と作者と、それから出て來る人物の名前と、その人達の關係と、それくらゐのものですわ」

「⑭そんなものを書き止めといたつて、しやうがないぢやないか。」

「しやうがありませんわ。」
「徒勞だね。」
「さうですわ。」と、女は⑮こともなげに明るく答へて、しかし⑯じつと島村を見つめてゐた。

全く徒勞であると、島村はなぜかもう一度聲を强めようとした途端に、⑰雪の鳴るやうな靜けさが身にしみて、それは女に惹きつけられたのであつた。彼女にとつてはそれが徒勞であらうはずがないとは彼も知りながら、頭から徒勞だと叩きつけると、なにか反つて彼女の存在が純粹に感じられるのであつた。

この女の小說の話は、日常使はれる文學といふ言葉とは緣がないもののやうに聞えた。婦人雜誌を交換して讀むくらゐ⑱しか、この村の人との間にさういふ友情はなく、後は全く孤立して讀んでゐるらしかつた。選擇もなく、さほどの理解もなく、宿屋の客間などでも小說本や雜誌を見つける限り、借りて讀むといふ風であ⑲るらしかつたが、彼女が思ひ出すままに擧げる新しい作家の名前など、島村の知らないのが少くなかつた。しかし彼女の口振りは、まるで外國文學の遠い話をしてゐるやうで、無慾な乞食に似⑳た哀れな響きがあつた。自分が洋書の寫眞や文字を賴りに、西洋の舞踊を遙かに夢想してゐるのもこんなものであらうと、島村は思つてみた。

第五十五　川端康成の「雪國」から（二）

翌る朝、島村が目を覺ますと、駒子はもう火鉢へ片肘突いて古雜誌の裏に落書してゐたが。

「ねえ、歸れないわ。①女中さんが火を入れに來て、②みつともない、驚いて飛び起きたら、もう障子に日があたつてるんですもの。昨夜③醉つてたから、とろとろと④眠つちやつたらしいわ。」

「⑤幾時。」

「もう八時。」

「⑥お湯へ行かうか。」

「いや、廊下で人に會ふから。」と、まるでおとなしい女になつてしまつて、島村が湯から歸つた時は、手拭を器用にかぶつて、かひがひしく部屋の掃除をしてゐた。

机の足や火鉢の緣まで癇性に拭いて、⑦灰を搔きならすのがもの馴れた樣子であつた。

島村が⑧火燵へ足を入れたままごろごろして煙草の灰⑨を落すと、それを駒子はハンカチで⑩そつと拭き取つては、⑪灰皿をもつて來た。島村は朝⑫らしく笑ひ出した。駒子も笑つた。

「君が家を持つたら、亭主は叱[13]られ通しだね。」

「なにも叱[14]りやしないじやないの。洗濯[15]するものまで、きちんと疊んでおくつて、よく笑はれるけど、性分[16]ね。」

「箪笥のなかを見れば、その女の性質が分[17]るつて言ふよ。」

部屋いつぱいの朝日に溫まつて飯を食[18]ひながら、

「いいお天氣。早く歸つて、お稽古をすれば[19]よかつたわ。こんな日は音[20]がちがふ。」

駒子は澄み深まつた空を見上げた。

遠い山々は雪が煙ると見えるやうな柔かい乳色につつまれてゐた。

島村はここで稽古をすればと言ふと、駒子は直ぐに立ち上つて、着替へといつしよに長唄の本を届けるやうに家へ電話をかけた。

晝間見たあの家に電話があるのかと思ふと、また島村の頭には葉子の眼が浮んで來て、

「あの娘さんが持つて來るの？」

「さうかもしれないわ。」

「君はあの、息子さんのいひなづけだつて？」

「あら。いつそんなことを聞いたの。」

「昨日。」

「をかしな人。聞[21]いたら聞いたで、なぜ昨夜さう言はなかつたの。」と、しかし今度は昨日の晝間とちがつて、駒子は清潔に微笑んでゐた。

「君を輕蔑してなければ、言ひにくいさ[22]。」

「心にもないこと。東京の人は噓[23]つきだから嫌ひ。」

「それ、僕が言ひ出せば、話をそらすぢやないか。」

「そ[24]らしやしないわ。それで、あんたそれをほんたうにしたの？」

「ほんたうにした。」

「またあんた噓言ふわ。ほんたうにしないくせ[25]して。」

「そりや、のみこめない氣はしたさ。だけど、君がいひなづけのために藝者になつて、療養費を稼いでると言ふんだからね。」

「いやらしい、そんな新[26]派芝居みたいなこと。いひなづけは噓よ。さう思つてる人が多いらしいわ。別に誰のために藝者になつたつてわけぢやないけれど、する[27]だけのことはしなければいけないわ。」

「謎みたいなことばかり言つてる。」

「は[28]つきり言ひますわ。お師匠さんがね、息子さんと私といつしよになればいいと、思つた時があつたかもしれないの、心のなかだけのことで、口には一度も出しやしませんけれどね。さういふお師匠さんの心のうちは、息子さんも私も薄々知つてたの[29]。だけど、二人は別になんでもなかつた。ただそれだけ。」

「幼馴染だね。」

「ええ、でも、別れ別れに暮らして來たのよ。東京へ賣られて㉚行く時、あの人がたつた一人見送つてくれた。一番古い日記の一番初めに、そのことが書いてあるわ。」

「二人ともその港町㉛にゐたら、今頃は一緒になつてたかもしれないね。」

「そんなことはないと思ふわ。」

「さうかねえ。」

「人のこと心配しなくてもいいわよ。もうぢき死ぬから。」

「それによそへ泊るのなんかよくないね。」

「あんた、そんなこと言ふのがよくないのよ。私の好きなやうにするのを、死んで行く人がどうして止められるの?」

島村は返す言葉がなかつた。

第五十六　川端康成の「雪國」から（三）

焔の音が聞えた。眼の前に火の手が立つた。駒子は島村の肘をつかんだ。街道の低い黒い屋根が火明りでほうつ①と呼吸するやうに浮き出して、また薄れた。足もとの道にポンプの水が流れて來た。島村と駒子も人垣に自然立ちどまつた。火事の焦臭さに繭を煮るやうな臭ひがまじつてゐた。

映畫のフイルムから火が出たとか、見物の子供を二階からぽんぽん投げおろした②とか、怪我人はなかつたとか、今は村の繭も米も入つてゐなくてよかつたとか、人々はあちこちで似たことを聲高にしやべり合つてゐるのに、みな火に向つて無言でゐるやうな、遠近の中心の抜け③たやうな、一つの靜かさが火事場を統一してゐた。火の音とポンプの者を聞いてゐるといふ風④だつた。

時々、おくれて駈けつける村人があつて、肉親の名を呼びまはる。答へる者があつて、喜んで叫び合ふ。それらの聲だけは生き生きと通つた。擦半鐘はもう鳴りやんでゐた。

人目⑤もあると思つて、島村は駒子からそつと離れ⑥ると、ひとかたまりの子供のうしろに立つた。火照りで子供達は後ずさりした。足もとの雪も少しゆるんで來るらしかつた。人垣の前の雪は火と水で溶け、亂れた足形にぬかるんでゐた。

そこは繭倉の横の畑地で、島村達といつしよに駈けつけた村人は大方そこにはいつたのだつた。

火は映寫機を据ゑた入口の方から出たらしく、繭倉の半ばほどはもう屋根も壁も燒け落ちてゐたが、柱や梁などの骨組はいぶり⑦ながら立つてゐた。板葺板壁に板の床だけでがらんどうだから、屋内にはさう煙も巻いてゐないし、たつぷり⑧水を浴びた屋根も燃

えてゐ⑨さうには見えないのに、火移りは止まらぬらしく、思ひがけないところから焔が出た。三臺のポンプの水があわてて消しに向ふと、⑩どつと火の子を噴き上げて黒煙が立つた。

その火の子は天の河のなかにひろがり散つて、島村はまた天の河へ掬ひ上げられてゆくやうだつた。煙が天の河を流れるのと逆に天の河が⑪さあつと流れ下りて來た。屋根を外れたポンプの水先が揺れて、水煙となつて薄白いのも、天の河の光が映るかのやうだつた。

いつのまに寄つて來たのか、駒子が島村の手を握つた。島村は振り向いたが默つてゐた。駒子は火の方を見たままで、少し上氣した生眞面目な顔に焔の呼吸がゆらめいてゐた。島村の胸に激しいものがこみ上げて來た。駒子の髷はゆるんで、咽は伸びてゐた。⑫そこにつと手をやりさうになつて、島村は指先がふるへた。島村の手も溫まつてゐたが、駒子の手はもつと熱かつた。なぜか島村は別離が迫つてゐるやうに感じた。

⑬入口の方の柱かなにかからまた火が起きて燃え出し、ポンプの水が一筋消しに向ふと、棟や梁がじゆうじゆう湯氣を立てて傾きかかつた。

⑭あつと人垣が息を呑んで、女の體が落ちるのを見た。

繭倉は芝居などにも使へるやうに、形ばかりの⑮二階の客席がつけてある。二階と言つても低い。その二階から落ちたので、地上までほんの⑯瞬間のはずだが、落ちる姿を⑰はつきり眼で追へたほどの時間があつたやうに見えた。⑱人形じみた、不思議な落ち方の⑲せゐかもしれない。一目で失心してゐると分つた。下に落ちても音はしなかつた。水のかかつた場所で、埃も立たなかつた。新しく燃え移つてゆく火と古い燃えかすに起きる火との中程に落ちたのだつた。

第五十七　谷崎潤一郎の「細雪」から（一）

井谷と云ふのは、神戸のオリエンタルホテルの近くの、幸子たちが行きつけの①美容院の女主人なのであるが、縁談の世話をするのが好きと聞いてゐたので、幸子はかねてから雪子のことを頼み込んで、寫眞②を渡して③おいたところ、先日セツトに行つた時に、「ちよつと奥さん、お茶に附き合つて下さいませんか」と手の空いた隙に幸子を誘ひ出して、ホテルのロビーで始めて此の話をしたのである。實は④こちら⑤へ御相談をしないで惡かつたけれども、ぐづぐづしてゐて良い縁を逃が⑥してはと思つたので、お預かりしてあつたお孃様⑦のお寫眞を何と⑧もつかず先方へ見せたのが、一箇⑨月半程も前のことになる。⑩それきり暫く音沙汰がなかつたので、

自分は忘[11]れかけてゐたのであつたが、先方ではその間に[12]お宅さんのことを調べた模様で、大阪の御本家のこと、御分家のお宅さんのこと、それから御本人のことについて、女學校へも、習字やお茶の先生の所へも、行つて尋ねたらしい。それで御家庭の事情は何も彼も知つてゐて、いつかの新[13]聞の事件なども、あの記事が誤りだと云ふことはわざ〱新聞社まで行つて調べて來てゐるくらゐなので、よく諒解してゐたけれども、なほ自分[14]からも、[15]そんなことがあるやうなお嬢様かどうかまあお會ひになつて御覧なさいと云つて、[16]納得が行くやうに説明はしておいた。先方は謙遜して、蒔岡さんと私とでは身分違ひでもあり、薄給の身の上で、さう云ふ結構なお嬢様に[17]來て戴けるものとも思へないし、來て戴いても貧乏所帯で苦勞をさせるのがお氣の毒のやうだけれども、萬一縁があつて結婚出來るならこんな有難いことはないから、話[18]すだけは話してみてほしいと云つてゐる。[19]自分の見たところでは、先方も祖父の代までは或る北陸の小藩の家老職をしてゐたとかで、現に家屋敷の一部が郷里に殘つてゐると云ふのであるから、家柄の點ではさう不釣合でもないのではあるまいか。お宅さんは舊家でおあり[20]になるし、大阪で「蒔岡」と云えば一時は聞えていらしつたに違ひないけれども、――から申しては失禮であるが、いつ迄もさう云ふ昔のことを考へておいでになつては、結局、お嬢様が縁遠くおなりになるばかりだから、大概なところで御辛抱な[21]すつたらいかゞであらうか。現在では月給も少いけれども、まだ四十一だから昇[22]給の望みもないことはないし、それに日本の會社と違つてわりに時間の餘裕があるので、夜學の受持時間の方をもつと殖やして四百圓以上の月收にすることは容易だと云つてゐるから、新婚の所帯を持つて女中を置いて暮して行くには先づ差支へあるまい。人物については、自分の二番目の弟が中學時代の同窓で、若い時からよく知つてゐるので、太鼓判を捺すと云つてゐる。さう云つてもお宅さんの手で一往(いちわう)[23]お調べになるに越したことはないけれども、結婚がおくれた原因は全く器量好みのためで外に理由はないと云ふのが、矢張ほんたうらしく思へる。それは巴里にも行つてゐたのだし、四十を越してもゐることだから、まるきり女を知らない筈はないだろうけれども、自分が此の間會つて見た感じでは、それこそ生眞面目なサラリーマンで、遊びの味などを知つてゐさうな様子は微塵もなかつた。器量好みなどと云ふことは、[24]得てさう云ふ堅人(かたじん)によくあるものだが、その人も巴里を見て來た反動でか、奥さんは純日本式の美人に限[25]る、洋服なんか似合はなくてもよい、しとやかで、大人しくて、姿がよくて、和服の着こなしが上手で、顔立も勿論だけれども、第一に手足のきれいな人がほしいと云う注文なので、お宅のお嬢様なら打つてつけだと思ふのであるが、[26]――と云ふやうな話なのであつた。

長らく中風症で臥たきりの夫を扶養しつゝ美容院を經營して、

かたはら一人の弟を醫學博士にまでさせ[27]、今年の春には娘を目白に入學させたと云ふだけあつて、井谷は普通の婦人よりは何層倍か頭腦の廻轉が速く、萬事に要領がよい代りに、商賣柄[28]どうかと思はれるくらゐ女らしさに缺けてゐて、言葉を飾るやうな廻りくどいことをせず、何でも心にあることを剝き出しに云つてのけるのであるが、その云ひ方がアクドクなく、必要に迫られて眞實を語るに過ぎないので、わりに相手に惡感を與へることがないのであつた。幸子も最初、井谷がいつもの急き込むやうな早口でしやべるのを聞いてゐると、隨分此の人は[29]と思ふところもあつたけれども、段々聞いて行くうちに、男勝りの親分肌な氣象から好意で云つてくれることがよく分るし、それに何よりも、理路整然と、打ち込む隙もなく話しかけて來られるので、ぐつと俯伏せに取つて抑へられてしまつた感じがした。そして、[30]では早速本家の方とも相談をし、又此方でもその人の身元を調べるだけは調べさせて戴いてと、その時はさう云つて別れたのであつた。

第五十八　谷崎潤一郎の「細雪」から（二）

幸子の直ぐ下の妹の雪子が、[1]いつの間にか婚期を逸してもう卅歳にもなつてゐることについては、深い譯がありさうに疑ふ人もあるのだけれども、實際は[2]此れと云ふほどの理由はない。たゞ一番大きな原因を云へば、本家の姉の鶴子にしても、幸子にしても、又本人の雪子にしても、晩年の父の豪奢な生活、蒔岡と云ふ舊い家名[3]、——要するに御大家であつた昔の格式に囚はれてゐて、その家名にふさはしい婚家先を望む結果、初めのうちは降る程あつた縁談を、どれも物足りないやうな氣がして斷り[4]〳〵したものだから、次第に世間が愛憎をつかして話[5]を持つて行く者もなくなり、その間に家運が一層衰へて行くと云ふ狀態になつた。だから「昔のことを考へるな」[6]と云ふ井谷の言葉は、ほんたうに爲め[7]を思つた親切な忠告なので、蒔岡の家が全盛であつたのはせいぜい大正の末期までのことで、今ではその頃のことを知つてゐる一部の大阪人の記憶に殘つてゐるに過ぎない。いや、[8]もつと正直のことを云へば、全盛と見えた大正の末頃には、生活の上にも營業の上にも放縱であつた父の遣り方が漸く祟つて來て、既に破綻が續出しかけてゐたのであつた。それから間もなく父が死に、營業の整理縮小が行はれ、次いで舊幕時代からの由緒を誇る船場の店舖が他人の手に渡るやうになつたが、幸子や雪子はその後も長く父の存生中のことを忘れかねて[9]、今のビルディングに改築される前までは大體昔の俤をとゞめてゐた土藏造りのその店の前を通り過ぎ、薄暗い暖簾の奧を懷しげに覗いてみたりしたものであつた。

女の子ばかりで男の子を持たなかつた父は、晩年に隱居して家督を養子辰雄に讓り、次女幸子にも婿を迎へて分家させたが、三女雪子の不仕合せは、もうその時分そろ〳〵結婚期になりかけてゐたのに、とう〳〵父の手で良緣を捜して貰へなかつた[10]こと、義兄辰雄との間に感情の行き違ひが生じたこと、などにもあつた。いつたい辰雄は銀行家の伜で、自分も養子に來る迄は大阪の或る銀行に勤めてゐたのであり、養父の家業を受け繼いでからも實際の仕事は養父や番頭がしてゐたやうなものであつた。そして養父の死後、義妹たちや親戚などの反對を押し切つて、まだ何とか踏ん張れば維持出來たかも知れなかつた店の暖簾を、蒔岡家からは家來筋に當る同業の男に讓り、自分は又もとの銀行員になつた。それと云ふのは、派手好きな養父と違ひ、堅實一方で臆病で[11]さへある、自分の性質が、經營難と闘ひつゝ不馴れな家業を再興するのに不向きなことを考へ、[12]より安全な道を選んだ結果で、當人[13]にすれば養子たる身の責任を重んじたから[14]こその處置なのであるが、雪子は昔を戀ふるあまり、さう云ふ義兄の行動を心の中で物足りなく思ひ、亡くなつた父もきつと自分と同樣に感じて、草葉の蔭から義兄を批難してゐるであらうと思つてゐた。と、ちやうどその時分、――父が死んで間もない頃、義兄がたいそう熱心に彼女に結婚をすゝめた口[15]があつた。それは豐橋市の素封家の嗣子で、その地方の銀行の重役をしてゐる男で、義兄の勤める銀行がその銀行の親銀行になつてゐる關係から、義兄はその男の人物や資産狀態などをよく知つてゐると云ふ譯であつた。そして豐橋の三枝家ならば格式から云つても申分はないし、現在の蒔岡家に取つては分に過ぎた相手であるし、本人も至つて好人物であるからと、見合ひをするまでに話を進行させたのであつたが、雪子はその人に會つて見て、どうにも行く氣[16]になれなかつたのであつた。[17]と云ふのは、別[18]に男振がどうかう云ふのではないが、[19]如何にも田舍紳士と云ふ感じで、[20]なるほど好人物らしくはあるけれども、知的なところが全くない顏つきをしてゐた。聞けば中學を出た時に病氣をしたとかで上の學校へは這入らなかつたと云ふのであるが、恐らく學問の方[21]の頭は良くないのであらうと思ふと、[22]女學校から英文專修科までを優秀な成績で卒業した雪子としては、さき〴〵その人を尊敬することが出來さうもない懸念があつた。それに、[23]いくら資産家の跡取で生活の保證はあるにしても、豐橋と云ふやうな地方の小都會で暮すことは淋しさに堪へられない氣がしたが、それには誰よりも幸子が同情して、そんな可哀さうなことがさせられるものかと云つたりした。義兄にしてみれば、義妹は學問はよく出來たかも知れないけれども、少し因循過ぎるくらゐ引つ込み思案の、日本趣味の勝つた女であるから、刺戟の少い田舍の町で安穩に暮して行くのには適してゐるし、定[24]めし本[25]人にも異存はあるまいと極[26]めてかゝつたのが、案[27]に相違したのであつた

が、内氣で、含羞屋で、人前では滿足に口が利けない雪子にも、見かけに依らない所があつて、必ずしも忍從一方の婦人ではないことを、義兄が知つたのはその時が最初であつた。

第五十九　谷崎潤一郎の「細雪」から（三）

雪子を縁遠くしたもう一つの原因に、井谷の話の中に出た「①新聞の事件」と云ふものがあつた。

それは今から五六年前、當時廿歳であつた妹の妙子が、同じ船場の舊家である貴金屬商の奥畑家の悴と戀に落ちて、家出をした事件があつた。雪子をさしおいて妙子が先に結婚することは、尋常の方法では、むづかしいと見て、若い二人がしめし合はして非常手段に出たもので、動機は眞面目であるらしかつたが、孰方の家でもそんなことは許すべくもなかつたので、直きに見つけ出して②双方に連れ戻して、そのことはたわいもなく解消したかの如くであつたが、運惡くそれが大阪の或る小新聞に③出てしまつた。而も妙子を間違へて、雪子と出、年齡も雪子の年になつてゐた。當時蒔岡家では、雪子のために取消を申し込んだ④ものか、但しさうすれば半面に於いて妙子がしたことを裏書きするものと同じ結果を招く恐れがあり、それも智慧のない話であるからいつそ默殺してしまつたものかと、當主辰雄が散々考へたのであつたが、過ちを犯した者はどうあらうとも、罪のない者に飛ばつちりを受けさせて置く譯には行かぬと思つたので、取消を申し込んだ⑤ところ、新聞に載つたのはその取消ではなく、正誤の記事で、豫想した通り⑥改めて妙子の名が出た。辰雄はその前に雪子の意見も聞いて見るべきであるとは心付いてゐたのだけれども、聞いたところで⑦取り分け自分に對して口の重い雪子が、⑧どうせ明瞭な答をしてくれさうもないことは分つていたし、義妹たちに相談すれば利害の相反する雪子と妙子との間が粉糾することもあらうしと考へ、妻の鶴子に話したゞけで、自分一人の責任でさう云ふ手段に出たのであつたが、正直のところを云へば、妙子を犧牲にしても雪子の冤を雪ぐことに依つて雪子に⑨よく思はれたいと云ふ底意が、いくらか働いてゐたかも知れない。それと云ふのが養子の辰雄には、大人しいやうで⑩その實いつまでも打ち解けてくれない雪子と云ふのが一番氣心の分らない⑪扱ひにくい小姑なので、こんな機會に彼女の機嫌を⑫取りたかつたこともあらう。しかしその時も當てが外れて、雪子も妙子も彼に惡い感じを持つた。雪子に⑬云はせれば、新聞に間違つた記事が出たのは私の不運としてあきらめるより仕方がない、取消などゝ云ふものはいつも人目に付かない隅の方に小さく載るだけで、何の効果も⑭ありはしない、私達としては、取

消にせよ⑮何にせよ一囘でも多く新聞に出ることが不愉快なのだから、そつと默殺してしまふのが賢かつたのだ。兄さんが私の名譽囘復をしてくれるのは有難いけれども、さうしたら⑯こいさんはどうなるであらう、こいさんのしたことは惡いには違ひないが、年齒も行かない同士の無分別から起つたことゝすれば、責められてよいのは監督不行屆な兩方の家庭で、少くともこいさんについては、兄さんは勿論私にだつて一部の責任がないとは云へない、さう云つては何だけれども、私は自分の潔白は、知る人は知つてゐてくれると信じてゐるので、⑰あのくらゐな記事でそんなにひどく傷つけられる自分であるとは思つてゐない、それより今度⑱のことが原因で、こいさんが僻み出して不良にでもなつたらどうするか、兄さんのすることは萬事理窟詰めで、情味がない、第一これほどのことを、最も利害關係の深い私に一言の相談もせずに實行するとは專横過ぎる、——と云ふのであつたが、⑲妙子は妙子で、兄さんが、⑳雪姉ちゃんのために證を立てゝ上げるのは當り前だけれども、私の名を出さないでも濟㉑ませる方法もあつたらうではないか、相手は小新聞なのだから、何とか手を廻せば伏せてしまふことが出來たらうものを、㉒兄さんはさう云ふ場合にお金を吝しむからいけない、——と、此れはその時分から云ふことがませてゐた。㉓

　辰雄は此の新聞の事件の時、世間に合はす顏がないと云つて辭職願を出した程であつた。尤もその方は「それには及ばぬ」と云ふことで無事に濟んだが、雪子が受けた災難の方は何としても償ひやうがなかつた。たま〳〵幾人かの人は、正誤の記事に氣が付いて彼女の寃罪を知つたでもあらうが、彼女は潔白であつたにしても、さう云ふ妹娘のある事實が知れ渡つたことは、姉娘を、その自負心にも拘らず、いよ〳〵緣遠くする原因になつた。たゞ、雪子自身は内心は兎㉔に角、表面は「それくらゐなことで傷つきはしない」と云ふ建前でゐたので、そんな事件のために妙子と感情が齟齬する結果にはならず、却つて義兄に對して妙子を庇ふと云ふ㉕風であつた。

◆第五部◆　上　級（ノンフィクション）

第六十　唐詩の形式

中国の古典詩は唐代にその形式が定まった。これを大きくわけて「今体」と「古体」の二類とする。今体とは韻律が一定の型に従がうもので、「律詩」と「絶句」とが、これに属する。古体とは韻律の定まった型のない比較的自由な形式で、さらに「古詩」と「歌行」の二類①に分つことがある。今体と古体の各称は八世紀末の元稹の文中に見え、律詩の名もこのころ始まったらしい。白居易は四句の詩（絶句）を「小律詩」といったことがあり、韓愈の全集では詩の作品を古詩と律詩に分つが、その律詩の中には絶句をもふくむ。

韻律はおのおの句を構成する音節の抑揚長短の排列法である。漢字一字は必ず一音節であるから、一句の字数と音節数とは同一であるが、今体詩では毎句の字数は一定し、一句が五字から成るものを「五言詩」、七字から成るものを「七言詩」という（唐②人は七言詩を「長句」とよぶことがある）。従って律詩には五言律と七言律との二種あることとなり、絶句も同様に五言絶句と七言絶句の二種に分れる。この外に六言詩があり、絶句を六言で作ったものに、③例えば王維の作品のごときがあるが、極めて少な

く、唐代の絶句約一万首[4]を集めた書物、宋の洪邁の「万首唐人絶句」百一巻に収められた六言絶句はわずかに一巻を占[5]めるにすぎない。六言の絶句は宋以後の詩人[6]もまれに作ったが、六言の律詩[7]に至っては一そうまれであって、無視してよい。また絶句においては、七言のものが最も多く作られ、五言は比較的少ない。一万首の中で七言の絶句はその三分の二を占める。なお律詩は八句(四韻)から成るのを原則とするが、八句より多い十句、十二句またはそれ以上のものを「排律」または「長律」と称する。絶句は必ず四句で、四句以下の場合はない。排律は五言を通例とし、七言のものはほとんどない。律詩の八句より短いものがあって、「三韻の律」と称する。すなわち六句から成るものである。通常の律詩を四韻の律(七言律ならば第一句も押韻することが多いから、実際には韻をふんだ処は五個処になるが、それも五言になら[8]って四韻と称する)とよぶことがある。三韻の律は通常の律詩と絶句との中間にあるというべき、対句を用いた点は律詩に似た性質を有するが、絶句の少し長いものだとも言える。宋以後の人はほとんど作らず、唐人でもその例は多くない。白居易に数首ある。

古体詩もまた五言と七言の句で構成されるものが大多数を占める。七言古詩には、また八字以上の句を含む場合がある。五言古詩はほとんど五字句だけから成るのが普通で不規則な句形はめったにない。七言句の外に五言句、三言の句をまじえたものは李白の作に例があり、特に三五七言と題せられるが、このたぐいを「雑言」または「長短句」とよぶ。古詩は五言と七言に雑言を加えて、三種に分れるわけである。

詩体の一種に「楽府」と称せられるものがある。楽府は漢代[9]からすでにあったもので、本来は音楽の伴奏にあわせて歌われる歌曲であった。楽府というのは漢代に宮中の音楽をつかさどった役所の名であるが、そこで演奏せられる歌曲という意味で、うたのことばをも楽府とよび、この役所がなくなったのちも、詩体の名として長く存続した。また或る楽曲の歌詞がすでに存在する場合に、詩人がそれのかえ歌を作ったことは多く、どれがもとのことばでどれがかえ歌であるか分らぬ場合もある(もとうたは古辞または本辞と称せられる。作者不明の場合が多い)。楽府体の詩には五言や七言の規則的な形のものもあるが、不規則な句形のものも多く、特に南北朝[10]の作にこれが多い。従って雑言の体が少なくないわけである。

第六十一　禅は仏教の総府(一)

禅は元来説くもので[1]もなければ講ずるものでもない。参ずべき

もの、味わうべきものである。講釈や理論によって説明さるべきものではなく、身を以て実参実究すべきものである。

大体、禅のみならず、何事[2]にせよ、本当の極致と言う[3]ものは、到底言葉や文字を以て言い尽し、書きあらわせるものではない。おぼろげな輪郭位[4]は表現出来るであろうが、本来の実相というものは、如何[5]なる雄弁家が出ても、又どれ程[6]の名文家が現われても、口で言えるものでもなく、筆をもって書けるものでもない。例えば（カステラの味は長崎屋か文明堂に限る）文明堂のカステラは柔らかでコッテリして甘い。長崎屋のはアッサリと風味があって甘い。と[7]一応説明は出来るが、更に進んで、然らば[8]コッテリして甘いとはどんな味か、風味があって甘いとはどんな味かと問われた時、或程度まではジェスチャア[9]を使っても説明出来るが、真に両者のカステラそのものの味を一度も味わったことのないものに、如何[10]に説明したからとて、納得出来るように説明出来るものでない。真の味は食って見て初めて説明を聞かずとも明瞭となる。真の極致というものは何事に限らず説明の出来るものではない。体験するより他に道はない。

真理はどんなことがあっても、口で説明することは出来ない。紙背に徹する心の眼を以て、その言葉の裏に流れている精神をつかまねばならない。表面だけを形式的に観察して居って[11]は、本当の所謂[12]宇宙の大心を把握することは出来ない。それ故、禅に於て[13]は、実参実究を最も重んずるのである。

禅は宇宙万有を所依の経とする。[14]禅は説明すべきものではないという精神から言う[15]ならば、教えを説く経典などあるべき筈[16]はないのである。

禅は以心伝心[17]と云うて、心を以て心に伝える宗教であるから、所依の経典を有しない。正依傍依等の特殊の経典を用いながら全く自由である。仏祖正伝の禅には正伝の経典の名すら聞いたことがない。しかし又禅の見地から云えば、宇宙の悉くが経典ならざるものはない。聖人賢人の説かれた典籍も釈尊が説かれた聖典も、世界に存する群書も、これ悉く禅の経典ならぬものはないのである。

第六十二　禅は仏教の総府（二）

禅は決して経典を厭棄するものではない。一切の経、一切の論、悉く自宗の薬籠としてこれを用う[1]るのである。故に一切の経典を包容し、本来の面目を闡明し真理を昂揚したものが、即ち禅である。例えば、仏教各宗派は、或る特別の経典を所依として開宗せるが故に、一地方に割拠せる藩主の如きものであるが、禅は一国全土を統括する君主の如きものである。それだから、道元禅

師は

「禅は仏法の総府なり」

と自任せられ、栄西禅師も亦②

「禅宗は諸教の極理、仏法の総府なり」と云われたものである。

禅は説くべきものでもなければ講ずべきものでもない。参ずべきもの、味わうべきもので、実参体験すべきものであるとするならば、如何に体験すべきかというにそれは坐禅である。③というて、坐禅が若し④只身体を規則通りに正しくして、きちんと坐って有相坐をすればよいと云うのであるならば、坐禅は仏法の総府であるなどと云う大袈裟なことは云えないであろう。坐禅が仏法の要門であることを示す為に吾人は、更に千万言を費やさねばならないのだが、今は紙面が許さないので一言にして云えば、大山の如く兀々として坐定する坐禅の当体が直ちに解脱の方法である。そして坐定に依って得た解脱の力が更に進展して解脱の生活をなす根本の原動力、否⑤、もっと適切に云えば解脱の生活そのものとなるのである。斯⑥の様に述べると、坐禅は一面解脱を得る道で、解脱を得れば坐禅は必要でない如く理解せられるかも知れないが、吾人は決して坐禅を単なる大悟解脱の方法であるとは見ない。勿論坐禅が解脱の方法であることは、三世の諸仏歴代の祖師⑦が、皆これによって解脱せられた事実を見て誰人も之⑧を認めるであろう。然し解脱しても又坐禅習定は必要であって、それに依ってこそ、現実の吾々は解脱の生活が出来るのである。所謂「お悟り」と云うことは一時のものである。悟ったからと云って、過去の業⑨の積集である吾々は如法の生活が出来るものではない。如何に大禅師、大善知識の会下に於て、見性徹底したと云っても、悟後の修行がなければ、その人は再び煩悩の雲に包まれて、迷の生活に入るのが人間の性である。この意味からして悟った人でも修行が必要である。

又坐禅の生活はそんな第二義的に解釈⑩しなくとも、坐禅そのままが仏の生活であり、解脱の生活であり解脱の活動である。否、仏法全体の露現であり、人類最高の理想生活である。その意味からして坐禅は悟った後と雖⑪も、之を勧めなければならないのである。

要するに三業に仏印を表する坐禅は⑫凡ゆる煩悩と、凡ゆる世界の苦悶から解脱する安楽の法門にしてまた仏法の総府である。

第六十三　出雲大社の話

神々の生活が深く広く、限りなく生きつづけているような香りのみちている出雲、①八雲立つ出雲八重垣と歌われた美しい雲のただよう出雲に、昭和のはじめ旅をした文豪島崎藤村は「山陰土

産」という著書に

『笑』をあらわした神像というものが他にあるかどうか、私はよく知らない。すくなくとも大国さまにはそれがあらわれている。何[2]という平易で通俗的な神像だろう。何という親しみ易い笑顔だろう。大国主の神は、どこまでも平和の神である。『出雲大社』に来てみると、ここには深く沈んだものはない。ここにまつられてある大国主の神は、昔[3]ながらの笑顔をもって、多くの参詣者の頭を子供のようになで[4]おとぎばなしでも聞[5]かせているように見える。海岸に近い神社の境内[6]には松の枝が汐風に吹きたわめられ、あたりも開けて今ではコンクリートの大鳥居まで立つようになった。おそらく譲り[7]に譲ることを徳とせらるるほどの神は、一切に逆らわず、多くの不調和をも容れて、移りゆく世相に対せられることであろう。」と書いてある。

この大国主の神は、神々の中でも最も親しみ易い神様で俗にいう「ダイコクサマ」の事であり、島根県大社町にある「出雲大社」（御本殿は国宝建造物で大社造りの象徴）に鎮[8]座し給うている。

ダイコクサマとい[9]えば出雲の神様といい、出雲の神様といえば縁結びの神様といわれているが、この縁結びということは単に男女の仲を結ぶことだけではない。人間が立派に成長するように、社会が明るく楽しいものであるように、すべてのものが幸福であるようにと、お互の発展のためのつながりを結んで下さることが「縁結び」であって、ダイコクサマが幸福の神と慕われ、商売繁昌の神とあがめられ、農耕の神、漁業の神として深く信仰を受けられているのも、偉大なる御神徳によるものである。我々は各自が神様の広大なる「むすび」の御神徳によってお恵みをいただき、お互が世話になったり世話をしたりして栄えに栄えて、明るい家庭や社会になってゆくのであるから、まず神様に感謝し、そしてお互も感謝しあってこそ、そこに幸福が生れるということをよく知らねばならない。

出雲大社の祭祀を司る出雲国造千家氏は天照大御神の第二の御子天穂日命より連綿として今日まで一系に奉仕して八十三代であるが、この様な名家は皇室を除いては他にはないことである。なお出雲大社の大神様の御神徳を広く布教する宗教団体を[10]「出雲大社教」といい、千家国造様を御杖代と仰ぎ全国に数多くの教会講社があって布教師はダイコクサマ[11]のお使にならせて頂いて御神徳を広めて居る。

次に家庭祭祀のことであるが、神棚は清浄なるところを選び、なるべく南又は東向にまつるがよい。御神札は信仰する順に、例えば中央に伊勢神宮、向って右に出雲大社、向って左に氏神様とかに奉安する。榊は枯れぬうちに取りかえ、毎日清掃を行い御饌を供える。最も簡略の場合は米と塩と水であるが、自分等の食事

に頂くものを供えるのもよい。毎月一日、十五日、甲子日[12]とか或はその他祭日、祝日、家の祝儀等には平常と異って程よくお供物を整えて心からおまつりする。拝礼に先立って「祓[13]い給え清め給え」と三度唱え塩で神棚や自分等を祓う。拝礼の順は二度礼をして四度手を柏ち一度礼をする。そしてお祈りする時は心のままを申上げ神語「幸[14]魂奇魂守給幸給」と唱える。そして亦拝礼して了る。この神語や拝礼の作法は古くから出雲大社、出雲国造千家々に伝えられたものである。

第六十四　人生問題の解決点

　百年前に日本に来朝されたビ[1]ショップ・ウイリアムスについて、こんな話が伝えられております。明治の時代に、東京に岡という漢学者がお[2]ったそうであります。この漢学者が学生に史記の講義をしておった。史記の中に「君[3]子盛徳容貌愚なるが如し」――君子の盛んな徳が、一見容貌を見ると馬鹿なように見える――そういう件りを、この漢学者が学生に講義をしておりました時に彼曰く、[4]われかつて築地の耶蘇学校に、ウイリアムスという宣教師を訪問したことがある。当時自分は孔孟の道を説いてキリスト教を攻撃し、大いに破邪顕正をやる積りで、いつもこういう人たちを訪問しておった。ところが、今日こそ一[5]つ大いにやってやろうと思って、ウイリアムス宣教師のところへ来ると、どうも対座してみると、ちょっと見ると愚な如く見えるが、神々しい姿で、しかも真摯な態度でもって「あなた、神様を信じなさい、そうすればみんなわかります」といわれる。滔々と議論しようと思って行ってみたけれど、ついに議論ができなかった。彼の容貌に圧迫されてしまって何にも言わないで去った。なるほど司馬遷はよく言[6]うておる。君子の姿というものは洋[7]の東西を問わず実に一様であるといったそうであります。

　これはウイリアムス主教の実に聖者であるところの姿を物語っているところ[8]の話でありますが、このウイリアムス主教を[9]して、かく聖者ならしめたものは何であるか、いうまでもなくイエス[10]によって現わされるところの神を信じた結果であります。

　また私どもが今日こうして百年前来[11]られたビショップ・ウイリアムスを記念するためにここに集りましたが、今晩お集りになった人々に、神様を信じなさい、そうすれば[12]何もかもわかります、と言ったこの主教の言葉こそ、私は今日なおわれわれに対するところのメッセージであると信ずるのであります。何となればキリスト教の神を信ずることこそ、人生問題の解決点がそこにあると私は信ずるからであります。

　今日私どもが記念いたします、最初の宣教師でいらしたウイリ

アムス主教、この[13]方は実に隠れた愛のよき[14]業をなさった方であります。私が若い頃月一回ずつ私どもの教会にウイリアムス主教が[15]見えましたから、私もよく知っている。自分の生活費は極端に切りつめて、しかも自分のポケットマネーで二つも教会堂を建て、あるいは病人があるとか急患者であるとかに、隠れて愛の業をしていらした。もしここにウイリアムス老主教がいらして「先生、あなたキリスト教の信仰なくしてそんな業ができますか」ともし私どもが聞いたら「私自身は何もできません。私の中にいらっしゃるキリストが、私をしてかくの如き業をさせてくださるのです」と[16]きっと答えるでしょう。私もまた、そこに理性を超えた信仰の必要なことがよくわかるのであります。

信仰によってのみキリストの救いを受け入れることができるのであります。ことに今日の若い人たちの合理論者の中に最もキリスト教の信仰を受け入れるというのはキリストの十字架のあがないということであります。キリストの十字架は、聖パウロが私どもに教えましたように、[17]われらはその血によりあがない、すなわち罪の許しを得たり、と表現しました如く、人間は神の愛を受けてほんとうに己れの如く人を愛する器になるには、まず自分の中にある利己主義を清算しなければならん。神の子キリストの十字架の前に自分というものを清算するほど力ある自己清算はないのであります。故に聖パウロも「[18]それ十字架の言葉は亡ぶる者にはおろかなれども、救われるもの[18]には神の力なり」と言いました如く、合理論者には全くおろかに聞える。十字架のあがないということ、これほどガリガリの利己主義者の自分を清算して神に近付かしめるほどこの十字架の福音というものは大きな力があるものであります。

第六十五 新聞抜萃

東京・ニューヨーク 都市提携むすぶ

東京都とニューヨーク市が姉妹都市になりました。姉妹都市とは、正式には都市提携といい、二つの都市が文化・経済などの交流をおこなって、市民と市民が直接まじわり、仲よく助け合い、おたがいの理解と親善を深めて、ひいては[1]世界の平和に寄与しようとするものです。東京とニューヨークの市民は人種と国境を越えて、精神上の親類となったわけです。都市提携の成果は、両都市の市民が積極的に交流することによってのみ得られるものです。わが国ではすでに、大阪、京都、名古屋、横浜、神戸の各市をはじめ、約[2]三十におよぶ諸市が外国都市と姉妹都市になっており、多くの成果をおさめております。

東京都とニューヨーク市の都市提携を記念して、東京とニューヨークの間にいろいろな行事がおこなわれます。さらに、[3]ことしは日米修好百年記念の年に[4]あたりますので、この関係行事も並行しておこなわれるため多彩なプログラムがくりひろげられることになっております。

まず、東京都側から知事ほ[5]か関係者が、四月二十七日から五月一日までニューヨーク市を訪問しました。ニューヨーク市では、姉妹都市提携を祝う式典がひらかれ、両都市の宣言書と旗の交換がおこなわれました。これで、両都市の提携が名実ともに出発したわけです。少年・少女たちの歓迎行進やタイムズ・スクエアーという中心広場を、二日間、東京スクェアーと命名するなど、歓迎の催しがひらかれました。東京都では、ワグナー・ニューヨーク市長ほか関係者をむかえ五月十八日から二十七日までを記念週間として、この行事をもりあげます。中心行事として五月二十三日、日比谷公会堂で、東京、ニューヨーク都市提携記念および日米修好百年記念式典をおこないます。この催しには、一般の方にも参会していただきます。東京、ニューヨーク姉妹都市の交歓として予定されているおもなものは次のようなものです。

都市提携記念交換音楽会＝ＮＨＫ交響楽団の演奏[6]による記念音楽会を開催し、この録音テープをニューヨーク市に贈与します。これに対し、ニューヨーク市においても同じくニューヨーク・フィルハーモニー交響楽団による音楽会を開催し、東京都に録音テープを寄贈してきます。

吏員と生徒の交換＝東京都庁の職員とニューヨーク市庁職員を相互に交換し、行政の実態を理解させる計画です。また、両都市の高等学校生徒を夏休み中に交換し、親善に役立[7]たせる計画です。

記念展覧会の開催＝両都市の市民の[8]作品による写真、工作物、絵画、作文などの展覧会を両都市において開催します。

動物、植物の交換＝それぞれの国や都市のめずらしい植物を交換します。

都政、経済、技術、貿易、観光資料の交換＝都市の行政、財政、経済、貿易、観光などこれからの[9]都市の運営と発展に必要な資料を交換します。

武州鉄道の建設 急テンポにすすむ

戦後急速にふくらんだ東京都の人口は、都心だけでなく、中央沿線と武蔵野地区には特にそれが大きく、[1]激増した人口を都心から分散させ首都圏面積を拡大して外圏産業をそく進させるためにも、埼玉県秩父市との交通事情を開くことができたら、と永年の願望を夢に見て、武州鉄道の建設こそは、沿線住民の大きな期待だったといえる。

武州鉄道の建設計画は、昭和三十三年三月から東京都三鷹市と埼玉県秩父市にいたる地方鉄道の建設予定を[2]大日産業社長滝島総一郎氏[3]の手によって計画されたもので、この鉄道は三鷹市と秩父市約六十キロを一時間五十分で結び東京都西北部にある武蔵野地区の産業開発と都市に集中する人口の分散を図り埼玉県山間部の秩父市とを直結して今まで交通の不便だった同地区の経済開発も同時に行おうとするもので、この鉄道の完成によって、秩父市は今まで[4]遠まわりをして池袋に出た所要時間を直接三鷹市に出ることによって東京への日帰りコースを確保し且つ新興都市として最近急速な発展をとげている三鷹市ならびに吉祥寺は中央線の複々線化、それに荻窪まで完成される地下鉄の誘致などと、[5]にらみ合わせて今後は街の姿も一変するのも、さして遠いことではないだろうと地元民の意気込みは益々盛んなものがある。[6]武州鉄道は昭和三十三年路線を選定してから、地理踏査、経済調査、など各種現状の調査を行い、且つ武州鉄道路線の沿線に亘る各市町村

会議によって着々、運輸省、東京陸運局へ早期敷設の決議々事録、沿線住民による賛成署名簿が提出され、去る五月十六日には運輸省八階会議室において公聴会が開催され、武州鉄道の実現はおおむね時間の問題として沿線住民の前にその姿を表わすことだろう。しかし昨年十二月、武蔵野市議会本会議において、武蔵野市境上水南地区の住民より、武州鉄道敷設反対の請願並び陳情が提出され反対案が市議会において採択されてしまった。それを追ってかのように本年二月六日に西武鉄道小島取締役社長を代表として、運輸審議会へ武州鉄道敷設反対の陳情書が提出され、認可を間近に控えていたものが混沌としてしまった。鉄道敷設問題においては、国鉄、私鉄の別なく市民が、或は沿線の住民が利益、不利益を考えた場合に当然市を或は町を発展させる事を希望しているのではないか、そこで憤然と武州鉄道敷設促進期成同盟を結成したのは三鷹駅北口[7]地区の商店会並に住民である。三月二日午後七時より促進期成同盟拡大々会を開き、委員長荒井一雄氏副委員長水谷良夫氏ほか約六〇名の[8]同志が集り署名者約五、二〇〇名からを集め近く武蔵野市議会、東京都議会、運輸審議会等、関係当局に請願書を提出することを決めた。武蔵野市議会においては、昨年十二月二十六日武州鉄道敷設反対案を採択されているだけ[9]に、果してこれを如何に裁くか、権威ある議会は、どう処理するかが見ものである。

反対屋の扇動によって
武州鉄道敷設反対運動が行われた?

荒井委員長談[10]

三鷹駅北口は、南口に比較して非常に発展が遅れている。それを如何にして、追いつくかという問題が今日迄吾々の悩むところであったが、偶々昨年武州鉄道が三鷹駅北口を起点として秩父市との間敷設されることが運輸省に、申請されたことにおいて、吾々は心待ちに認可になるのを待っていたのである。

然し昨年十二月に突如として、武蔵境の玉川上水地区の住民より武州鉄道敷設反対の手を打ったという事に関して、私は非常に疑惑を感じた。武蔵境地区住民[11]が心中より反対の場合は、[12]いざ知らず二、三の扇動者のために付近の住民が、おどらせられている事は、事実であって、その反対同盟委員会でなくて、一部の反対屋(土地ブローカー、現農[13]地委員、元市議)の代表者が住民を手先に使って行われた事で、その不純な分子の動きのためにせっかくの交通機関が中止されるということは、市としても住民としても、その損失となるのではないか。

第六十六　新法ができるまで(一)

ますますふえる電話需要
むずかしい資金の調達

電話の需要はめざましいものがあります。公社では、昭和二十八年からの「電信電話拡充第一次五ヵ年計画」に引き続いて、昭和三十三年から「第二次五ヵ年計画」を着々遂行し、昨年八月には、全国の加入電話が三〇〇万に達したほどです。①しかしそれでもなお「電話は申し込んでもつかない」という声が絶えません。②それどころか、つかない電話の悩みはますます大きくなるばかりです。③

④そこで第二次五ヵ年計画を大幅に改訂し、今年四月から従来よりはるかに早いテンポで電話を増設していくことになりました。しかしつかない電話の悩みを解決する道は遠く⑤かつけわしく、公社はさらに第三次、第四次の五ヵ年計画をすすめて行かなければなりません。それにしても、先立つものはやはり「資金」です。今回成立を予定されている「電信電話設備の拡充のための暫定措置に関する法律」は、国民の皆さまのご協力により、少しでも公社の資金調達を容易にしようとするもので、いま、国会で審議がすすめられています。そこでこの法律が考えられるに至った経緯

と法律の内容をご説明申しあげ、「朝申し込めば夕方つく電話」を一日も早く実現するために、[6]改めて皆さまのご理解とご協力をお願いすることにいたします。

電話は社会の神経に相当するといわれていますが、電話の発達はそのまま社会の発達を意味するともいえます。ところがわが国の場合加入電話が三〇〇万を突破したとはいいましても、人口に対する普及度は、世界第二一位。[7]第一位のアメリカは、一〇〇人あたり三六・八個[8]であるのに対し日本は四・二個という乏しいものです。

公衆電話にしても、八万をこえて戦前最高時の五倍にもなりましたが、世界第一七位にすぎず、赤電話を待つ人々の行列は完全には解消されていません。

また、交換取扱者によらないダイヤル式電話は、年々増加し、全国の電話の六〇パーセントをこえましたが、その範囲はまだ主要都市にかぎられ、世界で一〇〇万個以上の電話をもっている国が一五ヵ国あるうちこの自動化率では、日本は第一四位にとどまっています。

おさえられてきた電話

このように日本の電話は、質・量ともに外国におくれています。電話の不足を最も端的にあらわしているのは「ヤミ値」[9]ですが、電話不足がヤミ値の最大の原因となっているわけです。

ご存知のとおり、電話事業は昭和二十七年まで電気通信省がやっていました。その前の昭和二十四年までは逓信省の仕事だったのです。いわゆる官業時代には、国民の皆さまのご要望をよそに予算のワクにとじこもった「電話行政」としてすまされてきたわけです。

三年後には申込みが一〇〇万以上に

その後、公社になってからは、旧い殻を破り、事業の使命を再認識して、昭和二十八年から第一次五ヵ年計画を強力に実施し、太平洋戦争でこうむった被害を急速に回復するとともに電話の大増設をやりました。この五年間でつけた電話の数は、創業以来数十年もかかって増やした一〇〇万に匹敵するほどです。公社としては、国民の皆さまのご不便を一日も早く取り除こうと懸命な努力を続けたのです。それにもかかわらず、電話の需要は伸びる一方で、[10]現在でも申し込んでつかない電話は、全国で八〇万以上もあります。

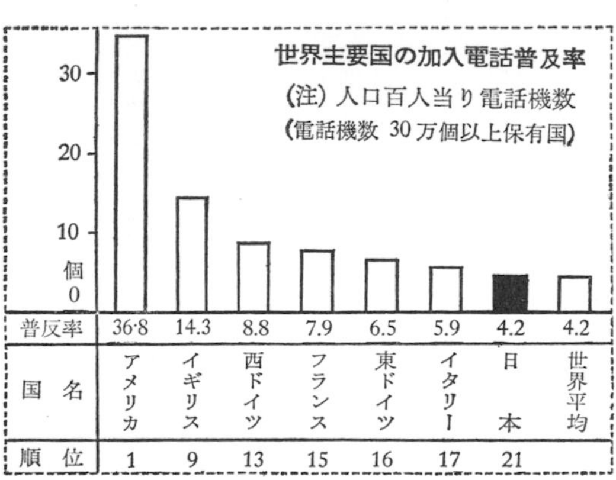

国名	アメリカ	イギリス	西ドイツ	フランス	東ドイツ	イタリー	日本	世界平均
普反率	36·8	14.3	8.8	7.9	6.5	5.9	4.2	4.2
順位	1	9	13	15	16	17	21	

第六十七　新法ができるまで（二）

電話一本に三〇万円
まず資金問題が先決

長い間満たされなかった電話の需要が、公社の拡充計画が進むとともに、電話の便利さがますます認識されるに至り、さらにはげしくなってきたわけです。そのほか、つかないものとあきらめている潜在需要も多数ありますから、この勢い[1]でゆきますと、三年後には申し込んでもつかない電話が一〇〇万を突破することになります。

需要がぐんぐん伸びているのにそれに応じられないという矛盾[2]。しかし、この矛盾をいつまでも嘆いているわけ[3]にはゆきません。公社は昭和三十二年から実施している第二次五ヵ年計画を中途で大幅に修正して、十三年後の「朝申し込めば夕方つく電話」「全国ほとんどの地域と即時通話できる電話」を目途[4]に四月から拡大計画を強行することになりました。しかし、そこに至るまでには、さまざまな難関があります。そのうちで最大のものは、昔と同じ資金問題です。

電話を一本引くということは、単に住宅や事務所に電話機をつければよいというものではありません。電灯などとちがい、電話機一個ごとに別々の線、別々の局内機械を必要とし、それから、市外線やマイクロ・ウェーブ[5]にも関係します。つまり、電話をつけるということは、全国三〇〇万加入者へ通ずる道をつけることです。

それにしても、電話一本引くのに三〇万円以上（全国平均）の建設費がいると聞いたら、おどろかれるかた[6]も多いでしょう。このような電話を毎年四〇万ほど増設してゆくことになりますと、莫大な資金を必要とします。

公社は私企業と違い文字どおり[7]公共企業ですから、財政上の拘束もあり、資金の調達は簡単に行きません。それに、同じ政府事業の国鉄その他にくらべて、財政投融資や公募債発行などの外部資金の額が非常に制限されています。

したがって資金の多くを自己資金つまり公社の収入によらなければなりません。ところが、いかに経営を合理化しても電話一個あたりの収入は漸減の傾向にあり、[8]一方支出は増加しているので、自己資金はこれ以上期待できない現状にあります。

そこで一部の資金については、これから電話をつける[9]かたがたに協力していただく債券によってまかなっていくほかはないのです。

しかし、単にこれまでより債券額を多くするだけでは新規加入者のかたにご負担をかけることになりますから、一面では実質的負担が軽くなるような方途を講じなければなりません。

実質的負担を軽く　新しい法律の内容

(1) この法律は、公社の第四次五ヵ年計画が完了し、電話の需要と供給が均衡すると予測される時期（昭和四十八年三月三十一日）まで適用されることになります。

(2) 従来の電話設備費負担臨時措置法によると、電話をつけるとき、装置料、負担金、債券の三本立のご協力をいただいたわけですが、電信電話拡充法では設備料、債券の二本立です。

(3) 設備料は、電話架設に直接必要な経費として、現在の装置料と負担金の合計額より少なく、全国一律一万円とし、一方債券額は現在よりも六、七割高くなっています。なお、債券の利回りは、一般の金利水準と均衡を失しないように考えられています。

[10]これでおわかりのように、公社[11]でいただききりになる設備料は少なくし、マネービルの一助ともなる債券の引受け額を多くして、電話をつけるかたの実質的負担を軽減することをはかっています。

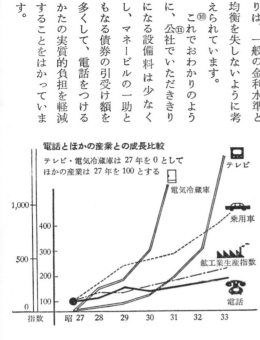

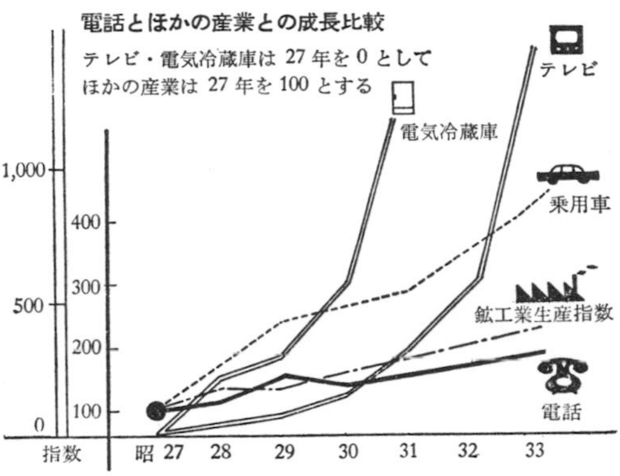

第六十八　愛すべき祖国よ

フィリッピンという国は昔からタガロク族という土民が住んでいて、常夏の無数の島から成立つ国であった。これがスペインの全盛時代に占領され、長い間その統治下にあり、スペインの血と文化を受け継いでいる南国の激しい気性の国である。これがその後アメリカに奪われ、その領土となり、すっかり[1]アメリカナイズされたのであるが、長い間の独立運動の甲斐あって、最近独立国となったのである。その独立運動の志士「リザール」はフィリッピンの父と尊められ、その銅像はマニラの中心地に高く聳えている。

我々が二年前にフィリッピンの主催によりマニラにおいて第一回極東会計士会議を持った時、その第一日のプログラムはこのリザールの銅像に花環を捧げる儀式であった。彼らは長い奮闘の末かち得た「独立」に高い誇りを持ち、激しい民族主義に燃えているのである。[2]何か会議というとすぐ会員起立して国歌の斉唱である。この民族意識を私は美しいと思い羨やましいと思った。それが排他的となってはいけない。フィリッピンにはその傾向がある。しかしその祖国を思い同胞を愛し、いざ立ち上ろうという気持はおそらく日本の明治時代のそれに似ているのであろう。私は最近の日本の子供達が[3]一体国歌を歌う機会があるだろうかと疑

う。「君が代」という言葉が悪ければ訂正して別の歌を作ってもよい。極端な偶像「天皇主義」から解放された途端に、この日本民族は今までの伝統を失なってしまって糸の切れた凧のようにき[4]りきり舞いして自分を見失なっているのだ。右や左の外国の鼻息ばかりうかがって、上辺りの文化だけを真似して、自分達のよさを忘れている。少くも一年に何回かみんなで国歌を歌い「我等の祖国に栄[5]あれ」と心を合わせて祝うことがあってよいのではなかろうか。

フィリッピンのこの独立意識は太平洋戦争でもみくちゃに踏みにじられ、日米戦争の戦場と化した。スペイン人の指導によって古くから伝えられた美しい街は熱土と化し、多くの民衆が殺戮された。これはフィリッピン人[6]にとって全く単なる受身の迷惑極まる事件であった。そしてこれが極端な「排日」「憎日」感情と化したのである。戦争中から戦後にかけてこの排日感情は世界中の他の地に類を見ない激しいものであった。

私は二年前にマニラに行った。極東地域の十六ヵ国の代表が集って国会議事堂[7]を借り切って盛大な会議を行なったのである。だから我々は「国賓待遇」をうけた。開会式の日には議事堂の前で各国の国旗掲揚式が行われた。ブラス・バンドの涼々たる[8]「君が代」と共に[9]するすると上る「日の丸の旗」！ その美しさ！ 外国に行ってのこの瞬間の感激！ 懐かしい祖国よ！ というたま[10]らない感激である。マニラの日本大使館に行ってこの報告をすると「恐らく終戦後民間使節で議事堂に日の丸を上げさせたのはあなたが初めてでしょう」ということだった。

会議においては我々日本代表は人気の中心であった。我々日本人は「不敗の神国」の伝統を打ち破られ、神話を挫かれて、戦後極端な劣等感に陥ってしまったのである。私もいろいろな外国人に接して、ペ[11]コペコしている自分を発見した。もっとも集った全部の国は日本軍隊によって足蹴にされた国であったから遠慮せざるを得ない。しかし戦後の荒廃から立ち上った日本の復興振りは目覚しかったのだ。我々は気のつかない間に再び世界をリ[12]ードする一等国としての実力を復活していたのである。その日本民族の実力に対する「あこがれ」、「尊敬」ともいうべきものがその会議において日本代表を人気の中心にもって来てしまったのである。

然るにマニラの街の大衆の間には無気味な排日感情が未だ戦争の記憶を忘れないで無気味にただよっていた。私共は街を歩く時は警戒を怠らず、夜の一人歩き等は厳に戒めていたのである。ところが今度（昨年十一月）行って見て驚いたことには、その排日感情が「跡方もなく」といってよいほどすっかり消えてしまって、むしろ日本に対する「人気」が湧き出していたのである。それに「兵隊」でない日本人の本当の気質が解って来たことと前述の日本の文化の実力に対する「あこがれ」が隅々の大衆の間にまで泌み通ったのであろう。実のところ私は今度の旅行については出発前に随分躊躇したが、何しろたった一人の旅である。そして前述の二年前の嫌な記憶があ[13]り、緊張で一杯であった。それのほかに重大な目的があった。例のルバング島に生き残っているといわれ

た二人の元[14]日本兵の一人小塚君の家族の人々に頼まれて、私はその救出運動についてかねてより民間外交を続けて来た。その最後の一押しをすることが今度の一つの目的であった。フィリッピンに行ったら「戦争の話は厳禁」とされている。彼らの不愉快な記憶をまた思い出させて、嫌な気分になるおそれがあるからである。そのような条件のもとで「元日本兵」の救出運動ということは余程神経を使わねばならなかった。ところが驚いたことには私の行く先に待っていたものは素晴らしい歓迎だけであった。大統領は数週間前から入院中だったので会えなかったから官邸で大統領夫人に会うことが出来た。夫人と握手している私の写真が翌日の「モーニングニュース」という十六ページの日刊誌のトップ[15]に大きく掲載されていたのには驚いた。しかしその記事はルバング島の兵隊の問題を取り挙げていた。このことだけでも対日感情の緩和を物語るものであると思う。

極端な排日の国フィリッピンをこれほどまでに転回させたのは一口にいつて「日本民族の良さ」である。私が二年前に初めて祖国を離れて国際会議に多くの他の民族と交ったとき見出したのは、自分の血液に流れていた「島国根性」であった。徳川三百年の鎖国の歴史と[16]「大和の国の神話」に育てられた「唯我独尊」という「根性」をつくづくと反省させられた。しかしそれと同時に逆に日本という祖国を持ったことのうれしさ、誇りというものを改めて噛みしめて味うことが出来たのである。

今度の日本へ帰って真先に感じたのは何[17]という騒々しさだろうか！　ということであった。このような美しい、[18]愛すべき祖国を持ちながら皆でつるしあげっこに浮身をやつしている。戦争は忘れたけれど暴力と破壊は日本人の特性なのだろうか？　ソ連よりもアメリカよりも我々には大切な祖国があるのだ。労働者としてよりも資本家としてよりも、我々は先ず日本人なのだ。この美しい恵まれた祖国を先ず尊[19]とぼうではないか。先ず皆で心を合わせて祖国の国歌を歌おうではないか。[20]「雪解け」の一九六〇年の日本は先ず自らを見出すことだ、と痛感するのである。

第六十九　財界用語解説

減価償却[1](げんかしょうきゃく)＝建物、機械装置などの固定設備は年月を経るにしたがい損耗し、ついには使用できなくなるし、また他に技術的に優れた機械や装置が作り出されると既存のものでは企業間の競争に耐えられなくなるから、損耗の分（減価）につき、企業は減価償却費として毎年ある金額だけを積立てることが法律で定められている。殊に最近では技術の進歩が速くなってきているので、特に重要な機械などについては、特別償却として、普通の減価償却より多額の減価償却を行うことが認められている。

擬制資本(ぎせいしほん)[2]＝会社の資本金は、通常株券の額面金額に発行株式数をかけたものであるが、額面五十円の株式が七十

円で売買されるとき、その資本金は五十分の七十、つまり一・四倍にふえたようにみえる。この増加分を擬制資本と呼ぶ。[3]いいかえれば、実質的には何の裏付もない、名目的な資本というのである。貨幣経済が発展すると規則正しい貨幣所得には平均利子率による資本の還元化が行われ、このような擬制資本を形成するようになるのである。擬制資本を形成するものには、債券、株券、土地価格、のれん代などがあ[4]げられる。

合名会社（ごうめいがいしゃ）＝無限責任社員からのみ構成される会社。社員全員が連帯の無限責任を負い、会社の代表権及び業務執行権をもつから必然的に社員相互間の家族的、人的結合関係が強く要求され、広範な資本を集めることは不可能である。人的会社の典型的なものである。

合資会社（ごうしがいしゃ）＝無限責任社員と有限責任社員とによって構成される会社。有限責任社員は資本の一部を出資してその限度で危険（責任）を負担し、利益の分配をうける。無限責任社員は、会社代表、或は業務執行者となるが、会社が会社財産をもって債務を弁済できないときは、出資金額の大小に関係[5]なく、連帯して責任を負わなくてはならない。有限責任の資本を導入できる点では合名会社より発展しているが、有限責任社員の出資の回収には無限責任社員全員の同意を必要とするから、緊密な人間関係による者からのみ出資を期待できることになる。合名会社と[6]ならんで人的会社と呼ばれる。

平均株価（へいきんかぶか）＝一定数の株価を平均して市況の変動[7]をみる指標としたもので主なものに単純平均株価とダウ平均株価とがある。（イ）単純平均株価は一定数の銘柄の終値を算術平均したもので、代表的なものが東京証券取引所の二百二十五種、大阪証券取引所の二百五十種の日々平均株価である。算定が容易で現実の株価の高低を知るのに便利だが、権利落の都度大幅に下落するので株価に連続性がなくなり、過去と現在と比べることができないという欠点がある。この欠点を修正しようとするのが、（ロ）ダウ式平均株価であり、アメリカのダウ・ジョーンズ社が創案したものである。すなわち、権利落による値下り分だけ平均株価が高くなるように除数（恒常除数）を修正するもので、恒常除数は、前日の株価合計から権利合計額を差し引いた額を前日の平均株価で除して求める。東京証券取引所では昭和二十四年五月からの旧株価平均と、昭和三十四年一月からの新株価平均との二つを算出している。

授権資本（じゅけんしほん）＝株式会社は株主総会で、ある一定の株数を認めてもらえば、その株数に至るまでは、必要に応じ取締役会が自由に新株式を発行することができる。つまり、会社は取締役会に資本の増加を授権しているのであって、この授権された株式を発行することにより得られるべき資本が授権資本である。この制度はアメリカで従来から広く行われているが、資金の調達が弾力的にできるという長所もあり、わが国では昭和二十五年の商法改正の際採り入れられた。

資産再評価（しさんさいひょうか）＝固定資産再評価法にもとづ

く固定資産再評価の略。これは戦後のインフレーションにより企業の固定資産の帳簿価格が、時価に比し著しく低くなったため、これにもとづいて減価償却をしていたのでは会社の財産を食い[8]つぶすことになるので、適正な減価償却を行わせるよう固定資産の帳簿価格を時価の水準まで引き上げることを目的としたものである。昭和二十五年から三回にわたり行われた。再評価差益から繰越損失を控除した金額は「再評価積立金」として積み立て、欠損の塡補または資本に組入れる以外は取崩せないこととされている。

有限会社(ゆうげんがいしゃ)=比較的新しい会社形態で、わが国では昭和十三年に公布された有限会社法にもとづいて出現した。多数の均等額の出資からなる資本を基礎とし、社員は、出資の義務を負うだけで、出資額を限度とする有限責任会社であるから、比較的多数の出資者を集めることができるわけであるが、社員の数は原則として五十名[9]以下で、持分の自由な処分も制限されている。小規模の会社に適した形態である。合資会社と株式会社の中間形態ともいえよう。会社の管理が社員総会ならびに取締役によって行われるなど株式に類似する構造をもっている。

第七十　有価証券の種類と役割

有価証券の定義は、法律上[1][2]必ずしも一定していないが、一般には「財産権を表象する証券であって、それに記載された権利の行使[3]または処分(とくに譲渡)には、その証券の占有(所持)を絶対的必要条件とするもの」であるといわれる。すなわち、無形の権利が有形の証券に化体したものをいい、権利と証券が結合関係にあるので、権利の移転には証券の譲渡が必要であり、証券の譲渡によってその権利の移転が行われる。この点が有価証券の重要な特質である。

経済上、ことに広い意味での有価証券は、通常(イ)[4]商品証券、(ロ)貨幣証券、(ハ)資本証券に大別される。(イ)はこれと引換に商品が渡されるもので、船荷証券、倉庫証券、貨物引換証券などであり、このほかに商品券、質札などを含むことがある。(ロ)は流通手段としての貨幣を代表し、通貨の使用を節約するとともに、その授受、運搬にともなう手数、費用、危険を除くことに役立つもので、銀行券、手形、小切手などがこれに属する。(ハ)は一定額の資本を表象する証券であって、株券、公債、社債などの収益証券(例えば配当や利子をともなう証券)を意味する。つまり資本とその収益に対する請求権を表示するものである。

外形上、有価証券に似ていても、別に財産権を表象するものでなく、単[5]にある事実を証明するにすぎない借用証書、保険証券、受取証などは有価証券ではない。またチッキとか下足札[6]のようにその所持人に弁済すればすむものは、免責証券であって有価証券ではないし、郵便切手、紙幣のように、そのものに法律上特定の価値が与えられているものは、ここでいう有価証券には入らな

い。

一方、狭い意味での有価証券は、(ハ)の資本証券だけをいい、その価格が変動し、代替性（同じ種類、性質のもので、同一数量のものならどれでもよいというもの）をもつという特色があるから、自由に売買される。証券市場でいう有価証券は、この資本証券を指す。

有価証券に表示される権利については、その有価証券が発行されていなくても、これを有価証券とみなすこととしている。例えば、有償で増資新株が発行され、または再評価積立金及び準備金の資本組入れによって無償株が発行される場合、その割当ないし交付をうけることに決った株主は、払込完了、または無償交付決定のときから、実際に新株券が発行されていなくても、その分について株券をもったと同様にみなされる。

またこの有価証券は、確定利付証券と不確定収益証券に大別される。国債、地方債、金融債、政府保証債、社債など一般に債券とよばれるものは確定利付証券であり、株券、出資証券、受益証券は不確定収益証券に属する。

有価証券のうち、今日の証券市場において一般的に投資の対象となるものは、株式、公債、社債及び投資信託の受益証券の四種であり、これらは、いずれも公共団体、或は私企業の運営すなわち、この経済活動に必要な資金を調達する源泉となっており、これを欠いては国民経済が成り立たない点で、前に述べたような単なる商品または貨幣を代位して流通する証券に比較して、基本的に重要な意義をもっているわけである。さらに証券資本は、資本主義経済の高度化、株式会社組織の普及にしたがって、その役割も益々大となってくる。

このように、これら有価証券はいずれも、(イ)公私各種の企業に必要な資金を調達するために、発行されるものであること、(ロ)広く国民大衆の投資及び貯蓄の対象となっていることの二点において、今日の証券資本主義経済に密接かつ不可欠な役割を果している。

したがって、国民が貯蓄の対象としてこのような有価証券に投資することは、[7]一人一人が自らの財産の利殖をはかるとともに、これら大衆資金の集積が国民経済の円滑な運営に寄与することになるのであり、証券投資の意義もここに存するのである。

第七十一　資本主義の変容

今日の資本主義はピープルス・キャピタリズムと呼ばれているように、過去の資本主義とは全く性格の異ったものに変容しつつ[1]ある。資本主義経済の発展は必然的に巨大企業を現出し生産の独占化を招いたが、株式投資の普及とその一般化、大衆化により、逆にその所有は分散してきているからである。これは一種の産業の社会的所有への傾向としてみることができる。

周知のように、民主主義とは権力の分散という考えの上に立つ

政治形態である。中央集権制よりも地方分権制が採られ、議会政治が重視され或[2]はいわゆる三権分立の思想が説かれるのも、すべて権力を分散化することにより、多数の人々の意思によって、国家や社会が動かされていくことを企図したものである。独占の弊害が指摘され、独占禁止法などの法律がつくられてきたのも、社会の僅かな人々の手に経済的な権力が集中され、ひいては政治もそれらの力によって動かされることを危惧したからである。したがって、所有が広範囲に分散化することは、経済的な権力の集中を阻む大きな要因となり、過去の資本主義とは全く異った新しい資本主義を形成する基盤となっているものといえよう。

社会主義経済理論の生みの親ともいうべきカール・マルクス[3]は、資本主義は私有財産制度を基盤として、私的利潤のあく[4]ことのない獲得を目的とした経済体制であるから発展するにつれ[5]僅かの資本家によって、資本や富の大部分が所有されるのに対し、国民の大部分の人々は次第に貧困化していくものとみた。そしてこのようなことから、資本主義は必ず崩壊することを理論[6]づけたのである。確かに資本主義にはこのような暗い一面があり、過去においても種々の弊害がみられたのであるが、しかし、マルクスのこの予言は的中しなかった。資本主義自体が大きく変容してきたからである。

もし、今日のような独占的発展の段階において初期の株式会社のように、所有が少数の人の手に集中され、少数の株主によって企業が支配されているとしたら、それは政治における独裁の弊害が経済においてももたらされることになる[7]。生産と富の集中は資本主義発展の過程において必然的に生じたものであるが、その弊害を民主的に是正するものは、投資の普及とその大衆化による所有の分散である。証券市場が今日果すべき政治的経済的機能の最も重要なものの一つはこの点にあるということができる。

わが国の経済には是正し、解決しなければならない問題が多い。それは、企業の資本構成の是正であり、或は産業構造や貿易構造の改編による日本経済自体の体質改善である。また、中小企業における生産性の向上や労働条件の改善も大きな課題の一つである。しかし、最も重要なことは、今後の日本経済が民主主義の原則にしたがって運営され、発展していくことでありこの原則の上に立って国民大衆の所得や富の増大を、或はその平等な分配を図っていかなければならない。そのためには資本主義のこの変容の傾向、証券資本主義の高度の発展の結果もたらされた株式所有の分散化、大衆化の傾向をさらに促進していくことが必要であろう。いうまでもなく、株式所有の分散化を通じて所有の分散化と所得や富の平準化を促進することは、単に産業資金の効率的な活用になるばかりでなく社会の民主化を促進する一つの有力な経済的手段ともなり得るからである。

事実、このような経済政策を採る国もみられる。例えば、西ド[8]イツにおいて、最近、税制の改正等の措置により、積極的な証券市場の育成策が経済政策の中に採り入れられたが、これは国民大衆の貯蓄を産業の発展へ有効に活用させるという本来の経済的機

能の他に株式の所有を今までより広い範囲に分散化して、富の平等な分配を図るということが目的とされており、また、イギリスにおいても「すべての人を資本家に」という標語の下に株式所有の民主化が企図されているなど、意識的、無意識的にかかわらず、資本主義の変容の傾向を促進しようとする動きがみられるのである。わが国においても、今後、証券市場の規模を拡大していくことと並行して、従業員持株制度などを一般化していくことも必要であろう。証券市場の機能の重要性は、今日、改めて再認識されつつあるのである。

第七十二　証　券　界

四月大型成長株へ[1]

三月下旬の証券界は金融逼迫模様で慌しさを加えている。日証金の融資残高は二百六十億に迫り、名義書替忌避の動き或は年度末資金関係の整理で配当落を前にして整理商内があり、雑株で安値をつけるものが見られ一部には整理一巡の訂正高も見受けられて市況区々である。

金融面を見ると財政揚超四百億を中心に繁忙を呈し、コールヤミレートは三銭[2]に達しこのところとみ[3]に窮屈さを加えて来ている。しかしこの三月を過ぎると金融面では大分緩和されて来る。四月は財政資金の対民間収支は千二、三百億の支払い超過になり資金需給は大幅[4]にゆるむ。四月からは補正予算を始めとして新予算が執行され資金出廻りと共に経済界も活気づいて来る。

この二、三月は物価は中だるみ状況弱含みを続け、過熱懸念は後退、経済基調は落付いており在庫投資にも特に目立った動きが見られない。これまで堅調だった非鉄（特に銅）にも買い気一服となり、今までの鉄鋼、繊維、紙、パルプに加えて更に非鉄も一枚加わって軟調状況だ。

十二月、一月の様な景気上昇テンポは鈍り、今や景気過熱を心配するより設備投資の需要が景気後退を支える状況となったと経済企画庁辺りの観測は一転して来ている。

更に国際収支の最近の状況を見ると三月の信用状面の輸出は頗る好調を辿っており、この調子で行けば六月まで小幅赤字を出したにしても下期輸出期になれば順調な推移を辿るのではないかと見られて来ている。

この様に最近の景気見透しは、過熱傾向に対する危惧は一歩後退して下半期も緩かな上昇を辿るという下半期上昇説[5]が有力となって来た。証券界もこの様に見て来ると品薄株の突飛な動きがあったけれども、規制措置等に依って次第に落付きを取戻しこの分[6]では四月に入ると共に次第に本筋な相場に入って来るものと思われ、特に成長力豊かな東芝、日立の如き電機[7]、トヨタ自動車、日産自動車の如き自動車、三井物産、三菱商事辺りから大型成長株人気化[8]が軌道に乗って来る気配である。

東京芝浦電気

資本金　二百五十億
[9]再評価益　四十六億七千万円
決算期　三、九月
前期配当　一割五分

当社は日立製作所と並び我が国総合電機会社の双壁である。前九月期決算は電球、電子管、半導体部門八十二億二千百万円（十六%）家庭電機部門八十九億二百万円（十七%）通信機・電子機器部門百四十二億六百万円（二七%）回転電機、静止電機部門百十五億一千八百万円（二二%）その他——車輛レコード等——九十一億七千八百万円（十七%）合計五百二十億二千八百万円の売上高、計上利益は五十二億三千四百万円で対資本利益率は七十%となり配当は一割五分を据置いた。これを日立製作所の売上高七百四十七億円、計上利益五十七億六千五百万円対資本、利益率五二%配当一割五分に比較すれば売上、利益金額に於いては日立に劣るものの、対資本利益率では優っている。これは日立が安定性に富む重電部門が主力を占めているのに対し当社は成長力著しい弱電部門にウエイトを置くことにもよるものでそれだけ成長性が期待される事にもなる。

今三月期は重電部門が電源開発の規模拡大と各業界の設備投資の活発化で受注が非常に好調である事、弱電部門が家庭電化の浸透を基調として需要が依然旺盛である事等により昨年十—十二月の月平均受注は百八億円（前期月平均九十八億円）と初めて百億円を突破し、今期の期間受注は前期比十%増の六百四、五十億円は確実とみられる事から売上げも六百億台[10]にのせ計上利益はその一割の六十億円に間違いないところと予想されている。

この様な需要増は今后[11]も年率一—三割の伸びが期待される事、技術革新につれ設備の更新近代化が必要である事等から当社では三十五年度に総工費三十億で中央研究所を建設し重電軽電両部門[12]にまたがった総合研究を行う一方、資金約百四十億で重点を電子工業、家庭電機部門においた設備投資を行う事となっている。この資金需要から本年下期中には半額再増資が期待されている。当社株は大型株中のナンバーワンであろう。

第七十三　貿易・為替

自由化計画の大綱（一）

商品別　四段階で

「三年後八〇%」を目標

政府は六月二十四日貿易・為替自由化促進閣僚会議を開き、一月十二日の同会議で五月末に公表を予定した貿易・為替自由化計画の大綱を約一ヵ月遅れて了承した。商品別の自由化時期については内外への政治的な配慮から個々にはっきりした時期を示すのを避け①早期（ほぼ一年以内）②近い将来（三年以内）③所要の時日をかけて（三年以内はむりだが三年にできるだけ近い時期）④相当期間困難の四段階に抽象的に区分けするにとどまっている。また自由化達成の目標も当初一応の気構えとされた「三年以内、九〇%」が「三年後八〇%、さらに石油、石炭の自由化が実現して九〇%」とやや後退、対策として成長政策の展開、雇用対策の充実、産業秩序の維持、関税制度の改正など八項目を列挙しているが、具体的な対策内容は今後の検討課題として明示していない。しかし原材料部門の早期自由化をはじめ問題の多い石油、石炭も三年後できるだけ早い時期、機械類も一部を除いて三年以内、非鉄金属や繊維など軽工業部門も特殊なものを除き三年以内という自由化の大筋を示し、為替面では経常取り引きは二年以内に規則を全廃するなどの方向を明らかにした。

商品別の計画

方針

①商品別の自由化を実施するに当たり、商品をおおむね次の四グループに区分し、所要の対策と相まって計画的な実施をはかるが、同時に内外情勢の推移に対応した弾力的な運用を期する。

（イ[1]）早期に自由化するもの。

（ロ）早急には自由化出来ないが、おおむね三年以内を限度として、その間可及的すみやかに自由化するもの（近い将来に自由化するもの）。

（ハ）現状からの判断では、上記期間中に自由化することには問題があるが、極力近い時期に自由化するよう努めるもの（所要の時日を[2]かして自由化するもの）。

（ニ）自由化は相当期間困難なもの。

②商品別の自由化実施の順序および方法については、次の諸点を総合的に勘案するものとする。

（イ）自由化は、原材料コストの引き下げを始点として全製品とその効果を波及すべきものであり、所要の対策の推進と相まって、極力早期に自由化することを建て前とする。

（ロ）国産品との競合度の低いもの、または国際品の競争力のあるものから順次自由化することとする。

（ハ）法律その他の措置にもとづく合理化計画または育成計画により技術の開発または合理化に努[3]めつつあるものは、その成果を勘案し自由化する。

（ニ）一挙に自由化が困難なものについては、輸入相手国の要請、貿易拡大の効果を考慮し、各商品の事情に応じて輸入量の増大をはかり、国内経済体制を[4]なじませつつ自由化を推進する。

③本[5]計画を推進することにより、昭和三十五年四月現在において四〇%であった自由化率（政府輸入物資を除く昭和三十四年輸入通関総額に占める自由な輸入による商品額の割合）を、三年後においておおむね八〇%、石油、石炭を自由化した場合にはおおむね九〇%に引き上げることを目途とする。

計画の概要

①エネルギー部門　エネルギー価格の国際水準へのさや寄せは、自由化による大きな利点である。石油については、自由化に即した業界体制の整備を図りつつ近い将来の自由化を考えてよい状態にあるが、現在、石炭の合理化計画を進めつつあり、石炭の雇用問題を漸進的に解決する必要もあるので、石炭および石油の自由化実施時期については、慎重な配慮が必要である。

②金属工業部門

（イ）鉄鋼＝鉄鋼は、設備の近代化および原材料価格の安定と引き下げに努めるものとし、銑鉄、普通鉄鋼材については早期に、特殊鋼、フェロアロイについては近い将来順次自由化する。亜鉛鉄板などその他の鉄鋼製品についても、素材価格の引き下げに努めつつ、早期または近い将来に自由化する。

（ロ）非鉄金属および同鉱石＝アルミニウム、マグネシウムは近い将来自由化するが、銅、鉛、ニッケルについては所要の時日をかして自由化するものとする。また、非鉄金属鉱石については、銅鉱石、ニッケル鉱石をはじめとしてすでにほとんどその大部分のものが自由化されているが、亜鉛鉱石についても早期に自由化する。[6]硫黄、マンガン鉱石などについて自由化は相当期間困難である。

③機械工業部門　機械工業は特殊なものを除き、早期または近い将来に順次自由化を進める。光学機械、繊維機械、木工機械、農業用機械、民生用電気機器、船舶、鉄道車両など国際競争力のある部門についてはすでに自由化してある[7]機種のほか、大部分の機種を早期に自由化するが、技術開発途上にある一部の機種については自由化に所要の時日をかすものとする。共通部品など機械要素は特殊なものを除き早期に自由化する。工作機械および金属加工機械は技術開発の必要のあるものについて所要の時日をかして自由化するが、その他のものについては近い将

来に自由化する。ただし、工具については、所要の時日をかして自由化するものとする。化学機械装置、普通および小型乗用車、重電器産業用電子機器などについては、積極的に技術の開発、量産化ないし合理化を進め、自由化には所要の時日をかすものとする。

第七十四　貿易・為替自由化計画の大綱（二）

④**化学工業部門**　国際競争上の不利を極力是正しつつ自由化を進めるものとし、ベンゾール、トルオール、キシロールなど化学品の基礎原料については早期に自由化し、つづいて石炭酸なども近い将来に自由化する。またアセトン、ブタノールなど発酵法により生産されているものは石油化学方式への転換を進めつつ、近い将来に自由化する。

ソーダ灰および苛性ソーダについてはソーダ塩安併産法への転換を進め、その他のソーダ製品については原材料の安価入手に努めるなどにより、それぞれ近い将来に自由化する。油脂製品については一部を早期にその他は近い将来順次自由化するが、塗料についても主原料の自由化と設備合理化を推進しつつ近い将来自由化する。

化学肥料のうち硫安、窒素などはアンモニアのガス源転換による合理化計画の遂行に所要の時日をかして自由化することとするが、カリ塩および石灰窒素は早期に、天然硝酸ソーダは近い将来に自由化する。医薬品については覚醒剤、麻薬などの輸入禁止品および抗生物質、ビタミン類など数十品目を除き早期に自由化し、つづいて近い将来にビタミン類などを自由化する。

⑤**繊維工業部門**

（イ）繊維品＝繊維品については、所要の対策を講じつつ、原則として早期または近い将来に自由化する。原綿、原毛については、既定方針通り昭和三十六年四月に自由化する。綿製品は早期に、毛製品は近い将来に自由化する。

絹製品は早期に、人絹スフ製品はパルプの自由化後に自由化する。合成繊維製品の大部分については国際競争力の向上を図りつつ近い将来に自由化するが、麻製品については自由化に所要の時日をかし慎重な配慮を払う。

（ロ）パルプ、紙および紙製品＝パルプについては、原料面の合理化を図りつつ、化繊用パルプは原綿、原毛の自由化後、遠くない時期に、製紙用パルプについては所要の時日をかして自由化するものとする。紙および紙製品については、所要の時日をかして自由化するものとする。

⑥**軽工業部門その他**　窯業製品のうち、板ガラスの大部分は近い将来に自由化し、耐火材の一部などその他の窯業製品については所要の時日をかして自由化するものとする。ゴム製品については、自転車タイヤ・チューブ、ゴムホースなど一部のものを早期に、自動車タイヤ・チューブなどその他は近い将来に自由化する。

皮革製品については、輸入量の増大を図りつつ、自由化に所要の時日をかし、慎重な配慮を払う。雑貨は自由化されていない残余について輸入量の増大を図りつつ、その大部分を近い将来に自由化する。酒類については、ビールなどを早期に自由化し、ぶどう酒、ウイスキーなどは輸入量の増大を図りつつ、所要の時日をかして順次自由化する。

⑦**農林漁業部門**　農林漁業は一般に自由化は相当期間困難である。さしあたりは現状において国際競争力のあるものおよび若干の関税措置により自由化可能なものについて、早期または近い将来に自由化するものとし、また大豆などのように国内産品との価格調整措置その他の措置によって自由化しうるものについても、個別的に自由化を進めるものとする。

（イ）農産物＝最も重要な農産物である米、麦[1]ならびに澱粉類については自由化が困難であるが、雑穀（豆類を除く）は原則として、早期に自由化する。野菜およびその加工品については、トマトの加工品を除き早期または近い将来に自由化する。果実およびその加工品のうち、バナナ、パイナップル罐詰め、果汁および大部分の生鮮柑橘類などは、その自由化は困難であるが、輸入量の漸増をはかるものとし、その他は早期または近い将来に自由化する。

砂糖類の自由化については、所要の対策を講じ慎重な配慮を払う。大豆は既定方針に従い自由化するが、雑豆はコスト引き下げ対策を講ずる必要があり、自由化は困難である。紅茶は新品種の新植・改植計画の進展に所要の時日をかして自由化し、なたねは品種の改良、栽培方法の改善を促進するものとし、その成果が上がるまで自由化は困難である。その他の特用作物については、その大部分を早期または近い将来に自由化する。生糸およびまゆについては、早期または近い将来に自由化する。

（ロ）畜産物＝酪農製品、食肉およびその加工品については、自由化が困難であるが、精製ラードなどについては近い将来に自由化する。家畜、畜産物の一部は早期に自由化する。

（ハ）水産物＝いわし、あじ、さば、にしん、のりなどの沿岸水産物や鯨肉、魚粉については、自由化が困難であるが、さけ、まぐろなどの罐詰類は早期に自由化する。

（ニ）林産物＝丸太は自由化されているが、木材加工品については、一部の製材を除いて早期または近い将来に自由化する。くるみ、くり、しいたけなどの特殊林産物については、所要の時日をかけて自由化するものとする。

（ホ）油脂、食品など＝菜種油、それと競合する一部の食用油脂の自由化は困難であるが、工業用油脂、食用油脂の順に近い将来に自由化する。油脂類の副次生産物たる油かすについては、工業用油脂のかす、食用油脂のかすの順に早期および近い将来に自由化する。

菓子については、主原料たる砂糖、小麦粉、酪農製品などの割高のため、自由化は困難であるが、輸入量の漸増を図る。

第七十五　練習・試験用文

乾山を買うの記

骨董の世界ほど偶然がはばをきかせているところはない。ぼくが去年の初めごろ三カ月も京都でブラブラしていたのは自分の意からであるとしても、とある道具屋のショーウィンドに、ほこりをかぶった丹波の壷を、それほど欲しくもなかったのに買う気になったのは偶然だったらしい。ところが、その道具屋は、あまり客など来ないとみえ、おやじさん、すっかりよろこんでしまい、交際を求めてきたので仲よしになったのも偶然、そして、その結果として、それから数カ月後に、ぼくがこの老人から、「乾山の色絵皿」という、おそろしいシロモノを買うことになったのは、これはどう考えても極端な偶然というほかはない。なぜなら、乾山というヤキモノ、本物は日本に三つしかないというのが定評だからである。そのことも承知のうえで買ったのだからヤキモノの専門家が聞いたらついにあの男も理性を失ったと言うにちがいないだろう。だから、もしぼくが理性を失わずに乾山を買ったとしたら、これこそ本物の偶然というのかもしれない。

だいたい、はじめての骨董屋へ行ったら、わずかなものでも何か買ってやるといい。はじめての客に買ってもらうのはうれしいことらしい。品物が買われたことより、自分の目が買われたという、精神的な歓びの方が大きいに相違ない。尤も、あまりへんなものに手を出すと、かえってこっちの目を見られてしまう危険もあるようである。

ぼくがその道具屋で丹波の壷を二級酒一升の価で買ったのは、それほど根拠のあったことでもなかったが、それから、そのK老人はぼくの宿へやって来るようになり、岩佐又兵衛風の絵だの、唐津のグイノミなどを持って来た。こうして少しつきあっているうちに、相手の眼識や人柄もわかってくる。骨董を愛する以上、それを自分のために探して、さずけてくれる人を先ず愛する必要がある。それには相手の人柄というのも大切だ。

ところで、このK老人というのはなかなかの酒好きだった。骨董屋が酒好きだというくらい楽しくて、都合のいいことはない。尤も、これはぼくにとってで、家族のものには二重に困ることらしい。骨董と酒とが重複するんで・・・。酒を交しながら、骨董談をやる。サカヅキはこの間の唐津だ。K老人は、骨董屋といっても、こちらの方は片手間で、何かほかにも仕事はあるらしい。長く京都にいるので、いろいろの人を知っていて、ぼくと知合いになったことから、昔の知人や客を思い出して、そこから品物を出そうと努力しているらしく思われる。ヤマトで見たという宗達の水墨、これは先ずまちがいないもので、二幅対だそうな。また、大徳寺の友人が持っている一休禅師の墨蹟、これは近日中になんとかする公算あるとか。この一休にしたって、三十年前、まるで

タダのような値でもって行かれたんですからね・・・とくる。うん、ボクセキはいいね、ぼくも一幅くらい欲しいものだと、こっちも乗気になる。しかし、何よりもぼくの一ばん気になるのは古備前の酒徳利だった。これは彼が戦争中にある金持にゆずったものだが、その相手は一向に酒はやらないのだという。おしいなあ、せっかくいいグイノミが入ったんだから、今度は徳利の番だが、なんとかならんかなあ・・・と、こっちから水をむけると、いや、あんまり欲しいような顔みせると、いけませんや、今度という今度は、あの男も大金の必要にせまられてるんで・・・と言って、意味ありげに笑ってみせる。もうぼくには分っている。これから先が政治論である。K老人は、本当をいえば、骨董よりか政治が好きなのである。そして、酒がまわってくると、きっと政治論になる。はじめの二、三本こそ、どこかで見て来た骨董のうわさばなしをしてくれるが、だんだんまわってくると、こっちがうっかりしている間に、政治論にうつり、一たん政治になってしまうと、もう骨董には引戻せない。なんでもそのゲコの古備前酒徳利所有者というのは、大金を用達して、ヨシダさん追い出しを画策しているとか、そして、K老人もどうやらこれに同調しているらしい口吻である。ヨシダさんだってもう政治なんかよして、骨董ずきになればいいんだよ、古備前の徳利でも買ってさ・・・と、ぼくは懸命になっても、もう徳利どころじゃない。

　ぼくが京都をひきあげて、一月ばかりたってから、かれに言わせれば、二十年ぶりで上京して来たのも、だから、徳利よりは政治だとたかをくくって、ぼくもあまり期待していなかった。ところが、かれはぼくの部屋にとおるなり、まず用事をすませましょうと、前口上をのべてから、ワイシャツ入れのボール箱をとり出したので、あけてみたら、長方形の絵皿、これが乾山だったのである。桔梗が群生して、それが皿からはみ出そうになっている。花は紺青、葉っぱと土塀は緑色、その緑の葉っぱにまじって幾枚かが鉄砂、へり模様がやっぱり紺青、これを原色版で出されないのは残念だが・・・。と言っても、その時のぼくにこれらの色が一々識別されたわけではなく、ただ、そのあざやかな色に目くらんだだけだった。だから、おそらく理性も失っていたことだろう。ぼくは日本に本物が三つ以上あってはならないオキテも忘れて、そのワイシャツ入れのボール箱を、中身と一しょにゆずり受けたのだから。

　春に京都へ行った時には、備前の徳利ばかりに支配されていたのだったが、今度は乾山にひきずられて、その鳴滝の窯あとが見たくなり、十月、ふたたびぼくは京都へ行ったのだった。第一番に、K老人を訪れたが、あいにく留守だったので、来意をつげた名刺を放りこんで、通りに出ると、雨・・・。仕方なしに、すぐそばの道具屋にとびこんだ。一時間ばかり骨董談をかわしているうち、はからずも色絵の乾山、「朝顔の皿」と「秋海棠」の皿が、さりげなく持ち出された。これらはどうしても、あの桔梗の皿の同一作者とみるほかはないようである。折しも、店先の磬石の間で、秋海棠が雨にぬれそぼっていたのも偶然の一つであろう。

その夜、K老人はさっそくやって来た。六月以来のことだからめずらしい話が出るに相違ない。ところで、K老人は食卓に対して殆んど横向きに坐ったまま、その食卓の一端においてある二枚の皿を見ようとする気配もない。おそるおそる、その顔をうかがったら、乾山の真作は四つまでは認めるが、それ以上は一枚も許さぬといいたげな表情だった。

歌舞伎狂言の筋書

時の帝を斥け、己れが帝王を気取って専横の限りを尽す蘇我の入鹿は、今日も多くの臣下を侍らせて酒池肉林の歓楽の宴に耽っていた。と、その最中に、難波の浦の漁師鱶七という者が、入鹿に靡かぬ唯一人である藤原鎌足の使者としてやって来、鎌足よりの仲直りの印として酒を献上しようという。入鹿はその酒を毒酒と怪しんでのまないので、鱶七は毒味しようと、のむ中にみな飲んでしまった。鎌足からの上書を家臣によませると、入鹿を東方朔にたとえて盗賊呼ばわりしてあるので、入鹿は大いに憤り、鎌足の本心を正すまでは、鱶七は人質として止どめ置くと云い捨て、奥へと入って行った。後に残された鱶七が、御殿の真ン中にドッカと坐していると、床下から次ぎ〳〵と槍がつき出される。しかし、彼は平然としてそのまゝゴロリと肘を枕に寝てしまった。やがて、大勢の官女たちがやって来、彼を取巻いて酒肴を勧めた後、奥へ立去った。鱶七はやおら立上り、その酒を庭前の草花に注ぐと、花は忽ち枯れ朽ちる・・・

鱶七はキッとなる、と、そこへ大勢の侍たちが出て来て、弓矢をつがえて彼の前後を囲んで奥へと連れ去った。入れ違いに入鹿の妹橘姫が外出先から帰って来る。出迎えの官女たちが、姫の袂についている糸に心付き、手操って見ると、それにひかれて扇折求女がやって来た。姫はこの求女を恋していた。そして、求女こそ藤原鎌足の息淡海で、彼は姫が自分を恋していると知って、入鹿の秘蔵する宝剣を盗み出してくれれば二世の契りを結ぼうという。姫は兄を裏切る罪を犯すことを覚悟して承知し、二人は右左へと別れ入った。

続いてこゝへ走り出て来たのは杉酒屋の娘お三輪である。彼女は恋する求女が高貴の姫君の後を追って行ったので、嫉妬の心も狂おしく、後をつけて来たのだが、しるしにつけて置いたおだまきの糸が切れたので、気もそゞろにこゝ迄来、求女の姿を捜して夢中だった。勝手のしれぬ御殿の中、お三輪は心細くもあり、ウロウロしていると、豆腐買の奥女中お村が通りがかったので、求女の居所を訊くと、その恋男なら局達が姫君の寝所へ連れて行ったと云い捨てゝ行ってしまう。お三輪は気が気でなく、御殿へ上り、奥へと急ぐ、と、それを遮って大勢の官女たちが停め、お三輪に祝言の座敷へ連れて行ってやると欺いて、さんざんにからかう。哀れにも、お三輪は、無理に祝言の四海波の謡をうたわされたり、竹に雀の馬子唄を唄い踊らされたりしたあげく、突きとば

されて気を失ってしまった。官女たちは大声で嘲笑を浴びせて奥へと去って行く。

間もなくお三輪は息を吹き返した。泣きながら帰って行こうとすると、途端に奥から祝言の囃し言葉が聞えて来た。お三輪はキッとなった。もうこれ迄と決心した彼女は凝視の相に燃え上り、心も乱れ嫉妬の形相物凄く、奥へ踏み込もうと、御殿へ上って行くと、向うから現れたのは最前の鱶七、邪魔するなといきり立つお三輪を、いきなり一刀の下に突き刺した。どうと倒れるお三輪に向って、鱶七はいう。

「女喜べ、汝の思うお方の手柄となって、入鹿を滅ぼすのじゃ」

この鱶七とは、鎌足の臣で、金輪五郎という武勇の士であった。そして、入鹿は、父蝦夷が子なきを憂えて、博士に占わせて白い牝鹿の生血をとって妻に与えて生まれた子なので、入鹿の心をとろかすには、爪黒の鹿の血と凝着の相をした女の生血とを混ぜて笛にそそいで吹けば、秋の鹿が妻を恋するように、鹿の性質をあらわして正体がなくなるというので、今嫉妬に狂うお三輪を刺し殺し、その生血を、それより先に禁を犯して爪黒の神鹿を殺して得た生血と混ぜて入鹿に与え、これを滅ぼして宝剣を奪いとることが出来るのだと物語った。

お三輪は、自分の恋した扇折の求女こそ藤原淡海公と知り、又、自分の死ぬことがその高貴な恋人の手柄になるときいて、ことごとく満足して、喜んで死んで行った。折柄、金輪五郎を捕えんと、力者や入鹿の家来共が大勢現れて、いどみかかって来る。五郎はそれらと渡り合った後、勇気凛々として、入鹿誅伐の為、奥殿へと踏込んで行くのであった。